有価証券法理の深化と進化

田邊宏康著

成文堂

はしがき

二〇〇二年七月に成文堂から刊行した前著『有価証券と権利の結合法理』においては、わが国における有価証券と権利の結合関係を明らかにし、有価証券法の理論的輪郭を描いたが、有価証券の無因性という難問のほか、手形抗弁、物品証券の効力といった問題については、浅く立ち入るにとどめた。しかし、この半世紀のドイツにおける有価証券法に関する中心的な議論は、これらの問題に関連するものであり（手形の無因性に関連する交付合意論、手形抗弁に関連する新抗弁論、物品証券の債権的効力に関連する類型性論、物品証券の物権的効力に関連する有価証券法説等）、有価証券法を研究する上でこれらの問題を避けて通れないことも認識していた。他方、二〇一七年には民法の大幅な改正が行われて有価証券と権利の結合関係も明確なものとなり、二〇一八年には商法等の改正があり、物品証券の代表格であった貨物引換証が消滅し、船荷証券等に関する規整も変容した。また、手形と株券については、それらのペーパーレス版といえる電子記録債権と振替株式が誕生し、船荷証券については、電子的な船荷証券について紙の船荷証券と同様の扱いを認めるロッテルダム・ルールズが二〇一三年に発効した。ペーパーベースの有価証券は、「絶滅危惧種」ともいえようが、ペーパーレス化も視野に入れた有価証券法は、進化の歩みを止めていない。

本書は、第一章「改正民法における有価証券法理」、第二章「有価証券における無因性の法理」、第三章「手形と電子記録債権の法理」、第四章「物品証券の法理」および第五章「株券と振替株式の法理」の全五章において有価証券法理の深化と進化を追うものである。第一章においては、文字通り、改正民法における新しい有価証券法理について考察した。第二章の第一節においては、交付合意論を参考に手形の無因性と「原因」関係に基づく抗弁について考察し、第二節においては、金融商品としての有価証券および手形の譲渡行為の無因性について考察した。第三章の第一節においては、手形および電子記録債権における善意取得の適用範囲について交付合意論を踏まえた試論を展開し、第二節においては、新抗弁理論を参考に手形の受戻しのない支払と相殺および電子記録債権の支払等記録のない支払と相殺について考察し、第三節においては、手形における悪意の抗弁に関する河本フォーミュラの問題点を電子記録債権における状況も踏まえて考察した。第四章の第一節においては、二〇一八年商法改正を踏まえ、船荷証券における抗弁制限に関する諸問題とその要因・無因性と理論的相剋について考察し、第二節においては、物品証券の電子化を睨みつつ、その物権的効力に関する新たな法律構成の可能性を探り、第三節においては、物品証券の処分証券性について具体的な結論における効力発生要件説と対抗要件制限説の優劣を検討した。第五章においては、振替株式として上場株式の電子化が実現した現在における株式の譲渡方法を考察するとともに、株式の善意取得に関する問題点を検討した。前著のはしがきにおいては、「本書は、……不完全きわまりないものであることは十分に承知している。おそらくは論理の矛盾や重要文献の見落としも少なからずあろう」と記した。同様のことは本書にも妥当するが、還暦も近くなった現在では、人間のこのような営みは本来的に不完全なものだという諦観もある。

前著が刊行された頃、当時専修大学法学部教授であり、東北大学法学部の大先輩に当たる新山雄三先生から専修大学に移籍しないかというお話しをいただいた。当時の本務校の小樽商科大学自体については大きな不満もなく、東京の私立大学の忙しさについても聞き及んでいたところであったが、東京近辺で生活を送ってみたいという願望も抑えがたく、迷った末に移籍させていただいた。専修大学は、東京の私立大学の中では授業負担が少ないほうであり、東京近辺での生活に慣れてきた四、五年目くらいからは、多少なりとも落ち着いた研究時間を確保できるようになった。しかし、前著の刊行から本書の刊行まで一六年という歳月が経過しており、その間の怠惰による成果の乏しさは言い訳のしようもない。
一六年間には、当然のことながら、本務校の変更および転居以外にも様々な出来事があった。そのうち残念な出来事としては、西南学院大学大学院時代の恩師である田村茂夫先生をはじめとする親しい方々との永劫の別れがあった。他方、前著を中心とする論文に対し、大学院博士後期課程で中退した西南学院大学が博士号を授与してくれたことは、誇らしい出来事であった。拙い論文を懇切丁寧な指導とともに審査してくださった沢野直紀先生に対しては、前著のはしがきに重ねてお名前を挙げる非礼をお詫びしつつも、改めて感謝申し上げたい。また、専修大学への移籍以来、様々な面で刺激を与え続けてくれている同大学および企業法理研究会（同研究会は故服部榮三先生が創設され、服部先生亡き後、新山雄三先生、永井和之先生、南保勝美先生が順に代表幹事を務められている。）の諸先生方にもこの場を借りて感謝申し上げたい。本書の出版については、前著および手形小切手法の教科書の出版に引き続き成文堂にお世話になった。同社編集部の飯村晃弘氏と松田智香子氏に心より御礼を申し上げる。

二〇一九年初春

田　邊　宏　康

目　次

第五章　株券と振替株式の法理……247

初出一覧

第一章　「改正民法における有価証券について」専修法学論集一三〇号（二〇一七）
第二章
　第一節　「手形の無因性と『原因』関係に基づく抗弁に関する若干の考察——『交付合意論』を踏まえて——」専修大学法学研究所紀要『民事法の諸問題Ⅷ』（二〇一〇）
　第二節　「有価証券譲渡行為の無因性に関する掌論」専修法学論集九〇号（二〇〇四）
第三章
　第一節　「支払決済制度における善意取得の適用範囲—不当利得論と交付合意論を踏まえて」大塚龍児先生古稀記念論文集刊行委員会編『民商法の課題と展望——大塚龍児先生古稀記念——』（信山社、二〇一八）
　第二節　「支払決済制度における支払と相殺に関して」出口正義ほか編『企業法の現在——青竹正一先生古稀記念』（信山社、二〇一四）
　第三節　「河本フォーミュラ検証——手形法および電子登録債権法制における悪意の抗弁に関する一考察——」専修ロージャーナル二号（二〇〇七）
第四章
　第一節　「国際船荷証券の債権的効力について」専修法学論集一二〇号（二〇一四）
　第二節　「物品証券の物権的効力に関する新たな法律構成について」専修法学論集一〇〇号（二〇〇七）
　第三節　「物品証券の処分証券性に関する効力発生要件説と対抗要件制限説について」専修法学論集一一一号（二〇一一）
第五章　「株式譲渡法制の現状と問題点——善意取得に関する問題点の検討を中心に——」丸山秀平ほか編『企業法学の論理と体系——永井和之先生古稀記念論文集』（中央経済社、二〇一六）

第一章　改正民法における有価証券法理

一　はじめに

世上「債権法改正」と称される「民法の一部を改正する法律」（平成二九年法律第四四号）および「民法の一部を改正する法律の施行に伴う関係法律の整備等に関する法律」（平成二九年法律第四五号）は、紆余曲折を経て二〇一七年五月二六日に成立し、同年六月二日に公布された[1]。改正民法は、第三編債権に「有価証券」という節を新設し、債権的な指図証券、記名式所持人払証券、「指図証券及び記名式所持人払証券以外の記名証券」（以下、単に「記名証券」という。）および無記名証券について一般的な規律を定めている[2]。

「有価証券」という用語は、民法改正前から商法等の規定に使用されているが（商三一条・五〇一条・五二一条・五七八条・五九五条、改正前商五一七条・五一八条・五一九条等）、それらの規定はまとまったものではなく、改正前民法には「有価証券」という用語は存在しなかった。もっとも、改正前民法にも、指図債権、記名式所持人払債権および無記名債権に関する規定があり（指図債権に関する規定として改正前民三六五条・四六九条・四七〇条・四七二条、記名式所持人払債権に関する規定として改正前民法四七一条、無記名債権に関する規定として改正前民八六条三項・四七三条参照）、これらの債権は、証券的債権と呼ばれていた[3]。しかし、この証券的債権に関する規定については、有価証券法理と抵触すると考えられなくはない点もあって、「民法は、有価証券については規定せず、その一歩手前の、債権の譲渡や行使と証書の存在とが密接に関連している債権について規定し、これを民商法を通ずる一般原則とした」と解する有力な見解があり[4]、現在ではそのような見解が一般的となっている[5]。

さまざまな面でペーパーレス（電子）化が進行している現代社会において新たにペーパーベースの有価証券に関する一般的規律を置く必要性については疑問がないではないが、法務省民事局参事官室の文責にかかる「民法（債権関係）の改正に関する中間試案の補足説明」（以下「中間試案補足説明」という。）は、「現行制度でも、船荷証券、記名式・無記名式の社債券、国立大学法人等債券、無記名式の社会医療法人債券等の一部の有価証券（商取引によるものに限られない。）については、民法の規定の適用の余地があることから、民法に有価証券に関する規律を整備して存置することが適当である」と述べる（第19（概要）1（2））[6]。また、手形の支払呈示期間経過後における呈示の場所については、指図証券の弁済の場所に関する改正民法五二〇条の八の適用があり[7]、小切手の譲渡の方法等についても、改正民法五二〇条の二〇・五二〇条の一三・五二〇条の一四の適用があり、改正民法五二〇条の一〇・五二〇条の一八の類推適用の余地もある。有価証券は、紙というきわめて身近な媒体により権利の流動性を高めようとするものであり、今後もペーパーベースの有価証券の需要が完全に消滅するとは考えられない[8]。その意味で、「民法、商法及び民法施行法に規定されている証券的債権又は有価証券に関する規律について、民法の規律と有価証券法理とが抵触する部分はこれを解消するものの、基本的には規律の内容を維持したまま、民法に規定を整備する」という基本方針（第19（概要）1（2））[9]の下、名実ともに有価証券に関する一般的規律といえるものがわが国の私法体系の中に置かれたことは、多少なりとも意義がある。

しかし、改正民法における「有価証券」の節については、立法作業が商法学者を中心に行われたためか[10]、民法学界においてその内容は本格的には議論されなかった。他方、その改正の対象が民法であるためか、商法学界においてもその内容が盛んに議論されたとはいいがたい。このような状況に鑑み、本章においては、有価証券に関する一般的規律が商法ではなく民法に規定されたことと有価証券の意義について若干の所感を述べた上で、改正前民法と異なる規定を中心に改正民法における有価証券の規定を種類別に概観し、有価証券発行の自由について触れておきたい。

（1）　これらの法律の施行期日は、原則として平成三二年四月一日とされている（民法の一部を改正する法律の施行期日を定める政令（平成二九年政令第三〇九号）参照）。

（2）　有価証券には、債権的なもののほかに物権的要素を含むもの（抵当証券）および社員権的なもの（株券）がある。しかし、これらの有価証券を含めた有価証券全般に関する一般的規律を設ける需要は存在しないであろう。

（3）　改正前民法における証券的債権に関する詳細な論述として、西村信雄編『注釈民法（11）債権（2）』四〇〇頁以下〔沢井裕〕（有斐閣、一九六五）参照。

（4）　星野英一『民法概論Ⅲ（債権総論）』二一四頁（良書普及会、補訂版、一九九二）。

（5）　前田達明『口述債権総論（第三版）』四一八頁（成文堂、一九九三）、平井宜雄『債権総論（第二版）』一五三頁（弘文堂、一九九四）、内田貴『民法Ⅲ第三版債権総論・担保物権』二四一頁（東京大学出版会、二〇〇五）、潮見佳男『債権総論Ⅱ（第三版）債権保全・回収・保証・帰属変更』五九三頁（信山社、二〇〇五）、中田裕康『債権総論第三版』五七二頁以下（岩波書店、二〇一三）参照。

（6）　商事法務編『民法（債権関係）の改正に関する中間試案の補足説明』二六〇頁（商事法務、二〇一三）。

（7）　最判昭四二・一一・八民集二一巻九号二三〇〇頁参照。

（8）　有価証券に関する民法の規定をペーパーレス化された有価証券に適用ないし類推適用することも考えられないではないが、電子記録債権法や社債、株式等の振替に関する法律は、非常に整備されたものであることから、現時点においてその必要性はないように思われる。ただし、「金銭その他の物または有価証券の給付」を目的とする指図証券喪失の場合の権利行使方法を規定する改正民法五二〇条の一二における「有価証券」には、電子記録債権、振替株式等のペーパーレス化された有価証券も含むものと解すべきである。これに対し、商法における有価証券に関する規定については、ペーパーレス化された有価証券に適用ないし類推適用する余地はある。例えば絶対的商行為として「利益を得て譲渡する意思をもってする動産、不動産若しくは有価証券の有償取得又はその取得したものの譲渡を目的とする行為」や「他人から取得する動産又は有価証券の供給契約及びその履行のためにする有償取得を目的とする行為」を定める商法五〇一条における「有価証券」については、「振替株式等を含むと解する方が、定型的に強い営利性を有することに注目した商法五〇一条の趣旨に合致する」といえる（金融法委員会「振替株式等と商事留置権の成否について」金法二〇五二号四〇頁（二〇一六））。また、「債務者との間における商行為によって自己の占有に属した債務者の所有する物又は有価証券」を商事留置権の対象とする商法五二一条における「有価証券」にペーパレス化された有価証券が含まれるか否かは、大いに議論のあるところである（詳細については、さしあたり金融法務研究会『有価証券のペーパレス化等に伴う担保権など金融取引にかかる法的諸問題』四頁以下〔前田重行〕、一四頁以下〔神作裕之〕、七一頁以下〔加藤貴仁〕（二〇一三）、金融法委員会・前掲三八頁以下（二〇一六）参照）。しかし、この問題を肯定する場合には、同条の「物」の解釈にも影響が及びかねず、商事留置権の対象の外延がきわめて不明確になることが懸念される。

（9） 商事法務編・前掲注（6）二六〇頁。

（10） 商事法務編『民法（債権関係）部会資料集第1集〈第2巻〉——第7回～第10回議事録と部会資料——』六四頁以下（商事法務、二〇一一）、なお、有価証券に関する民法改正に参画した商法学者による解説として、神作裕之「有価証券」NBL一〇四六号二六頁以下（二〇一五）参照。

二　民法に規定されたことについて

改正前民法の証券的債権に関する規定とは別に有価証券に関する一般的規律を設けようとする試みは、古くからあった。例えば昭和七年に小町谷操三教授は、商法改正の参考資料として二九項からなる「商行為法改正私案―有価証券法」を法制審議会に提出している。[11] その二〇年後、その資料は、日本私法学会商法部会の討議のために提供され、その討議をまとめた文献には、「包括的な『有価証券法』を制定するとすれば、民法第八六条第三項及び四六九条以下の有価証券に関する諸規定をいかに処理するか、ということが問題となった。有価証券に関する一般法ができれば、有価証券に関する規定はすべて民法から除くべきであり、民法第四六九条以下の規定はもとより民法第八六条第三項の規定もとくに存置する必要はないとすることには、あまり異論はなかった」、「包括的な『有価証券法』は商法典の中にとり入れらるべきか、又は特別法をもつて規定すべきかが問題となったが、有価証券には商性があり、商法の一部として規定しても差支ないではないかとの意見があった」という叙述がある。[12] これらの叙述からすると、当時、有価証券に関する一般的規律が民法に規定されることは想定されていなかったように思われる。今回の改正に際しても、例えば「民法改正 国民・法曹・学界有志案」は、注釈で「有価証券の譲渡一般については、きわめて商的色彩が強いので、民法典ではなく、商法に規定するのが適切であると考える」と述べている。[13]

これに対し、はじめに触れたように中間試案補足説明は、「現行制度でも、……国立大学法人等債券、無記名式の社会医療法人債券等の一部の有価証券（商取引によるものに限られない。）については、……民法に有価証券に関する規律を整備して存置することが適当である」と述べる。また、学説においても、「今日では、商行為によらない有価証券（国立大学法人等の債券、無記名式の社会医療法人債券など）が登場しているので、有価証券にかかる一般規定を民法に置くとした判断は、妥当であったといえる」という評価がある。[14]

「一部の有価証券（商取引によるものに限られない）」または「商行為によらない有価証券」という場合、有価証券の何が商取引または商行為ではないのかは、必ずしも明確ではないが、おそらくは有価証券の発行の原因取引または原因行為が商取引または商行為ではないという意味であろう。しかし、小切手についても、発行の原因行為が商行為ではない場合がありうるが、非商行為を原因として振り出された小切手も商法五〇一条四号の「手形その他の商業証券」に含まれることは疑いない。[15] 同号は、「手形その他の商業証券に関する行為」を絶対的商行為とするものであり、通説は、ここにいう「商業証券」を広く有価証券を意味すると解している。[16] これに対し、「民法（一般法）と商法（特別法）との関係から、形式的な解釈によれば、民法の規定は、指図債権一般、無記名債権一般を規定した一般規定であるのに対し、商法のそれは、とくに商業証券たる指図債権および無記名債権その他の有価証券を規律したものと解する他なかった」という理由から、「商業証券」を『あらゆる有価証券』の意に解することは、形式解釈上、成り立ちえない」という批判がある。[17] しかし、改正前商法五一六条二項は、指図債権および無記名債権の履行場所を債務者の現時の営業所、もし営業所がないときはその住所と規定し、同五一七条は、指図債権または無記名債権について履行期限の定めがあるときでも、債務者は、その期限到来後、所持人がその証券を呈示して履行を請求した時から遅滞の責任を負う旨規定していたものであり、いずれも「あらゆる」指図債権および無記名債権に適用されなければならない規定であったと考えられる。[18] したがって、改正前商法五一六条二項・五一七条が指図債権および無記名債権の中の「商業証券」という一部の証券を規律していたものと解することは疑問である。有価証券は、権利の流動性を高めるというそれ自体類型的に商的色彩の強い目的のために利用されるものであることから、それに関する行為である振出し、裏書等は、「行為者が商人たると否とを問わず」[19]、また、発行の原因行為の商行為性を問わず、商的色彩を帯びるものとして絶対的商行為とされていると解すべきではなかろうか。そうだとすると、実質的意義における商法を一般私法の法律事実の中で商的色彩を帯びるものを対象とする法ととらえる商的色彩論[20]からは、有価証券法は、商法に属するものと解され、有価証券に関する一般的規律は、商法にまたは商事特別法として規定されるべきこととなろう。

しかしながら、現在の通説は、実質的意義における商法について商的色彩論をとらず、企業関係に特有な法ととらえる企業法論をとっている。[21] ここにいう企業については、「計画的・継続的意図をもって営利行為を実現するところの独立の経済単位たることが、企業概念の核心である」といわれる。[22] このように企業法論は、法律事実ではなく、行為の主体、すなわち行為者の属性を重視するものであり、主体の如何を問わず商行為とされる絶対的商行為の存在を問題視する。(23) 有価証券法は、必ずしも企業関係に特有な法ではないので、通説である企業法論からは、――有価証券の振出し、裏書等が絶対的商行為とされるにもかかわらず――有価証券法は、商法に属するものではないと解され、(24) 有価証券に関する一般的規律が私法の一般法である民法に規定されても問題はないこととなろう。しかし、民法の側から問題を観察した場合、「民法の商化」とはいえ、企業に「特有」の事柄でなければ、きわめて商的色彩が強い法律事実に関する事柄であっても、民法に規定されても問題はないということになるのか、(25) 疑問がなくはない。(26)

以上のように有価証券に関する一般的規律が商法に規定されるべきか民法に規定されるべきかという問題は、実質的意義における商法の理解や「民法の商化」とも関わる深遠な問題といえる。

(11) その内容については、大隅健一郎・小町谷操三「有価証券法」私法五号八七頁以下（一九五一）参照。
(12) 大隅・小町谷・前掲注（11）九〇頁以下。
(13) 民法改正研究会（代表・加藤雅信）編『民法改正国民・法曹・学会有志案』一六九頁（法律時報増刊、二〇〇九）。同旨、加藤雅信『迫りつつある債権法改正』一九四頁（信山社、二〇一五）。
(14) 淺木愼一『商法学通論〔補巻Ⅰ〕――商法の視座からの改正民法（案）』一七一頁以下（信山社、二〇一六）。
(15) もっとも、小切手の発行の原因関係は商行為でもありうるのに対し、国立大学法人等債券、無記名式の社会医療法人債券等の発行の原因関係は通常商行為ではないという違いはある。
(16) 西原寛一『商行為法』七三頁（有斐閣、増補三版、一九七三）、大隅健一郎『商法総則（新版）』一〇一頁（有斐閣、一九七八）、神崎克郎『商行為法Ⅰ―商事売買の機能的考察』一七頁（有斐閣、一九七八）、服部榮三『商法総則（第三版）』四五七頁＊（青林書院新社、一九八三）、平出慶道『商行為法（第二版）』四九頁以下（青林書院新社、一九八九）等参照。

これに対し、田邊光政『商法総則・商行為法第四版』六一頁以下（新世社、二〇一六）は、「商業証券」を「金銭の支払を目的とする流通可能な信用証券」と解する。

(17) 淺木・前掲注（14）一七一頁。同旨、淺木愼一「改正民法に見る有価証券規定」大塚龍児先生古稀記念論文集刊行委員会編『民商法の課題と展望――大塚龍児先生古稀記念――』二一九頁以下（信山社、二〇一八）。

(18) 後述のように改正前商法五一六条二項・同五一七条は、今回の改正により民法に取り入れられている。

(19) 大隅健一郎『商法総則（新版）』一〇一頁以下（有斐閣、一九七八）。

(20) 田中耕太郎『改正商法総則概論』七頁以下（有斐閣、一九四七）参照。

(21) 西原寛一『日本商法論第一巻』一六頁以下（日本評論社、改訂二版、一九五〇）、大隅・前掲注（16）三六頁以下、服部・前掲注（16）八頁以下、鴻常夫『商法総則（新訂第五版）』六頁以下（弘文堂、一九九九）、関俊彦『商法総論総則（第二版）』一四頁以下（有斐閣、二〇〇六）、田邊光・前掲注（16）五頁以下等参照。

(22) 大隅・前掲注（16）三七頁注（二）。

(23) 西原・前掲注（16）六四頁以下参照。

(24) 拙著『有価証券と権利の結合法理』四〇頁（成文堂、二〇〇二）。

(25) 法制審議会民法（債権関係）部会第七回会議において山下友信委員は、「これを民法に置くか商法に置くかについては、……民法の規定として置くということで、このあたりは民法の先生方からも、そう異論はないのではないかと思っています」と発言し（商事法務編・前掲注（10）六五頁）、民法学者の中田裕康委員も、「もともと旧民法から現行民法に至る過程を見ましても、証券的債権は商事の証券に限らないのだから民法に通則的な規定を置くことにしたという経緯がありましたので、それとも連続的だと思います」と発言している（商事法務編・前掲注（10）六七頁）。

(26) 民法改正後においては、手形の弁済の場所についても民法の適用の余地があること、はじめに触れたとおりである。なお、神作・前掲注（10）二八頁は、「民法ではなく単行法により規律すべきであるという見解には相当の合理性がある」と述べる。

三　有価証券の意義について

有価証券が財産的価値を有する私法上の権利を表章する証券であることについては一般に承認されているが、「表章」の具体的内容、すなわち有価証券における権利と証券との結合関係をいかに解するかという問題については古くから学説の争いがある。

右の問題についてかつての通説は、①権利の発生、移転、行使の全部または一部に証券を要するものと解していたが、[27]その後、②権利の移転または行使に証券を要すると解する見解[28]や③権利の移転に証券を要すると解する見解[29]も有力となった。現在では、④権利の行使に証券を要すると解する見解もあるが、[30]⑤権利の移転および行使に証券を要すると解する見解が多数説となっている。[31]

権利の移転に証券を要するということは、権利の移転の効力要件として証券を要するということであるが、改正前民法上の証券的債権については、引渡しまたは裏書・交付を譲渡の対抗要件とする旨の規定があった（改正前民八六条三項＝民一七六条、四六九条）。そのため、改正前民法の文理上は、証券的債権の移転の効力要件は指名債権と同様に意思表示であるということになり、③説および⑤説からは、証券的債権に関する証券を有価証券と解することはできないはずであった。

他方、改正前民法施行法五七条は、指図証券、無記名証券および改正前の「民法四七一条ニ掲ケタル証券」について公示催告による除権決定を認めており、改正前商法五一八条は、これらの証券が喪失した場合の公示催告中の権利行使方法を規定していた。このことからすると、改正前の民法と商法は、証券的債権について協働的に規定していたと解するのが自然であり、改正前商法五一八条および同五一九条は、証券的債権に関する証券について「有価証券」という用語を使用していたものと考えられる。また、指図債権等について証券の提示を求めていた改正前商法五一七条は、その規定する指図債権および無記名債権の種類について制限を設けていなかったため、指図債権および無記名債権は同条の適用を受け、その証券は権利の行使に証券を要する呈示証券といえた。改正前の「民法四七一条ニ掲ケタル証券」である記名式所持人払証券も、無記名証券の一変形と解されたから[32]、改正前商法五一七条の（類推）適用を受け、呈示証券であったと解される。したがって、改正前民法における証券的債権は、すべて権利の行使に証券を要するものとなり、改正前民法の文理どおり引渡しまたは引渡しを含む裏書を譲渡の対抗要件と解したとしても、①説、②説および④説からは、証券的債権に関する証券を有価証券と解することは不可能ではなかった。中間試案補足説明も、「民法第四六九条から第四七三条まで、第八六条第三項、第三六三条及び第三六五条は、有価証券について定めた規定であるとする見解が一般的である」と述べた上で[33]、改正前民法には「有価証券の性質上適切でない規定がある」等の理由から、「民法の上記規定に代えて、有価証券に関する規律を整備する」こととしたと述べる（第19（補足説明）1（1））[34]。

例えばスイス債務法九六五条は、有価証券を「証券なしに権利が主張されることも他人に譲渡されることもできないように権利が結合されたすべての証券である（Wertpapier ist jede Urkunde, mit der ein Recht derart verknüpftist, dass es ohne die Urkunde weder geltend gemacht noch auf andere übertragen werden kann.）」と定義しているが、改正民法は、有価証券を定義していない。この点について中間試案補足説明は、「我が国の法令上、有価証券の用語を定義なく使用する例があり（民事執行法第一二二条第一項等）、基本的に規律の内容を維持したまま民法に有価証券に関する規定を整備する場合には、有価証券の定義に関する現在の解釈も維持されるべきであって、新たに定義規定を設ける必要性は高くない」と説明している（第19（補足説明）1（3））[35]。

民法があえて有価証券を定義するとすれば、スイス債務法の立場と同様に現在の多数説である上記⑤説によることが考えられようが、わが国の記名証券については、後述のように権利の移転にも行使にも証券を要しないという解釈の余地もある。また、日本語の「行使」という語とドイツ語（スイス公用語）の“Geltendmachung”という語[36]のニュアンスの差異も明確ではない[37]。そして、「有価証券概念は、単に法素材を体系的に限定する任務を有しているにすぎず、その限りで単に合目的性の問題に関する」ものであるから[38]、有価証券概念は、歴史的に有価証券と呼ばれてきた多種多様な証券を広くその中に含めうるものでさえあれば足りるとも考えられる[39]。これらの事情を考慮すると、改正民法が有価証券を定義しなかったことは必ずしも不当ではないと考えられ、改正民法における有価証券は、定義にこだわることなく、さしあたり民法の債権編の「有価証券」の節に規定されている債権的な指図証券、記名式所持人払証券、無記名証券および記名証券を示すものと考えておいても差し支えないのではあるまいか。

(27)　田中耕太郎『手形法小切手法概論』九五頁（有斐閣、一九三五）等。
(28)　大森忠夫『手形法小切手法講義』五頁（三和書房、一九六二）。
(29)　本間喜一「有価証券の概念に就て」青山衆司博士還暦記念論文『商法及保険の研究』四五頁以下（保険評論社、一九三一）等。
(30)　小橋一郎『手形法・小切手法』五頁以下（成文堂、一九九五）等。
(31)　鈴木竹雄・前田庸補訂『手形法・小切手法（新版）』二五頁以下（有斐閣、一九九二）等。
(32)　拙著・前掲注（24）二〇六頁以下参照。
(33)　淺木・前掲注（17）「改正民法に見る有価証券規定」二一五頁以下は、梅謙次郎『民法要義（巻之三債権編）』二一三頁（和仏法律学校発行、一八九七）、富井政章校閲・岡松参太郎『注釈民法理由下巻（第九版）』二三四頁以下（有斐閣書房、一八九九）、鳩山秀夫『改訂増補日本債権法（総論）』三六五頁（岩波書店、一九二五）等の叙述から「証券的債権は、完全有価証券にして無因証券たるものを念頭に、立法されていた」と述べる。

(34) 商事法務編・前掲注(6)二六二頁。
(35) 商事法務編・前掲注(6)二六二頁以下。なお、法制審議会民法(債権関係)部会第七回会議において神作裕之委員は、「有価証券というのは本来、慣行、経済活動、社会活動の中で生成し変化していくものでございますので、有価証券等について定義規定を置くことは望ましくないのではないかと考えます。もし規律を置くとしても、定義規定は置かずに、そこは判例解釈に委ねるという形で発展させていくのが望ましいと思います」と発言している(商事法務編・前掲注(10)六七頁)。
(36) ドイツにおいても、有価証券の定義について権利の "Geltendmachung" に着目する見解が有力である(Vgl. Hueck/Canaris, Recht der Recht der Wertpapiere, 12. Aufl. 1986, § 1 I; Zöllner, Wertpapierrecht, 14. Aufl. 1987, § 3 III 4b)。
(37) わが国の有価証券の定義において一般的に用いられる「行使」という語が Geltendmachung の訳語なのか Ausübung の訳語なのかは、定かではない。
(38) Zöllner, a. a. O. (Fn. 36) § 3 IV 3.
(39) 筆者は、そのような観点から、有価証券の定義について基本的に①説を支持している(拙著・前掲注(24)二三頁以下参照)。なお、神作・前掲注(10)三〇頁は、「有価証券法理は、元来、判例法・(商)慣習法として形成されてきた」という見地から、「有価証券法理を立法によって固定化すると、かえってその発展を制約するおそれもある」と指摘する。

四　指図証券

1　前　説

改正民法は、指図証券についても定義規定を置いていないが、一般に指図証券とは、債権者を指名する記載がされている証券であって、債権者またはその指図人に弁済すべき証券と考えられている。

改正民法は、指図証券に関し、改正前民法等の規定(改正前民四七〇条・四七二条、改正前民施五七条、改正前商五一六条二項・五一七条・五一八条・五一九条)と同様の規定を設けた(民五二〇条の三~五二〇条の六・五二〇条の八

〜五二〇条の一二）。その中で「指図証券の譲渡については、その指図証券の性質に応じ、手形法（昭和七年法律第二十号）中裏書の方式に関する規定を準用する」と規定する改正民法五二〇条の三により手形法のいかなる規定が準用されるのかは、必ずしも明確でないが、削除された改正前商法五一九条が指図証券に関して手形法一二条・一三条・一四条二項を準用していたことから、これらの規定が「その指図証券の性質に応じ」準用されるものと解される。改正民法が手形法の準用という形をとったことについては、違和感がなくもないが、手形法一二条・一三条・一四条二項に規定されているような事柄を民法に具体的に規定することが適当でないと考えられたためであろう。また、「指図債権及び無記名債権の弁済は、債務者の現在の営業所（営業所がない場合にあっては、その住所）においてしなければならない」と規定する商法五一六条二項が削除され、「指図証券の弁済は、債務者の現在の住所においてしなければならない」と規定する改正民法五二〇条の八（同条は、改正民法五二〇条の一八により記名式所持人払証券に、同五二〇条の二〇・五二〇条の一八により無記名証券にそれぞれ準用されている。）が新設されたことにより、債務者が個人商人の場合に営業所において弁済できなくなるとも解されるが、[40] この点は、多少なりとも問題を含むように思われる。[41]

他方、改正民法は、指図証券に関し、譲渡の効力および質入れについて改正前民法（三六三条・三六五条・四六九条）と異なる規定も設けている（民五二〇条の二・五二〇条の七）。

2　譲渡の効力

改正民法五二〇条の二は、「指図証券の譲渡は、その証券に譲渡の裏書をして譲受人に交付しなければ、その効力を生じない」と規定し、指図証券の裏書・交付を証券の譲渡の効力要件とする。これに対し、改正前民法四六九条は、「指図債権の譲渡は、その証書に譲渡の裏書をして譲受人に交付しなければ、債務者その他の第三者に対抗することができない」と規定していた。この規定にいう「指図債権」とは、指図証券に表章される権利を意味し、指図証券を権利の面から表現したものと解される。その意味で、改正前民法において指図証券の裏書・交付は、証券の譲渡の対抗要件として扱われており、指図証券の譲渡の効力要件としては、単なる意思表示が想定されていたといえる。

動産の譲渡において引渡しは、第三者に対する対抗要件とされているが（民一七八条）、そのことにより動産譲渡の取引安全が損なわれているとはいいがたい。そこで、「対抗要件主義は、その法律構成の複雑さとは別に、決して取引の安全を損なうものではない」として改正前四六九条に理論的な整合性を認める見解もあった。[42] しかし、債権については、物権と異なり、譲渡当事者以外にも債務者が存在する。対抗要件主義の下では、譲渡当事者以外の者から対抗要件が具備されていない権利の変動を認めることは妨げないのであるから、改正前民法における指図債権の譲渡の要件を文理どおりに解した場合には、次のような状況が生ずる可能性があった。例えば指図債権の債権者AがCおよびDに対し債権を譲渡する意思表示のみをし、債務者BがCに弁済した後、DがAから証券の裏書・交付を受けてBに債務の履行を請求した場合、BのCに対する弁済は権利者に対するものとして有効であるから、これによってBの債務は一応消滅する。そして、Dが証券の裏書・交付を受けた時点でCへの弁済の事実を重過失により知らなかったならば、権利外観理論等による保護も認められないから、Dの履行請求を認める余地はなくなる。

右のように改正前民法を文理どおりに解する場合には、証券の安全機能が害される可能性[43]、すなわち証券の裏書・交付を受けていない譲受人に対し有効に弁済がなされてしまう可能性があり、このことは流通が予定された証券の取引の安全にとって不都合である。そこで、一時期の通説は、改正前民法の文理を無視し、指図債権の裏書・交付を証券の譲渡の効力要件と解していたが[44]、これは妥当な解釈であったといえよう。この見解に対しては、「今日の説もこれ（証券的債権——筆者）を有価証券に関する規定と考えてか、商法との間に矛盾のあること、有価証券にしては流通の保護その他の点で不十分なことなどを挙げて、立法論的に適当でないことを批判しているが、これらは有価証券そのものを規定しているのでないから学者の批判もやや的外れであ」る、[45]「民法の諸規定が制定された趣旨を軽視するもので、解釈論として無理がある」[46]といった批判がある。しかし、前述のように改正前民法における証券的債権に関する証券が有価証券か否かは、有価証券の定義如何にかかる問題であり、証券的債権に関する証券が有価証券であろうがなかろうが、流通が予定された債権証券であることは疑いない。流通が予定された債権証券について裏書・交付を証券の譲渡の対抗要件と解することは、不当な結論を生ずる。法律の文理または制定趣旨に従うならば不当な結論が生ずる場合に法律の文理または制定趣旨から離れた解釈をすることは、決して許されないものではあるまい。

以上のことから、改正民法が指図証券の裏書・交付を証券の譲渡の効力発生要件として規定したことは妥当と考えられる。[47]

指図証券の所持人が裏書によらずに証券に関する権利を譲渡することができるか否かについては、従来から争いがある。改正民法五二〇条の二の文理からは、否定されるようにも思われるが、交付を効力要件とすれば、肯定して差し支えないであろう。[48]ただし、その場合の譲渡については、通常の債権譲渡と同様、権利の推定（民五二〇条の四）、善意取得（民五二〇条の五）および抗弁の制限（民五二〇条の六）は認められないと解される。[49]なお、この場合に改正民法四六七条の債権譲渡通知が必要か否かについては争いがあるが、同条が債権譲渡通知を必要とした趣旨は、債務者の二重弁済の防止および二重譲渡の場合の両譲受人の優劣決定にあり、効力発生要件として証券の交付が必要とされる以上、二重弁済、二重譲渡のおそれはないから、債権譲渡通知を要する実益はないというべきである。[50]

3　質入れ

改正民法五二〇条の七は、「民法第五百二十条の二から前条までの規定は、指図証券を目的とする質権の設定について準用する」と規定し、指図証券の質入れについて裏書および証券の交付を効力要件とするとともに、質入裏書の方式、権利の推定、質権の善意取得および抗弁の制限に関する規律を補っている。これに対し、改正前民法は、指図債権の質入れについて証書の交付を効力要件とし、質権の設定の裏書を第三者対抗要件としていた（改正前民三六三条・三六五条）。指図証券の質入れについては、その譲渡と異なり、改正前民法の規律によっても格別の不都合は生じなかったと考えられるが、中間試案補足説明においては、「証券と権利が結合している有価証券においては、譲渡の場合と質入れの場合とを区別する理由がない」という説明がなされている（第19（補足説明）2（1））。[51]

なお、前述のように指図証券に関する権利の譲渡について裏書によらない交付による譲渡を認めるならば、疑問もあるが、指図証券に関する権利の質入れについても、裏書によらない交付による質権設定を認めてよいのではなかろうか。ただし、その場合の質入れには、通常の債権質と同様、権利の推定、質権の善意取得および抗弁の制限は認められないと解される。

（40）　会社については、「会社の住所は、その本店の所在地にあるものとする」（会社四条）という規定があるが、個人商人については、そのような規定がない。

（41）　筆者は、日本私法学会二〇一七年度大会において「改正民法における有価証券について」というテーマでワークショップを開催し、商法五一六条二項が削除されて民法五二〇条の八が新設されたことにより、債務者が個人商人の場合に営業所においていて弁済できなくなる点を指摘した。民法改正に参画した参加者によると、今回の改正において「営業所」という用語を民法典に含めることは許されず、その点は解釈で補うということであった。また、淺木・前掲注（17）「改正民法に見る有価証券規定」二二六頁は、「商法上の有価証券については、商法旧五一六条二項の削除にもかかわらず、債務者の現在の営業所を第一義的な弁済場所とし、営業所がないときに、その住所を第二義的な弁済場所と解すべきであろう」と述べる。しかし、ある有価証券が民法上の有価証券か商法上の有価証券かは必ずしも明確でなく、この問題について解釈で補うことが適当なのか、疑問なしとしない。

（42）　高田晴仁「指図債権の裏書譲渡と権利移転的効力について―民法四六九条論・序説―」小室金之助教授還暦記念論文集『現代企業法の諸問題』二五〇頁注（119）（成文堂、一九九六）。なお、同書・二三六頁、二四六頁以下参照。

（43）　証券の安全機能については、拙著・前掲注（24）一五頁以下参照。

（44）　我妻榮『新訂債権総論（民法講義Ⅳ）』五五四頁以下（岩波書店、一九六四）、於保不二雄『債権総論（新版）』三二二頁以下（有斐閣、一九七二）、奥田昌道『債権総論（増補版）』四六二頁以下（悠々社、一九九二）参照。

（45）　星野・前掲注（4）二一四頁以下。

（46）　中田・前掲注（5）五七三頁。

（47）　日本私法学会二〇一七年度大会ワークショップ「改正民法における有価証券について」（前掲注（41）参照）において参加者から、証券的債権の裏書・交付を対抗要件と解しつつ、証券の裏書・交付を受けていない譲受人に対する有効な弁済を排除しうる可能性も示されたが、そもそも証券的債権の存在に独自性を認める意義は乏しかったことから、それを有価証券法理に吸収して一般化したことは妥当だったという認識で一致した。なお、神作・前掲注（10）二八頁は、「有価証券と証券的債権との区別を説得力のある立法論として展開するほど『証券的債権法理』が発展しているかというと疑問がある」と述べる。

（48）　同旨、淺木・前掲注（14）一六一頁、同・前掲注（17）「改正民法に見る有価証券規定」二二三頁。

（49）　拙著・前掲注（24）一八〇頁以下参照。

（50）　拙著・前掲注（24）一八四頁以下参照。

（51）　商事法務編・前掲注（6）二六三頁。

五　記名式所持人払証券と無記名証券

1　前　説

改正民法は、記名式所持人払証券については、「債権者を指名する記載がされている証券であって、その所持人に弁済をすべき旨が付記されているもの」と定義しているが（民五二〇条の一三）、無記名証券については定義規定を置いていない。一般に無記名証券とは、債権者を指名する記載がなされていない証券であって、その所持人に弁済をすべき旨が付記されているものと考えられている。

改正民法は、記名式所持人払証券に関し、改正前民法等の記名式所持人払債権に関する規定（改正前民四七一条（＝四七〇条）、改正前民施五七条、改正前商五一八条・五一九条（＝小二一条））と同様の規定を設けたほか（民五二〇条の一五・五二〇条の一六）、譲渡の効力、権利の推定、善意の譲受人に対する抗弁の制限、質入れ、弁済の場所および証券の提示による履行遅滞について有価証券法理に即した新たな規定を設け（民五二〇条の一四・五二〇条の一七・五二〇条の一八）、無記名証券に記名式所持人払証券に関する規定を準用している（民五二〇条の二〇）。

2　記名式所持人払証券の性質

改正民法五二〇条の二〇は、記名式所持人払証券に関する規定を無記名証券に準用しており、両者が同様の性質を有することを明確にする。これに対し、改正前民法四七一条は、記名式所持人払債権（「債権に関する証書に債権者を指名する記載がされているが、その証書の所持人に弁済をすべき旨が付記されている場合」）について指図債権の債務者の調査の権利等に関する改正前民法四七〇条を準用していたが、改正前民法には他に記名式所持人払債権に関する規定はなかった。

旧民法起草者は、改正前民法における記名式所持人払証券を一種の免責証券[52]と解していたようであり[53]、学説においても、これを免責証券と解する見解があった[54]。しかし、免責証券は取引保護に関係しないものであるところ、大審院は、記名式所持人払証券について「其証書ノ交付ヲ受ケタル者ハ該債権ノ債権者トナルモノニシテ其債権ヲ数多ノ人ノ手ヲ経テ譲受ケタル者ハ一一各譲渡人ヲ調査スルニ由ナキヲ以テ若シ債務者ノ譲渡人ニ対シ有スル一切ノ抗弁ヲ対抗セラルルトキハ不測ノ損害ヲ受ケ容易ニ其債権ヲ譲受クルコトヲ得サルコトトナリ甚シク其流通ヲ害スルニ至ル」と述べ、「取引保護」を強調して指図債権に関する抗弁制限を規定する改正前民法四七二条の類推適用を認め[55]、学説においては、記名式所持人払債権を流通証券である無記名債権の一種とみる見解が有力となった[56]。

旧民法起草者は、ドイツ法を参考として、証券の所持人に権利者としての形式的資格を授与する有価証券の積極的作用は認められないが、その所持人だけが権利者と認められるという有価証券の消極的作用（安全機能）が認められる記名証券がわが民法上も認められることを前提とし、改正前民法四七一条においてドイツ法的な記名証券としての性質と資格（免責）証券としての性質を併有する変態的資格証券（ドイツ民法八〇八条参照）[57]を認めようとしたのではないかと推測される。しかし、ドイツにおいて記名証券に有価証券の消極的作用が認められたのは、証券の所持に債権譲渡の対抗要件としての機能を果たさしめている結果にすぎず、債権譲渡につき対抗要件制度をとるわが国においては、ドイツ法的な記名証券を認める必要性は乏しいものと解される[58]。また、ドイツにおいては、「すべての有価証券が債務者のための資格効力を有しているわけではない」とされ[59]、例えば「記名貨物引換証と記名船荷証券は、債務者が商法四四八条または六五三条により証券の返還に対してのみ給付することを要するから、有価証券ではあるが、証券所持人の受領権限への善意の信頼が原則として保護されないから、資格証券ではない」と解されている[60]。しかし、わが国においては、通常の債権に関してドイツには存在しない受領権者としての外観を有する者に対する弁済の制度（民四七八条）があるため、記名船荷証券などを含めて債権的有価証券についても、少なくとも、「証券所持人の受領権限への善意の信頼が原則として保護されない」ということにはならないであろう。[61]したがって、わが国においては、ドイツにおける変態的資格証券のように記名証券に資格証券としての性格を併有させる意味もないといえる。

以上のことから、民法改正前の記名式所持人払債権は、やはり無記名債権の一種とみるべきであり、[62]改正民法五二〇条の二〇が無記名証券に記名式所持人払証券に関する規定を準用して両者が同様の性質を有することを明確にしたことは妥当である。

3　譲渡の効力

改正民法においては、記名式所持人払証券および無記名証券の譲渡は、「その証券を交付しなければ、その効力を生じない」ものとされる（民五二〇条の一三・五二〇条の二〇）。これに対し、改正前民法八六条三項は、「無記名債権は、動産とみなす」と規定していた。この規定にいう「無記名債権」とは、無記名証券を権利の面から表現したものと解され、改正前民法の無記名債権の譲渡については、文理上、効力要件として意思表示が（改正前民一七六条）、対抗要件として証券の交付（引渡し）が（改正前民一七八条）想定されていた。しかし、一時期の通説は、改正前民法の文理を無視し、証券の交付を無記名債権の譲渡の効力要件と解しており、[63]この解釈は、指図証券の場合と同様に妥当な解釈であったといえよう。したがって、改正民法が指図証券の裏書・交付と同様に記名式所持人払証券および無記名証券の交付を証券の譲渡の効力発生要件として規定したことも妥当である。今後は、例えば無記名式小切手の譲渡の効力は、改正民法五二〇条の二〇が準用する同五二〇条の一三に従って規律されることとなる。[64]

4　小切手に対する無記名証券に関する規定の適用

前述のように無記名式小切手については、無記名証券の譲渡の効力に関する規定（民五二〇条の二〇・五二〇条の一三）が適用されるが、それ以外にも、所持人の権利の推定に関する規定（民五二〇条の二〇・五二〇条の一四）が適用される。

指図式小切手については、手形と同様、支払人は、裏書人の署名の真偽を調査する義務はないものと規定されているが（小三五条）、小切手の支払人が小切手上の義務者でないことからか、免責に関する規定は置かれていない。また、無記名式小切手については、支払人の調査義務に関する規定も置かれていない。しかし、小切手においても、支払の結果を振出人の計算に帰しうるという意味においては「免責」が問題となり、迅速な支払を実現する必要があることは、手形におけると同様である。そこで、小切手についても、手形法四〇条三項の類推適用を認める見解[65]があったが、民法改正後においては、改正民法五二〇条の一〇を適用（指図式小切手の場合）または類推適用（無記名式小切手の場合）するのが妥当であろう[66]。

(52)　免責証券とは、所持人が正当な権利者でなかった場合でも、債務者が証券の所持人に悪意または重過失なく弁済すれば債務を免れる効力のある証券をいう。法制審議会民法（債権関係）部会第七回会議においては、「ここでは免責証券が現実にも広く利用されているという実情を踏まえ、免責証券の所持人に対する弁済が保護されること等について明文の規定を置くべきであるという考え方の採否について御議論をいただく」とされているが（商事法務編・前掲注（6）六五頁）、ほとんど議論はなされていない。

(53)　法務大臣官房司法法制調査部監修『法典調査会民法議事速記録三』五六〇頁（商事法務研究会、一九八四）参照。

(54)　鳩山秀夫『増訂改版日本債権法（総論）』三六七頁以下（岩波書店、一九二五）、河本一郎『有価証券法研究』一五二頁、一六〇頁以下（成文堂、二〇〇〇）参照。

(55) 大判大五・一二・一九民録二二輯二四五〇頁。
(56) 我妻・前掲注(44)五六三頁、於保・前掲注(44)三二八頁、奥田・前掲注(44)四六四頁参照。
(57) ドイツ民法八〇八条は、一項において、「債権者を指名する証券が証券中で約束した給付をすべての所持人に対して行うことができる旨の定めを付して発行されたときは、債務者は証券の所持人に対する給付により免責される。所持人は、給付を請求する権利を有しない」と規定し、同条の証券が資格証券(免責証券)であることを明らかにし、また、二項において、「債務者は、証券の引渡しと引換えにのみ給付する義務を負う。証券が紛失し、又は滅失したときは、別段の定めがない限り、公示催告手続により証券を無効なものと宣言することができる」と規定しており、今日におけるドイツの学説において同条の証券は、「単に免責文句を伴う真正の記名証券」ととらえられている(Zöllner, a. a. O. (Fn. 36) §28 I)。
(58) 拙著・前掲注(24)一五頁以下参照。
(59) Baumbach/ Hefermehl/ Casper, Wechselgesetz Scheckgesetz und Recht de Kartengestüten, 23. Aufl. 2008, WPR Rn. 80.
(60) Hueck/ Canaris, a. a. O. (Fn.36) § 1 II 4.
(61) 来栖三郎「債権の準占有者と免責証券」民商三三巻四七九頁(一九五六)も、「一般に漠然と多くの有価証券は免責証券性をもつというに止まるので、記名証券が免責証券性をもつかどうかは明かではない。当然には免責証券性をもたないとするものもある。しかし、記名証券の所持人が証券に指名された権利者と同一なことを確認するに相当の手続をとった上、弁済したときは、たとえ実際は違っていても、債務者は免責されると解すべきであろう」と述べている。
(62) 拙著・前掲注(24)二〇六頁以下参照。
(63) 我妻・前掲注(44)五六二頁、於保・前掲注(44)三二八頁以下、奥田・前掲注(44)四六五頁参照。
(64) 改正前民法八六条三項が削除されたことについては、法制審議会民法(債権関係)部会第七回会議において神作裕之委員が「無記名債権を物とみなすというのは、規律の実質は即時取得の規定を適用するにしても、少し規律のスタイルといいますか、物とみなすのではなく、規定振りを変えて無記名債権に固有の規律を書き下していった方が理論的な観点からは美しい」と発言している(商事法務編・前掲注(10)六七頁)ことが参考となる。

(65) 弥永真生『リーガルマインド手形法・小切手法（第二版補訂）』一八三頁（有斐閣、二〇〇五）参照。

(66) 判例には、無記名式小切手について改正前民法四七八条の適用を問題にしているものもあった（最判昭三九・一二・四判時三九一号七頁等参照）。旧民法財産編四五七条は、「無記名債権ノ占有者ハ之ヲ債権ノ占有者ト見做ス」と規定しており、沿革的には改正民法四七八条を無記名式小切手に適用すべきであろうが、同条により受領権者としての外観を有する者に対する弁済が有効とされるためには弁済者の無過失を要するものとされていることから、同条を小切手に適用することは妥当でない。

六　記名証券

1　前　説

記名証券とは、「債権者を指名する記載がされている証券であって指図証券及び記名式所持人払証券以外のもの」である（民五二〇条の一九第一項）。改正民法は、指図証券等と異なり、改正前民法にそれに表章される債権に関する規定がなかった記名証券について譲渡および質入れならびに喪失およびその場合の権利行使方法に関する新たな規定を設けている（民五二〇条の一九）。

2　譲渡および質入れ

改正民法五二〇条の一九第一項は、記名証券について「債権の譲渡又はこれを目的とする質権の設定に関する方式に従い、かつ、その効力をもってのみ、譲渡し、又は質権の目的とすることができる」と規定する。裏書禁止手形、裏書禁止船荷証券等の記名証券の譲渡方法については、改正前手形法一一条二項に「振出人ガ為替手形ニ『指図禁止』ノ文字又ハ之ト同一ノ意義ヲ有スル文言ヲ記載シタルトキハ其ノ証券ハ指名債権ノ譲渡ニ関スル方式ニ従ヒ且其ノ効力ヲ以テノミ之ヲ譲渡スコトヲ得」という裏書禁止手形に関する規定があったのみであり、その質入れについては、全く規定がなかった。

記名証券の譲渡については、中間試案補足説明において「①譲渡の意思表示を効力要件とし、債権譲渡通知を対抗要件とする見解、②上記①に加えて証券の交付を効力要件とする見解、③上記②のうち対抗要件を不要とする見解等がいずれも有力に主張されており、特定の見解を採用することは困難である。しかし、上記記名証券について、譲渡方法等に関する規定を設けずに公示催告手続に関する規定のみを設ける場合には、善意取得等の有価証券法理の適用がないという特徴的な性質さえも明らかにならない。そこで、……上記記名証券の譲渡……の効力要件等について、特定の見解を採用しないことを前提に、手形法第一一条第二項と同様の表現をと」ったという説明がなされている（第19（補足説明）4（1））。[67]

筆者自身は、以下の理由から上記①説を採用している。

記名証券の譲渡の効力要件として意思表示を要することは当然であり、問題となるのは、さらに証券の交付を要するか否かである。指図証券、記名式所持人払証券および無記名証券の譲渡について証券の交付が効力発生要件であるとされているのは、権利の流動性を高めるために善意取得が認められている（民五二〇条の五・五二〇条の一五・五二〇条の二〇）という点でそれらの証券が動産的な要素を有し、動産物権変動と同様の公示に服せしめることが適切と考えられるためであろう。これに対し、記名証券については、善意取得が認められていない。したがって、記名証券は、動産的要素を有するものではなく、これを譲渡する場合には、動産物権変動と同様の公示に服せしめる必要はないものと考えられ、証券の交付を効力発生要件とする必要はないものと解される。そうだとすると、これらの証券の譲渡については、債務者および債務者以外の第三者に対する対抗要件として民法四六七条一項・二項の通知・承諾を要することになる。[68] このように解することは、改正民法五二〇条の一九第一項の文理にも最も合致する。①説によると、記名証券における証券の交付は、譲渡の効力発生後に行われても差し支えないことになる。

記名証券の質入れについても、右と同様に考えてよいであろう。

3　喪失およびその場合の権利行使方法

改正民法五二〇条の一九第二項は、「指図証券は、非訟事件手続法（平成二十三年法律第五十一号）第百条に規定する公示催告手続によって無効とすることができる」と規定する改正民法五二〇条の一一および「金銭その他の物又は有価証券の給付を目的とする指図証券の所持人がその指図証券を喪失した場合において、非訟事件手続法第百十四条に規定する公示催告の申立てをしたときは、その債務者に、その債務の目的物を供託させ、又は相当の担保を供してその指図証券の趣旨に従い履行をさせることができる」と規定する改正民法五二〇条の一二を記名証券に準用する。

今回の改正により削除された民法施行法五七条は、「指図証券、無記名証券及ヒ民法第四百七十一条ニ掲ケタル証券ハ非訟事件手続法（平成二十三年法律第五十一号）第百条ニ規定スル公示催告手続ニ依リテ之ヲ無効ト為スコトヲ得」と規定しており、公示催告手続の対象として記名証券を挙げていなかった。そのため、記名証券については、公示催告による除権決定が認められないと解するのが従来からの通説であったが[69]、近時はこれを認める見解が有力である[70]。その根拠は、記名証券についても、権利を行使するためには証券を要する以上、公示催告による除権決定が認められなければならないという点にあるが、かつてのわが国においては、記名証券の非流通性を根拠に記名証券に関する権利の行使には証券の呈示（提示）を要しないという見解が有力であった[71]。記名証券については、前述のように譲渡の対抗要件として民法四六七条の通知・承諾を要するものと解すべきであり、同条の対抗要件を具備した権利者がその権利を行使するためには、必ずしも証券を要しないものと解され、公示催告による除権決定も、これを認める必要はないものというべきである[72]。

記名証券に関する規定の必要性について中間試案補足説明は、「指図証券及び記名式所持人払証券以外の記名証券については、裏書禁止手形、裏書禁止船荷証券等がその典型例であり、一般に、権利の行使に証券の提示が必要とされ、権利の行使の場面では有価証券としての性質を有すると解されているところ、証券の盗取、滅失等の場合に公示催告手続の利用を可能とするため、上記記名証券に関する基本的な規律を設ける必要がある」と述べているが（第19（補足説明）4（1））[73]、筆者の立場からは、改正民法五二〇条の一九第二項は、必ずしも必要のない規定といえる。筆者の見解によると、記名証券は、単なる証拠証券と明確な境界線を引きがたいものとなり、実質的に存在意義を失うこととなる。[74] 確かに記名証券の典型とされてきた裏書禁止手形は多少なりとも利用されているが、それは受取人に手形交換制度やわが国特有の銀行取引停止処分を伴う不渡制度や手形訴訟制度（民訴三五条以下）を利用しうるメリットがあるためである。これらの制度のメリットを享受するためには証券を要するが、このメリットは、「権利の行使に証券を要するか否か」という問題とは次元が異なるものと考えられる。民法起草者がドイツにおける記名証券の存在を認識しながらも、あえて民法にそれに表章される債権に関する規定を置かなかったことは、それなりの意味があったのではなかろうか。

今回の改正は、――「記名証券の譲渡……の効力要件等について特定の見解を採用しないこと」が前提となっているものの――権利の行使については多少なりとも筆者の立場への逆風となりそうである。

(67) 商事法務編・前掲注（6）二六三頁以下。

(68) 拙著・前掲注（24）六頁以下参照。なお、筆者は、本文の②説と③説について次のように考えている。②説によると、記名証券の譲渡方法は、通常の債権の譲渡方法に無記名証券の譲渡方法を加えたものとなって、通常の債権の譲渡方法よりも要件として重くなるが、このことは明らかに不自然であろう。他方、③説によると、記名証券の譲渡方法は、無記名証券の譲渡方法と全く同様のものとなってしまうが、無記名証券と全く同様の方法で譲渡されながら、善意者の保護が認められないような類型の証券を認めることにより、これにいかなる社会的機能を求めているのか、疑問である（拙著・前掲注（24）九頁以下参照）。

（69）大隅健一郎『商行為法』六一頁（有斐閣、一九五八）、西原・前掲注（16）一一五頁参照。

（70）鈴木竹雄「除権判決」『商法研究Ⅰ総論・手形法』四〇三頁以下（有斐閣、一九八一）、田中誠二『新版商行為法』一一八頁（千倉書房、一九五八）、大隅健一郎・河本一郎『注釈手形法・小切手法』四六八頁（有斐閣、一九七七）、平出・前掲注（16）二一二頁以下、前田庸『手形法・小切手法』五二一頁以下（有斐閣、一九九九）参照。

（71）松本烝治『手形法』四二頁（中央大学、一九一八）、田中耕・前掲注（27）一一〇頁、大森・前掲注（28）一二六頁参照。

（72）拙著・前掲注（24）四二頁以下参照。

（73）商事法務編・前掲注（6）二六三頁以下。

（74）ただし、手形利得償還請求権発生後の証券は、ドイツ法的な記名証券としての性質を認めるのが妥当と解され、利得償還請求権の行使には証券の所持またはそれに代わる除権判決の取得を要するものと解すべきである（拙著・前掲注（24）二四頁以下参照）。

七　有価証券発行の自由

権利の有価証券化について法律の根拠を要するか否かは古くから争いのある問題であり、「有価証券は、取引の必要に応じ、無限に創造せらるるものであ」るとか、[75]「新種類の有価証券の発行も、公序良俗に反せざる限り法規的には全く自由なる」とか、[76]「法律で定めているもの以外でも、任意の内容または任意の種類の有価証券を発行することができる」[77]と述べる見解もあるが、「少なくとも無記名証券・指図証券に関する限り、善意取得や抗弁切断の法則の適用が、法の特別の承認なしに認められるとは、考えがたい」[78]というべきであろう。

もっとも、前述のように改正前民法上の証券的債権に関する証券を有価証券と解することは少なくとも不可能ではなかったわけであり、これを有価証券と解する場合には、わが国においては、必ずしも十分なものとはいえないが、民法および商法に有価証券である指図債権および無記名債権の両者に関する一応の内容を有する一般的規定が存在していたこととなる。[79] また、物権法定主義を規定する民法一七五条のような規定が指図債権および無記名債権について存在しないことを考慮すると、改正前民法においても、譲渡性がある債権は、原則として、指図債権または無記名債権に関する民商法上の規定を根拠に、指図証券および無記名証券のいずれにも表章されうるものと解しえた。[80] もっとも、改正前民商法上の有価証券に関する規定については、「証券法の通則的現象を網羅しているとは、全然いえない」という評価もあったが、[81] 改正民法は、表題を「有価証券」とする節を設け、その各条文に規定された指図証券、記名式所持人払証券、記名証券および無記名証券が有価証券であることを明確にしつつ、証券的債権に関する規定を有価証券法理に適合するように整備した相当に詳細なものであるから、譲渡性がある債権は原則として民法上の規定を根拠に有価証券に表章されうると解される。したがって、債権を表章する有価証券については、原則として個別的な法律上の根拠なくして自由に発行しうるものと解すべきである。[82]

有価証券は、設権証券と非設権証券に分類される。一般には、設権証券とは、証券に表章される権利が発生するためにその証券の作成等の証券的行為が必要な有価証券であり、手形小切手を典型とし、非設権証券とは、証券の発生前にすでに発生している権利を表章する有価証券であり、株券を典型とするものと解されている。[83] また、有価証券は、その表章する権利が売買契約等のその原因となる法律関係（原因関係）の存否、無効等の影響を受けるか否かにより有因証券と無因証券に分けられる。有価証券に関する民法上の規定を根拠に有価証券を発行する場合、設権証券でも非設権証券でも有因証券でも無因証券でも自由に発行しうるかは問題であるが、これを否定する理由はないであろう。有価証券が設権証券か非設権証券か、または、有因証券か無因証券かで物的抗弁と人的抗弁の範囲は自ずと異なるものとなろうが、「指図証券の債務者は、その証券に記載した事項及びその証券の性質から当然に生ずる結果を除き、その証券の譲渡前の債権者に対抗することができた事由をもって善意の譲受人に対抗することができない」と規定する改正民法五二〇条の六（同条は、改正民法五二〇条の一八により記名式所持人払証券に、同五二〇条の二〇・五二〇条の一八により無記名証券にそれぞれ準用されている。）により、さまざまな性質の有価証券における抗弁の範囲を柔軟に調整しえよう。(84)

指図証券および無記名証券は、転輾譲渡が予定されているものであるから、退職金債権のような性質上譲渡性がない債権（民四六六条一項但書）や労働者災害補償保険法上の保険給付受給権のような法律上譲渡が禁止されている債権（労災一二条ノ五第二項）は、これらの証券に表章されえない。また、手形・小切手以外の個別的な支払・与信機能を果しうる有価証券は、手形・小切手に関する法状態の国際的統一というジュネーブ国際条約の目的を害さないような特別の事情が認められない限り、法的効力を否定されるものと解すべきである。また、会社が一度に大量に発行することも可能な、金銭債権を表章する有価証券を発行しようとする場合には、会社法中の社債に関する規制（会社六七六条以下）に従わなければならないと解される。(85)

(75)　小町谷操三『海上保険法総論二』四三七頁（岩波書店、一九五四）。
(76)　升本喜兵衛『有価証券法』五〇頁（評論社、第二八版、一九六四）。
(77)　服部榮三『手形小切手法（改訂版）』二五八頁（商事法務研究会、一九七一）。
(78)　小橋一郎『有価証券法の基礎理論』五七頁（日本評論社、一九八二）。
(79)　拙著・前掲注（24）三八頁以下参照。
(80)　拙著・前掲注（24）七二頁以下参照。

(81) 西村編・前掲注(3)四〇一頁〔沢井〕。
(82) 平出慶道『手形法小切手法』九頁(有斐閣、一九九〇)参照。
(83) 拙著・前掲注(24)二一七頁以下参照。
(84) 本章七で述べた詳細については、拙著・前掲注(24)七八頁以下参照。

八 むすび

改正前民法には「有価証券」という用語は存在しなかったが、証券的債権(指図債権、記名式所持人払債権および無記名債権)は、権利の行使に証券を要するものであり、これを有価証券と解することは可能であった。改正民法は、表題を「有価証券」とする節を設け、その各条文に規定された指図証券、記名式所持人払証券、記名証券および無記名証券が有価証券であることを明確にしている。名実ともに有価証券に関する一般的規律といえるものがわが国の私法体系の中に置かれたことは意義があり、通説である企業法論からは、有価証券に関する一般的規律が私法の一般法である民法に規定されても問題はないこととなる。なお、改正民法は、有価証券を定義していないが、ここでの有価証券は、単に債権的な指図証券、記名式所持人払証券、記名証券および無記名証券を示すものと考えればよいであろう。

個々の規定の妥当性については、改正民法が指図証券の裏書・交付を証券の譲渡の効力発生要件として規定したことおよび無記名証券に記名式所持人払証券に関する規定を準用して両者が同様の性質を有することを明確にし、指図証券の裏書・交付と同様に記名式所持人払証券および無記名証券の交付を証券の譲渡の効力発生要件として規定したことは妥当である。他方、記名証券の譲渡方法については争いがあるが、筆者は、譲渡の意思表示を効力要件とし、債権譲渡通知を対抗要件とすると解している。また、筆者は、記名証券については権利の行使にも証券を要しないと解しており、このような見解からは、必ずしも記名証券に関する規定は必要なかったこととなる。

権利の有価証券化については、譲渡性がある債権は、原則として、個別的な法律または慣習法上の根拠がなくとも、有価証券に関する民法上の規定を根拠に有価証券に表章されうるものと解される。その際、設権証券でも非設権証券でも有因証券でも無因証券でも自由に発行しうるかは問題であるが、これを否定する理由はないであろう。もっとも、ジュネーブ国際条約との関係から、手形・小切手以外の個別的な支払・与信機能を果しうる有価証券の効力が否定されるように、譲渡性がある債権についても、有価証券の発行が完全に自由というわけではない。

今回の有価証券に関する規定の改正については、筆者の立場と相容れない面もないではないが、「民法、商法及び民法施行法に規定されている証券的債権又は有価証券に関する規律について、民法の規律と有価証券法理とが抵触する部分はこれを解消するものの、基本的には規律の内容を維持したまま、民法に規定を整備する」という基本方針に忠実な、全体としてバランスのとれたものであると考える。個々の規定の解釈については、善意取得（民五二〇条の五・五二〇条の一五・五二〇条の二〇）の適用範囲等、多くの問題が残されていると考えられるが、手形・小切手、船荷証券等に関する扱いが参考とされよう[85]。

（85）　例えば指図証券について、手形の質入裏書に関する手形法一九条一項の類推適用および期限後裏書に関する手形法二〇条一項後段の趣旨の類推の必要性が指摘されている（淺木・前掲注（14）一六四頁、一六八頁、同・前掲注（17）「改正民法に見る有価証券規定」二二六頁、二二七頁参照）。

第二章　有価証券における無因性の法理

第一節　手形債務負担行為の無因性と「原因」関係に基づく抗弁

一　はじめに

二〇〇七年六月に「電子記録債権の発生、譲渡等について定めるとともに、電子記録債権に係る電子記録を行う電子債権記録機関の業務、監督等について必要な事項を定める」電子記録債権法が成立し、二〇〇八年一二月から施行されている。電子記録債権は、「手形とも指名債権とも異なる債権」といわれるが[1]、期限付債務の履行等の手形の中心的機能を電子化したものであり、手形の利用の減少は、今後さらにその度合いを増すことが予想される。しかし、電子記録債権の法理については、その中心的機能を同じくする手形の法理が原則として妥当するものと考えられ、手形法理を探求する意義が失われるものではあるまい。

手形法理の代表ともいえる手形の無因性についてわが国の判例は、「手形上ノ権利義務ハ手形行為ニ基キ発生スルモノナルヲ以テ手形行為ヲ為スニ至リタル原因ノ有効無効ニヨリ消長スルモノニアラス」と述べてこれを肯定しつつも、「手形授受ノ直接当事者間ニ在リテハ債務者ハ原因ノ無効ナル事由ヲ以テ手形上ノ請求ヲ拒絶シ得ル」と解しているが[2]、そのように解する法律構成を示していない。この点、高窪利一教授の分析によると、手形の無因性を前提としつつ、手形交付の直接当事者間において売買契約のような「原因」[3]関係に基づく抗弁の対抗を認める考え方としては、①「無因的な権利の行使に対して、一般悪意の抗弁や反信義則、権利濫用の抗弁が対抗されるとする説」、②「原因なくして無因的な権利を与えられていること自体が不当利得となるとする説」及び③「そのまま手形債務の履行を強制すると、原因関係上、不当利得となり、後に別個の返還請求を要するという二重の手間がかかるので、あらかじめ抗弁させるとする説」があるとされる[4]。もっとも、①説と③説とは、必ずしも対立的な関係にはなく、①説は③説の法律構成のひとつを示し、③説は①説の実質的理由のひとつを示しているとも考えられることから、両者が渾然一体となったものがわが国の多数説を形成し、②説と対立していると捉えるべきであろう。

ドイツにおいては、長らく上記②説が通説であったが、一九七〇年代以降の連邦通常裁判所の諸判決[5]を契機として、現在では上記②説に代わって「交付合意論」と呼ばれる見解が通説的地位を占めている。この見解は、わが国においてもすでに多くの文献により紹介されており[6]、本節においてドイツの議論に関する新たな知見をつけ加える余地はもはや残されていないものと考えられるが、この見解を踏まえたわが国手形法の解釈に関する議論[7]は、必ずしも十分になされていないように思われる。

本節は、「交付合意論」を踏まえたわが国手形法の解釈論を行うものであるが、庄子良男教授によると「交付合意論は、ドイツの手形法学においては、それ自体としては特定の内容をもたず、ただ原因関係の当事者間において原因関係からの抗弁を手形に対する人的抗弁（直接抗弁）となしうる根拠ないしその範囲をめぐって様々な見解を有する人々が、それぞれの解釈をそこに盛り込む共通の形式的な枠組として機能しているにすぎない」とされる[8]。そうだとすると、「交付合意論」のターゲットを絞ることは容易ではないため、本節においては、さしあたり「交付合意論」をわが国手形法の解釈に取り入れている福瀧博之教授の見解[9]を手がかりに、手形の無因性と「原因」関係に基づく抗弁に関して若干の考察を加えてみたい。

（1） 始関正光・高橋康文編『一問一答電子記録債権法』九頁（商事法務、二〇〇八）参照。

（2） 大判大九・三・一〇民録二六輯三〇一頁。

（3） 本節においてカギ括弧付きの「原因」は、必ずしも「法律上の原因」（民七〇三条）を示すものではない。

（4） 高窪利一『現代手形・小切手法（三訂版）』三七一頁以下（経済法令研究会、一九九七）参照。

（5） BGHZ 57, 292 ; BGH NJW 1976, 1451; BGHZ 85, 346; BGH NJW 1986, 1872. これらの諸判決を詳細に紹介するものとして、高木正則「手形授受の当事者間における原因関係上の抗弁――ドイツにおける議論を参考にして――」明治大学法学研究論集八号一八九頁以下（一九九八）、庄子良男『ドイツ手形法理論史（下）』九七一頁以下（信山社、二〇〇一）参照。

（6） 福瀧博之「原因関係に基づく手形抗弁の法律構成」川又良也先生還暦記念『商法・経済法の諸問題』三九八頁以下（商事法務研究会、一九九四）、菊地和彦「手形の無因性の再検討」盛岡短期大学法経論叢一一号四九頁以下（一九九〇）、椽川泰史「手形取引当事者の合意と手形抗弁」私法五六号二五四頁以下（一九九四）、今泉恵子「手形理論と手形抗弁理論の交錯――契約説・創造説の折衷理論における『付随的な約定』の法的評価を中心として――」私法五六号二四七頁以下（一九九四）、高木・前掲注（5）一八七頁以下、庄子・前掲注（5）九六九頁以下参照。

（7） もっとも、わが国の手形法典もドイツの手形法典も、同じくジュネーブ条約に基づいて作成されたものであり、その内容にほとんど差異はない。その意味で、わが国の手形法の解釈として特に考慮されなければならないものは、民法を中心とする手形法典の周辺の法状況及び概念形成に関するドイツとの歴史的相違であろう。

（8） 庄子・前掲注（5）九八七頁。

（9） 福瀧博之『手形法概要（第二版）』七七頁以下（法律文化社、二〇〇七）参照。

二　手形の無因性

1　無因性の意義

無因性の意義について福瀧教授は、「手形行為は、原因関係とは別個のものであり、原因関係の存否、有効無効の影響を受けない。これを手形行為の無因性（抽象性）という」と説明する。[10]このように無因性を単に「原因関係の存否、有効無効の影響を受けない」ことと説明することは、わが国において一般的に見られるところである。[11]これに対し、シュナウダーは、「無因性は、――より広くかつ一般には――その基礎にある債務（＝原因）関係、すなわち法律上の原因からの手形小切手債権の存立および内容の純然たる切断（独立性）として理解される。すでにこのことから、無因性の二つの意味が導かれる。一つは、証券上の権利が基礎にある原因債権の存在から独立していること、法律上の原因からの独立性であり、もう一つは、権利が内容的にも原因関係上の抗弁から切断されていること、抗弁からの独立性である」と説明する。[12]シュナウダーの説明においては、福瀧教授の説明と異なり、無因性の意義において使用される「原因」という語が不当利得の成立要件と関連する「法律上の原因」（日本民法七〇三条、ドイツ民法八一二条）の意味であることが明確にされ、[13]また、「法律上の原因からの独立性」とともに「抗弁からの独立性」が重視されている。シュナウダーは、この両者を重視するものを「折り紙つきの無因原則（altbewährten Abstraktionsgrundsats）」と呼んでいるが、[14]ここでは、まず、手形行為の「法律上の原因からの独立性」としての無因性について検討する。

2　手形債務負担行為の「法律上の原因からの独立性」としての無因性

福瀧教授は、手形行為の無因性の根拠について「無因性は、手形の記載文言と手形行為の文言性から説明できる。手形の記載文言によれば、手形には原因の記載は許されていない（単純な支払の約束・支払の委託、手七五条二号・一条二号）。しかも、手形は文言証券であって、手形行為の内容は、もっぱら手形に記載されているところによって決定されるから、手形行為は原因関係の存否、有効無効の影響を受けない」と述べる。[15]

手形行為の無因性については、約束手形の振出等の債務負担行為の無因性は「迅速かつ簡易な権利追求」を可能とする理論であり、裏書のような処分行為の無因性は「取引の容易化と安全」を図る理論であるといわれ、[16]両者の相違は、明確に意識されるべきである。

支払委託、支払約束および裏書の単純性に関する規定（手一条二号・一二条一項・七五条二号・七七条一項一号）は、手形行為自体に条件を付しえないことを規定しているのではなく、単に手形の記載に条件を付しえないことを規定しているにすぎないとも解され、処分行為である裏書については、有因性を認める余地がある。[17] しかし、手形債務負担行為については、これらの条項と手形上の法律関係がもっぱら手形の記載によって決せられるという文言性を考慮すると、その無因性を否定することは困難となろう。[18] もっとも、このような理由は、手形法一条二号のような規定をもたない電子記録債権については妥当しない。そこで、手形法、小切手法および電子記録債権法を含む決済システム法における債務負担行為の無因性を根拠づけるためには、他の理由を見出す必要がある。

手形債務負担行為の無因性を否定する場合には、――手形債務負担行為の「法律上の原因」を何に求めるかはさておき――例えば約束手形の振出の原因」無効のときには、手形債務負担行為も無効となり、「原因」関係に基づく抗弁は、理論的には善意・無重過失の場合に切断されるにすぎないところの「新抗弁理論[19]」のいう有効性の抗弁となる。その結果、この場合には、受取人から裏書を受ける者に対し、必ずしも容易に調査しえない振出の「原因」に関する調査義務を課すこととなり、手形の流通は、相当に阻害される。手形の流通を阻害しないためには、「原因」関係に基づく抗弁は、手形法一七条により「債務者ヲ害スルコトヲ知リテ手形ヲ取得シタ」ときを除いて裏書等により切断される狭義の人的抗弁と解する必要がある。そして、そのように解するためには、手形債務負担行為の無因性を肯定することが妥当である。[20] その意味で、手形法、小切手法および電子記録債権法を含む決済システム法における債務負担行為の「法律上の原因からの独立性」としての無因性は、手形法一七条、小切手法二二条および電子記録債権法二〇条一項が狭義の人的抗弁を認めているという理由により根拠づけられるべきである。[21]

(10)　福瀧・前掲注（9）六九頁。
(11)　田邊光政『最新手形法小切手法（五訂版）』三一頁（中央経済社、二〇〇七）参照。
(12)　Schnauder, Einreden aus dem Grundverhältnis gegen den ersten Wecsel- und Scheck-gläubiger, JZ 1990, S. 1047. このシュナウダーの論文は、ドイツにおいて「交付合意論」に関する他の論文よりもやや遅い時期に刊行されたものであるため、それ以前の議論を十分に踏まえた優れた内容のものとなっている。本稿も、同論文に負うところが少なくない。
(13)　この点を明確にするわが国の見解として、竹田省『手形法小切手法』六頁以下（有斐閣、一九五五）参照。
(14)　Schnauder, a. a. O. (Fn. 12) S. 1047. 上柳克郎教授は、「わが国の学説判例の大勢は、手形無因論をドイツから承継しながら、ドイツの通説的見解において手形無因論と表裏一体をなすものと考えられている『無因債務の不当利得』論ともいうべきものを採用しておらず、ドイツ理論の半面継受ともいうべき状況が認められる」と述べているが（上柳克郎『会社法・手形法論集』三八九頁（有斐閣、一九八〇））、手形債権の無因性において「抗弁からの独立性」が重視されてこなかったことがそのような状況を招いたものと考えられる。なお、わが国の私法と抽象（無因）債務との整合性に疑問を呈し、手形小切手行為の無因性の効果を指図の概念から導くべきことを主張するものとして、柴崎暁『手形法理と抽象債務』一一七頁以下（新青出版、二〇〇二）参照。
(15)　福瀧・前掲注（9）六九頁。
(16)　林竧「手形行為の無因性」法教二〇四号一二頁（一九九七）参照。
(17)　本章第二節二参照。なお、手形法一条二号等について弥永真生『リーガルマインド手形法・小切手法（第二版補訂二版）』二七頁（有斐閣、二〇〇七）は、「同様の条文は、（日本でいわれている有因とは概念が異なるが）……手形の有因性を認めるフランス手形法にも存在するのであり、わが国の手形法のもととなっているジュネーブ手形法条約の制定過程では、有因・無因のいずれにもくみしないとされた」と指摘する。同旨、川村正幸『手形法小切手法（第四版）』三〇頁（新世社、二〇一八）。
(18)　竹田・前掲注（13）七頁参照。

(19)　「新抗弁理論」については、田邊光政『手形流通の法解釈』一六一頁以下（晃洋書房、一九七六）参照。

(20)　もっとも、創造説を基礎として手形行為を無因行為である手形債務負担行為と有因行為である手形権利移転行為に分かつ二段階創造説によると、「法律上の原因」関係に基づく抗弁は、善意・無重過失の場合に切断されるにすぎない無権利の抗弁となる（前田庸『手形法・小切手法入門』二一四頁以下（有斐閣、一九八三）参照）。

(21)　田中耕太郎『手形法小切手法概論』一〇九頁（有斐閣、一九三五）も、手形の無因性の根拠を法が「手形債権を抗弁の付随せざる絶対的のものと為したこと」に求め、「法が手形の記載事項中に原因の記載を要求せざる点……に求むる学者あるも此の論は形式的に過ぐる嫌いがある」と述べる。

三　手形行為の「法律上の原因」

1　福瀧教授の見解

わが国において手形行為の「法律上の原因」は、従来、売買契約のような「原因」契約と考えられてきたが、福瀧教授は、売買契約における代金支払債務のような「原因」債務の履行に関連してなされる手形行為の「法律上の原因」を「手形の授受（交付）に関する合意」（以下「手形の交付合意」または「交付合意」という。）と解し、その理由として以下の点を挙げる。[22]第一に、「物権行為の独自性、無因性という問題が議論される場合との対比」という理由が挙げられる。すなわち、「売買代金債務の弁済のためには、必ずしも手形が利用されるとは限らない。場合によれば、売買契約に付随する合意として『代金債務の弁済方法として手形を授受する旨』の合意が行われることのあることはいうまでもないが、物権行為（物権変動）とその原因関係とされる特定物の売買契約との間の関連のような関係は、手形行為（手形の授受）とその原因関係とされる売買契約との間には認められない」という認識から、「売買代金債務の弁済に関連して手形が授受される場合を例にとると、売買契約とその代金債務の支払の方法としての手形の授受（手形行為）との中間に、両者を結びつけるものとして、売買契約に関連して手形を授受する旨、およびその手形の内容に関する合意が当事者間には存在するはずである。売買契約そのものではなく、このようないわば『手形の授受（交付）に関する合意』こそ、物権行為の独自性、無因性の場合にいう原因としての債権行為（例えば、特定物の売買契約）に相当する」と解される。第二に、「法律行為の有因・無因に関して、有因行為を『出捐——給付または債務の設定——を正当づける原因を含んでいる法律行為』とし、無因行為は『その出捐を正当づける原因を含んでいない法律行為』として理解する……考え方からもいえるであろう。……このような出捐（延いては、出捐行為である手形の裏書や約束手形の振出のような手形行為）を正当付ける原因とは、結局のところ、前述の『手形の授受（交付）に関する合意』にほかならない」という理由が挙げられる。

2　検　討

上のような福瀧教授の見解の是非を検討するためには、まず、民法七〇三条の「法律上の原因」の意義を確認しておく必要がある。わが国における不当利得論は、錯綜した理論状況にあるが、手形の交付のような給付の不当利得について松坂佐一博士は、給付を「一定の目的をもって意識的に他人の財産を増加すること」ととらえ、「給付の目的は、法律行為により、しかも原則として、給付者と受領者との間の合意により（ただ一方的法律行為において給付者の一方的確定により）確定されるが、もし受領者が給付者の定めた目的を認識したにかかわらず異議を述べなかった場合には、なお合意があったものと解してよい」と述べ、その目的が当初から欠けている場合、不到達の場合及び消滅した場合に給付が「法律上の原因」を欠いて不当利得となると解している。(23)

松坂博士の見解は、「法律上の原因」に関する主観説に立つものであるが、客観説に立つ四宮和夫博士は、主観説に対し「出捐の基礎的法律関係への関係づけが当事者の目的設定（目的関係づけ）によってなされると考えるのは（主観説）、民法の体系的一貫性に反する。なぜなら、給付利得は、債務の履行としてなされた給付のまき戻しであるところ、履行（弁済）法にあっては、給付がはたしてその債務についてなされたかどうかは、客観的事情・給付者の意思・法律の規定など諸般の事情によって決せられる、とされるからである」と批判を加え、「出捐が給付利得の基礎としての『給付』となるには、それが基礎的法律関係（その法律関係上の義務）という客観的関連――これを『履行関連』と呼ぶことにする――を有することを要し、かつ、それをもって足りる」と解している。(24)

本稿において民法上の不当利得に関する議論にこれ以上立ち入ることは差し控えたいが、右の対立は、手形行為の「法律上の原因」の理解に多少なりとも影響を及ぼすであろう。

まず、客観説に立つ場合には、「法律上の原因」は、給付となるべき出捐と「基礎的法律関係（その法律関係上の義務）という客観的関連」を有することを要するため、手形行為の「法律上の原因」は、手形行為を義務づけるものでなければならないこととなる。しかし、「当事者の一方がある財産権を相手方に移転することを約し、相手方がこれに対してその代金を支払うことを約することによって、その効力を生ずる」売買契約（民五五五条）は、物権行為を義務づけるが、売買代金債務の弁済に関連して手形が授受される場合における手形行為を義務づけるものではない。そうだとすると、客観説に立つ場合には、福瀧教授のいう「売買契約とその代金債務の支払の方法としての手形の授受（手形行為）との中間に、両者を結びつけるものとして、売買契約に関連して手形を授受する旨、およびその手形の内容に関する」交付合意が手形行為の「法律上の原因」と解されよう。(25)

これに対し、主観説に立つ場合には、「法律上の原因」となる「給付の目的は、原則として、給付者と受領者との間の合意により確定される」ため、売買契約のような「原因」契約を手形行為の「法律上の原因」と解する余地も出てくるように思われる。例えばドイツにおいてツェルナーは、主観説の立場から「少なくとも通常の事例においては、交付合意の履行ではなく、原因債務の履行を『手形小切手債務の負担』という給付（民法八一二条二項）(26)に関連する給付目的とみなすことが有意義と思われる。当事者間で『交付合意』がなされる場合にも、その履行は、不当利得法に関連する給付目的としては重要ではない。給付目的の許容できない『段階づけ』は、すでにそれ自体問題外である。交付合意は、それにより追求される目的が原因債務の履行である場合には、独自の意義を有しない。それゆえ、例えば原因債務の設定のような担保の供与における担保合意とは本質的な相違がある。そこでの担保の設定は、原因債務の履行を追求するものではない。それは原因債務に関して志向的なものではなく追加的なもの、すなわち担保権の履行を対象とする」と述べつつ、「手形が担保手形のようにもっぱら担保目的で引き受けられる場合には、手形の交付に際して異なる事情がある。給付目的として原因関係に関連づけられる履行目的は、この類型においては存在しない。むしろ交付は、ここでは実際に証券交付合意の類型における特別な担保合意に基づいて生ずる」と述べている(27)。

手形の交付は、売買契約における代金支払債務のような基礎となる債務の履行に代えてなされる場合とその履行のためになされる場合とに分けられ、後者は、さらにその履行の方法としてなされる場合とその担保としてなされる場合とに分けられる。このうち「原因」債務の履行に代えてなされる場合における手形の交付は、「原因」債務の代物弁済と解されることから、主観説に立つ場合、その目的は、やはり「原因」債務の履行と解されよう。問題となるのは、手形の交付が「原因」債務の履行のためになされる場合についてであるが、ツェルナーによると、「原因」債務の履行の方法としてなされる手形の交付は「原因」債務の履行を志向するものであるため、その目的は「原因」債務の履行にあり、「原因」債務の担保のためになされる手形の交付は「原因」債務の履行に対して追加されるものであるため、その目的は、手形の交付合意の履行にあるということとなる。

しかし、手形の交付が「原因」債務の履行のためになされる場合には、それが履行の方法としてなされようが担保のためになされようが、「原因」債務は消滅せず、手形債務が「原因」債務に対して新たに追加されることは変わりがない。そして、判例によると、手形債務は、「挙証責任の加重、抗弁の切断、不渡処分の危険等を伴うことにより、原因関係上の債務よりも一層厳格な支払義務」であり、会社がその取締役に宛てて約束手形を振り出す行為は、「原因」債務の負担とは別個に会社法三五六条一項二号の「取引」にあたる。[28] そうだとすると、このような厳格な支払債務を負担させるために「原因」債務の履行の方法としての手形の交付合意が例えば強迫により取り付けられることも考えられないではない。そして、そのような場合には、仮に「原因」契約や手形行為自体に瑕疵がないときであっても、手形債務者は手形の交付合意を取り消して手形の返還を請求しうると解するのが妥当なものと考えられるが、「法律上の原因」に関する主観説に立って手形を交付する「目的」を売買契約のような「原因」関係上の債務の履行と解しつつ、そのように解することは、理論的な困難を伴う。手形の交付が「原因」債務の履行の方法としてなされる場合とそれが「原因」債務の担保のためになされる場合とは、前者においては手形債権の先行使が強制されるというにすぎず、手形を交付する目的の相違をもたらすほどに実質を異にするものではないとも考えられる。[29] そうだとすると、主観説に立ったとしても、手形の交付が「原因」債務の履行のためになされる場合には、それが担保のためになされようが履行の方法としてなされようが、その目的は、「原因」債務の履行ではなく、手形の交付合意の履行にあると解するのが妥当ではあるまいか。

　以上のことから、「原因」債務の履行に代えてなされる場合における手形行為の「法律上の原因」は、民法七〇三条の「法律上の原因」の意義の理解によっては、従来どおり売買契約のような「原因」契約と解される余地があるが、「原因」債務の履行のためになされる場合における手形行為の「法律上の原因」は、わが国においても手形の交付合意と解すべきである。

（22）　福瀧・前掲注（9）七八頁以下。

（23）　松坂佐一『事務管理・不当利得〔新版〕』一一三頁、一一九頁以下（有斐閣、一九七三）。

(24) 四宮和夫『事務管理・不当利得（事務管理・不当利得・不法行為上巻）』一一五頁以下（青林書院、一九八一）。
(25) カナリスも、「……手形の履行または担保が付与される原因債権（Kausalforderung）が手形債権の法律上の原因であるという誤解をしてはならない。そのような考えは、譲渡担保または担保権において被担保債権が担保の設定に対する法律上の原因とみなすのと同様に誤っている。それは、譲渡担保または担保契約における担保合意に教義的に相当する手形の交付に関する特別な合意にある」と述べている（Hueck/ Canaris, Recht der Recht der Wertpapiere, 12. Aufl. 1986, § 17 Ia）。カナリスが「原因債権が手形債権の法律上の原因である」ことを「誤解」と断ずるのは、「原因関係（Grundverhältnis）における約束は、有価証券の交付ではなく、金額の支払のみを義務づける」ため、「履行されるべき給付約束の法律上の原因は、基礎にある債務関係には見出せない」からである（Schnauder, a. a. O. (Fn. 12) S. 1048）。
(26) ドイツ民法八一二条は、一項において「法律上の原因なく他人の給付またはその他の方法によりあるものを取得する者は、その他人に対して返還義務を負う。この義務は、法律上の原因が後に消滅しまたは法律行為の内容に従えば給付が目的とした結果が生じない場合も生ずる」と規定し、二項において「債権関係の存否を契約によって承認することも給付とみなす」と規定する。
(27) Zöllner, Die Wirkung von Einreden aus dem Grundverhältnis gegenüber Wecsel-und Scheck in der Hand des ersten Nehmers, ZHR 148, S. 321 f.
(28) 最判昭四六・一〇・一三民集二五巻七号九〇〇頁。
(29) このことは、手形を交付する当事者間の意思明らかでない場合に「原因債務」の履行のために手形が交付されたものと解するか、その担保のために手形が交付されたものと解するかについて争いがあることからも裏づけられよう。

四　「原因」契約と交付合意との関係

1　福瀧教授の見解とその検討

庄子良男教授は、「そもそも交付の合意というものが原因行為といかなる関係にあるのか、すなわち、原因行為そのものなのか、それに付随する合意なのか、それとも原因行為と手形行為の中間に独立の存在を占めるものなのかは、必ずしも明らかではない」と述べるが[30]、売買契約のような「原因」契約は、手形行為を義務づけないから、手形の交付合意は、少なくとも「原因」契約そのものではない。したがって、例えば「原因」契約が無効である場合にも、理論上当然に交付合意が無効となるものではない。しかし、福瀧教授は、「たとえば、売買代金債務の弁済に関連して手形が授受される場合の原因関係を売買契約または売買代金債務であると考えても、ここにいう『手形の授受（交付）に関する合意』であると解しても、結論は必ずしも異ならない場合も多いであろう。売買契約が無効であれば、結局、その代金債務の弁済のために手形を交付する旨の合意も無効となろうからである。この意味においては、直接の『原因関係（出捐を正当付ける原因）』は、これを『手形の授受（交付）に関する合意』に求めるとしても、間接的には、売買契約（または、売買代金債務）もまた原因関係になっているといってよいであろう」と解する[31]。

「売買契約が無効であれば、結局、その代金債務の弁済のために手形を交付する旨の合意も無効とな」るという理解は、妥当であろう。なぜなら、「原因」契約が無効となった場合には、債務者は債権者に対し手形の返還を請求しうるものと解すべきであるところ、手形行為の無因性を前提に「原因」債務の履行のためになされる場合における手形行為の「法律上の原因」を交付合意と解する見解においては、そのように理解しなければ、この場合における手形返還請求権を根拠づけることが理論的に困難となると考えられるからである。しかし、福滝教授がそのような理解を導く根拠は、必ずしも明確でない。ドイツにおいてカナリスは、「原因債権の瑕疵は、――民法一三九条の類推または行為基礎に関する規則により――原則として容易に手形交付に関する合意に影響を及ぼす」と解している[32]。ドイツ民法一三九条は、「法律行為の一部が無効である場合、無効な部分なくしても実行されたであろうことが認められないならば、法律行為全部が無効である」と規定するものであり、また、「行為基礎」とは、「契約当事者が契約締結に際して共通の前提としており、その喪失・変更があれば契約関係をそのまま維持するのが信義則上も不当だと考えられる事情」であり、「行為基礎の理論」とは、わが国の「事情変更の原則」の基礎となる理論である。[33]しかし、わが国においては、一部無効に関するドイツ民法一三九条に相当する明文規定はなく、「行為基礎の理論」についても、「少なくともわが国ではドイツのようには一般的な承認を受けているとはいえない」との指摘がある。[34]

この問題の理論構造は、目的不到達の不当利得の理論構造とやや類似する面がある。目的不到達の不当利得とは、結納の場合のように「当事者が合意により将来における一定の結果の発生を期待して出捐した場合に、その目的とした結果が発生しないときは、給付者は給付したものの返還を返還を請求できる」というものであるが、[35]加藤雅信教授は、『目的不到達』の観念は、法律行為の無効事由の一場合とすべき」という観点から「目的不到達の事実を法律行為の効力の問題として取り扱うための構成として、一般にひろく受け入れやすいのは、目的不到達を黙示の解除条件とする方法であろう」と述べる。[36]もっとも、加藤教授は、「結納をかわす際に等に、黙示であっても当事者が目的不到達――結婚しないこと――を解除条件として意識しているのかという問題はある」と述べるが、手形を交付する場合に当事者が売買代金債務のような「原因」債務の発生を停止条件（民一二七条一項）として、また、「原因」債務の消滅を解除条件（民一二七条二項）として意識していることは比較的容易に是認されよう。そうだとすると、手形の交付合意は、「原因」債務の発生を停止条件とし、その消滅を解除条件とするものと解することは十分に可能であり、「売買契約が無効であれば、結局、その代金債務の弁済のために手形を交付する旨の合意も無効とな」ることは肯定されよう。

2　「原因」関係に基づく手形返還請求の許容範囲

「原因」関係に基づく手形返還請求の許容範囲は、「原因」債務の発生および消滅を条件とする手形の交付合意の内容如何に関わるが、その内容は、手形債権の「法律上の原因の独立性」を踏まえて解釈されるべきである。このような観点から問題となる場合としては、「原因」債務が時効消滅した場合と「原因」債務に同時履行の抗弁（民五三三条）のような延期的抗弁が存する場合を挙げうる。

「原因」債務が時効消滅した場合に不当利得が発生するか否かについて、否定説[37]からは、例えば「自働債権が時効により消滅した場合には、たとい相手方が援用しても、なおこれを相殺の用に供しうるものとされている（民法五〇八条）。民法は時効により『債権』が消滅すると定めているものの、『債権』の時効消滅は『法律上の原因』の欠缺をもたらすものではないことを前提にしている」[38]、「原因債権の消滅時効完成の時点を考えると、原因債務の支払のために手形を受領していた者は、原因債権の弁済のために手形債権を有しているのであって、実体法に基づく財貨移動（手形債権を取得していること）を不当利得法によって調整すべきような利得をしているとはいえない」[39]といった根拠が示されてきた。これに対し、肯定説からの明確な論拠の提示はあまりみられないが[40]、藤原正則教授は、「第一に、手形・小切手の振り出しは原因債権とは無因だというなら、原因債権が消滅しているのに手形・小切手を所持（手形・小切手の債権を取得）していること自体が、不当利得である。さらに相手方の反対債権を満足させないで、手形・小切手を所持していることも同様であろう。第二に原因債権が消滅時効にかかった手形債務を弁済する義務があるというなら、手形の支払の時点で消滅時効を援用していた場合は、後に弁済は不当利得として返還請求することが認められる余地があろう。同時履行の抗弁も、手形の請求に対して履行拒絶ができないと考えても、相手方の反対給付がなければ、契約を解除して、手形金の返還を請求できるはずである。そう考えるなら、消滅時効・同時履行の抗弁のいずれも、不当利得の抗弁と考えることに問題はない」と述べている[41]。不当利得の抗弁が認められるならば、不当利得の返還請求も認められそうであるが、この点は必ずしも明らかではない。

「原因」債務に同時履行の抗弁が存する場合に「原因」契約が解除されたときは、債務者が直接の当事者に対し手形の返還を請求しうることは当然であろう。しかし、この場合に「原因」契約が解除されていないときに債務者に人的抗弁の対抗のみならず手形の返還請求まで認めてしまっては、債権者は反対債務を履行して同時履行の抗弁権を消滅させても手形債権を行使しえなくなるという不当な結果を生ずる。したがって、この場合に債務者は、手形の返還を請求しえないものと解すべきである。

「原因」債務が時効消滅した場合については、場合を分けて考える必要がある。まず、「原因」債務の履行に代えて手形が交付された場合には、「原因」債務が消滅するため、「原因」債務の時効消滅は、そもそも問題とならない。次に「わが国では、一般に担保には被担保債権への附従性が認められている[42]」ことを考慮すると、「原因」債務の担保のために手形が交付された場合に「原因」債務が時効消滅したときは、債務者は、債権者に対し手形の返還を請求しうるものと解される。「原因」債務の履行の方法として手形が交付された場合には、「原因」債務の時効消滅が問題になるのは手形の満期後であり[43]、手形の満期後には人的抗弁の切断は認められない（手二〇条一項七七条一項一号）。そのため、この場合に仮に「原因」債務の時効消滅が人的抗弁になると解するときは、約束手形の振出人のような手形の主たる債務者に手形の返還を請求する実益はない。これに対し、裏書人のような遡求義務者には、手形の返還を受ければその前者に対し手形金を請求しうるという実益がある。しかし、このような実益が法的保護に値するかは、問題である。「原因」債務の履行の方法として手形が交付された場合には、「原因」債務は、消滅こそしないが、手形債務の隅に追いやられる。そうだとすると、この場合に隅に追いやられた「原因」債務が時効消滅したときに裏書人のような遡求義務者に認められるのは、せいぜい人的抗弁を対抗して手形金の支払を拒絶することまでで、消滅時効を援用したとしても、債権者に手形を返還させて主たる債務者等に対する手形債権の行使をさせなくすることまでは認められないと解すべきではあるまいか。

(30) 庄子・前掲注（5）九八六頁。
(31) 福瀧・前掲注（9）八一頁。
(32) Hueck/ Canaris, a. a. O. (Fn. 25) § 17 I a. これに対し、ツェルナーは、「証券交付の法律上の原因が交付義務を基礎づける特別の合意又は交付合意の履行に向けられる給付目的であるとする学説による場合には、（民法八一二条二項および八一三条一項）の明文と矛盾するために）返還請求は不可能と思われる。なぜなら、民法一三九条も行為基礎の理論も、交付合意の履行不能を基礎づけえないからである」と述べている（Zöllner, a. a. O. (Fn. 27) S. 323)。
(33) 藤原正則『不当利得法』八二頁（信山社、二〇〇二）。
(34) 藤原・前掲注（33）八四頁。
(35) 四宮・前掲注（24）一一三頁注（4）。
(36) 加藤雅信『新民法体系Ⅴ事務管理・不当利得・不法行為（第二版）』八三頁（有斐閣、二〇〇七）。
(37) 林竧「期限後裏書と手形抗弁」北法三一巻三・四Ⅱ号一八一〇頁（一九八一）、大塚龍児「原因関係の消滅時効は人的手形抗弁となりうるか」北法三八巻五・六Ⅱ号一六七五頁（一九八六）、田邊光政「判批」判評三五五号六〇頁（一九八八）、木内宜彦『手形抗弁の理論 木内宜彦論文集1』三八四頁以下（新青出版、一九九五）、渋谷光義「判批」早法七二巻一号一六五頁以下（一九九六）、濱田惟道「判批」鴻常夫ほか編『手形小切手判例百選（第五版）』一五七頁（有斐閣、一九九七）参照。
(38) 林・前掲注（37）一八一〇頁。
(39) 大塚・前掲注（37）一六七五頁以下。
(40) もっとも、否定説が多少なりともドイツ法の影響を受けていることから、肯定説は、否定説に対し「時効制度がドイツ法では時効完成により債務者に履行拒絶権を与えるにすぎないのに対し、日本法上は時効完成により債権が消滅する建前になっていることに鑑みると、直ちに採用し難い」という批判を加える（島十四郎「判批」鴻常夫ほか編『手形小切手判例百選（第三版）』一二一頁（有斐閣、一九八一）。同旨、近藤光男「判批」法協九六巻九号一一九六頁（一九七九）、谷川久「判批」ジュリ七一八号一四二頁、一四三頁（一九八〇）、奥島孝康「判批」ジュリ九一〇号一一七頁（一九八八）、川村正幸

「判批」金判七九三号四五頁（一九八八））。しかし、この批判は、「原因」債務が時効消滅した場合に不当利得が発生することを積極的に論証しようとするものではなく、否定説からは「原因債務は消滅していないが履行拒絶権が生じるという法制と時効により債務が消滅したことを援用できる法制の違いによって、なぜ逆の解釈をしなければならないのであろうか。いずれの法制においても、債権者はもはやその履行を強制できなくなった点は同じであろう」との反論がある（田邊光・前掲注（37）六〇頁）。

（41）　藤原・前掲注（33）一八〇頁注（19）。同旨、新里慶一「手形債権と原因債権の消滅時効との関係」新報一一四巻一一・一二号五〇九頁以下（二〇〇八）。

（42）　大塚・前掲注（37）一六七四頁参照。

（43）　新里・前掲注（41）五〇五頁参照。

五　「原因」関係に基づく抗弁の法律構成

1　福瀧教授の見解

福瀧教授は、前述のように「手形行為の無因性との関係で問題となる原因関係を『手形の授受（交付）に関する合意』に求め」、「原因」関係に基づく抗弁の法律構成について「この合意に由来し、あるいは関連する事由は（これは一般に『原因関係にもとづく抗弁』と呼ばれているものを含む）、『手形外の特約にもとづく抗弁』として人的抗弁の一場合として取り扱いうる」と解する。そして、無因行為を「その出捐を正当づける原因を含んでいない法律行為」と理解する考え方によると、「無因行為の場合には、原因は、その法律行為そのものには含まれていない。しかし、これは、およそ原因がなくてもよいという意味ではないであろう。原因が欠けているような場合（原因が存在せず、無効であるような場合）には、このような法的構成（無因行為という制度）に由来する不公平（不衡平）を是正しなければならない」こととなるものとし、このような見地から「無因行為のような制度は、当然にドイツにおける不当利得のようなそれと表裏をなす制度を伴うべきものである。何らかの事情でそのような公平（衡平）の達成のための制度の整備されていない場合には、無因行為は、その本来の制度趣旨を害さない限りにおいては是正されてよく、また是正すべきものであろう」と解し、「この考え方は、したがって、原因関係に基づく抗弁の認められることの論拠を、一方では、制度の趣旨に従った公平（衡平）の実現に求めるとともに、他方では、さらに進んで、手形を授受する当事者の意思（合意）にもとめるものである」と述べる。[44]

2　ドイツにおける法律構成

ドイツにおいては、手形債権の無因性において「抗弁からの独立性」が歴史的に重視されてきた。そのため、「原因」関係に基づく抗弁の法律構成について「伝統的学説」は、「抗弁からの独立性」を前提に「手形（小切手）債権の基礎にある債務関係に基づく抗弁は、証券の受取人に対してさえ不当利得法の迂回の上でのみ、つまり原因関係の不存在、無効または取消しの場合および永続的抗弁がある場合にのみ主張されうることで一致する（民法八一二条二項・八一三条一項一文・八二一条）[45]。権利行使を一時的に妨げるにすぎない（延期的抗弁）原因関係における給付障害は、不当利得返還請求との共通点を見出せないため、証券上の債権に対抗されえない」と説明してきた。[46]

しかし、ドイツ連邦通常裁判所は、右のような「伝統的学説」に必ずしも従わず、人的抗弁の範囲を「原因」債務に存する同時履行の抗弁権のような延期的抗弁にまで拡大し、「小切手法二二条から明らかなように、いわゆる小切手債務の無因性もまた、小切手債務者が小切手所持人との自己の直接の関係に基づく抗弁を対抗しえないことまで及ばない」と述べ[47]、さらに「手形法一七条および小切手法二二条は、手形・小切手債権者が原因的に証券上の債務者と結合している場合、無因性原則が完全には排除されないが、法律上背景に退くことを察知せしめる」と述べる。[48]このようなドイツ連邦通常裁判所の理解について学説は、「連邦通常裁判所は、まず、民法二四二条[49]、次に、契約当事者は『手形債権者としても原因取引に基づく以上の権利を自分自身のために請求し（てはなら）ない』という一般的評価を指示した。この原則は、全く断定的な権威的要求により原因関係上のすべての抗弁が直接に（不当利得法又は権利濫用の抗弁への変換なくして）手形・小切手債権に及ぶことを可能にする。それにより到達した原因債権と手形債権との抗弁の一致を、連邦通常裁判所は、最後に有価証券の交付に際しての契約上の目的決定により理由づけた。履行目的の合意から『何の問題もなく、その主張が合意された目的により正当化されない限り、売主または請負人は、小切手または手形に基づいて請求することを保障されず、したがって、履行請求は、存在しないかまだ存在しない』ことが明らかとなる。これまでの最後の判決において連邦通常裁判所は、そのような理由づけを保持した上、古い不当利得法との関連をきっぱり解消した」と説明する。[50]その結果、ドイツ連邦通常裁判所は、「原因行為に基づく抗弁を主張する可能性を不当利得または権利濫用の抗弁権からではなく、直接に〃無因〃債権の主張が手形小切手の交付の際に合意される目的を通して正当とされないことから導き出す」こととなった。[51]

ドイツ連邦通常裁判所の見解は、不当利得における「法律上の原因」に関する主観説を前提とし、本来「もっぱら（給付と）給付約束のための法律上の原因を確定することに奉仕する」はずの給付目的の合意[52]に「契約当事者は、手形債権者としても原因取引に基づく以上の権利を自分自身のために請求し（てはなら）ない」という意味をもたせ、手形債権の無因性から「抗弁からの独立性」を原則的に排除し、「原因」関係に基づく抗弁を給付目的の合意から導くものといえよう。ただし、ドイツ連邦通常裁判所は、「原因」債権の時効消滅を人的抗弁とは解しておらず、[53]その意味で手形債権の無因性から「抗弁からの独立性」を排除し去るものではなく、「契約当事者は、手形債権者としても原因取引に基づく以上の権利を自分自身のために請求し（てはなら）ない」という原則は、例外を認めるものとなる。

以上のような見解は、「ドイツで現在展開されている様々な内容の交付合意論の中の一つの立場」にすぎないことは確かであるが、[54] ドイツにおける現在の通説的見解といえ、[55] 福瀧教授の見解も、この見解を基礎にするものといえる。

3　わが国における法律構成

わが国においては、手形債権の無因性において「抗弁からの独立性」が必ずしも重視されず、例えば鈴木竹雄博士は、「手形上の権利についても、直接の相手方に対しては、およそ理由のある抗弁ならば、その立証ができる限り、すべてその主張を認めてもさしつかえない。従って、この関係では抗弁を制限する必要はなく、……（手形法――筆者）一七条の規定もそれを当然の前提としている」と解し、[56] このような考え方の実質的根拠として「直接当事者間ではその経済目的を顧慮することが妥当であって、これを認めなければ、一たん手形の支払をなした後再び不当利得でそれを取戻すというような二重の手続をとることになり、面倒であるばかりか、濫用の危険（例えば違法行為による債権実現のため手形を利用する如し）もある」という点を挙げる。[57]

しかし、「二重手間を省く意味での不当利得の抗弁」という理由は、「すべて」の「原因」関係に基づく抗弁を手形抗弁として主張しうることの理由とはなりえない。例えば「原因」契約上の同時履行の抗弁権は、「およそ理由のある抗弁」といえようが、債務者がそれを主張せずに手形債務の支払をした場合であっても、その後に「原因」契約が履行されたときには、「一たん手形の支払をなした後再び不当利得でそれを取戻すというような二重の手続」は必要がなくなるからである。[58] 他方、「原因」関係に基づく抗弁について権利濫用の禁止（民一条三項）に法的基礎を見出す見解もあるが、[59]「原因」関係に基づく抗弁に関する明快な法律構成を見出しうる場合には、一般条項による解決は不要であろう。

わが国においても、ドイツの伝統的学説に従って手形における「原因」関係に基づく抗弁を不当利得の抗弁として法律構成する見解は、少数ながら有力である[60]。これに対し、川村正幸教授は、「上の見解はこのような構成を無因性という概念の必然的要素とみるが、しかし、それは特殊ドイツ法的構成であるにすぎない。今日、ドイツでは、不当利得の抗弁の構成によると不必要な範囲で抗弁の排除を生じて、それでは対応しきれない領域が存在すると指摘され……、不当利得の抗弁という回り道は不要であると有力に主張されている。わが国は、不当利得の抗弁という概念は実定法上に存在せず、また、ことさらに利用されてこなかったといってよく、今日、不当利得の抗弁の構成を導入すべき必要性はないであろう」と批判する[61]。

わが国においては、たしかに不当利得の抗弁権に関するドイツ民法八二一条のような規定は存在しない。しかし、民法学においては、不当利得が抗弁として主張されうることは一般に肯定されており[62]、「原因」債務の履行のためになされる場合における手形行為の「法律上の原因」が「原因」契約ではなく、手形の交付合意と解されるとしても、前述のように交付合意は「原因」債務の発生を停止条件とし、その消滅を解除条件とするものと解されるから、わが国においても、「原因」関係に基づく抗弁を不当利得の抗弁として法律構成することは理論的に可能であろう。

しかしながら、「原因」契約が無効となった場合における手形返還請求を基礎づけるために手形の交付を不当利得と位置づける必要があるとしても、それ自体としては手形の返還を伴わない人的抗弁を不当利得の抗弁として法律構成しなければならない必然性はない。そこで、わが国においても、「原因」関係に基づく抗弁を手形の交付合意から直接導くことがむしろ自然であろう。

(44)　福瀧・前掲注（9）八三頁以下。
(45)　ドイツ民法八一三条一項一文は、「債務の履行のために給付されたものは、請求権の主張を継続的に排除する抗弁権が請求権を妨げる場合にも、返還を請求されうる」と規定する。ドイツ民法八二一条は、「法律上の原因なくして債務を負担した者は、債務の免責の請求権が時効消滅した場合にも履行を拒むことができる」と規定する。ドイツ民法八一二条については、前掲注（26）参照。

（46）Schnauder, a. a. O. (Fn. 12) S. 1046.

（47）BGHZ 85, 346.

（48）BGH NJW 1986, 1872.

（49）ドイツ民法二四二条は、「債務者は、給付を信義誠実と一般慣習に従って履行する義務を負う」と規定する。

（50）Schnauder, a. a. O. (Fn. 12) S. 1046 f.

（51）BGH NJW 1986, 1872.

（52）Vgl. Schnauder, a. a. O. (Fn. 12) S. 1047.　このことから、シュナウダーは、「履行目的の合意との関連からは、給付受領者の法的権利の一般的制限ではなく、せいぜい（履行目的の過誤の場合に）証券債務者が証券に基づく請求に対し防御しうる返還請求、すなわち民法八二一条の不当利得の抗弁が導かれるにすぎない」と批判する。

（53）BGH NJW 1986, 1872.

（54）庄子・前掲注（5）九八七頁。

（55）Baumbach/ Hefermehl/ Casper, Wechselgesetz Scheckgesetz und Recht der Kartengestüten, 23. Aufl. 2008, WG Art. 17 Rdnr. 77 は、「原因関係に基づく抗弁が手形債権に対し主張されうる可能性は、多数説によると、不当利得または許容されない権利行使の抗弁に基づいて導かれるのではなく、すでに手形・小切手の交付の際に合意される目的合意に基づいて直接に導かれる。交付契約と同時に合意される履行のための手形交付の目的は、原因関係上の債務の履行を追求するとともに、履行請求権が存在しないかまだ存在しない場合に手形債権者が手形を行使しえないという手形法上の制限を包含する」と述べる。ここにいう「履行請求権が存在しないかまだ存在しない場合に手形債権者が手形を行使しえないという手形法上の制限」とは、「契約当事者は、手形債権者としても原因取引に基づく以上の権利を自分自身のために請求し（てはなら）ない」というドイツ連邦裁判所の判示と一致するものであろう。

(56) 鈴木竹雄・前田庸『手形法・小切手法（新版）』二五八頁以下（有斐閣、一九九二）。同旨、田中・前掲注（21）二二〇頁、高窪・前掲注（4）三七二頁。

(57) 鈴木・前田・前掲注（56）一三二頁。

(58) 大塚・前掲注（37）一六七三頁は、鈴木博士の見解に対し、「二重手間を省く意味での不当利得の抗弁だというのでは、手形の流通期間中にたとえば取消、解除、別途弁済などの原因債権の無効・消滅があった場合に、手形債務者の手形の返還請求権を基礎づけることはできない。したがって、その事由が発生した後に原因債権者が手形を第三者に譲渡することを防ぐ実体法上の手段はなく、その譲渡がなされてしまえば、第三者に害意がない以上（手一七条）この者への支払は強制されることになってしまう」と述べ、このような見解は法的構成となっていないと批判する。しかし、手形交付の直接当事者間における「原因」関係上の抗弁を「二重手間を省く意味での不当利得の抗弁」ととらえつつ、手形返還請求権を不当利得により基礎づけることは、必ずしも矛盾するものではないとも考えられる。

(59) 弥永・前掲注（17）一五九頁参照。

(60) 木内宜彦『手形法小切手法（企業法学Ⅲ）第二版』二〇九頁（勁草書房、一九八二）、大塚・前掲注（37）一六七四頁、田邊光・前掲注（37）六〇頁、渋谷・前掲注（37）一六三頁以下参照。

(61) 川村・前掲注（17）二〇二頁以下。同・前掲注（40）四六頁参照。

(62) 四宮・前掲注（24）一二四頁注（2）、藤原・前掲注（33）四七頁参照。

六　「原因」関係に基づく抗弁の許容範囲

ドイツ連邦通常裁判所は、「原因」債務に存する同時履行の抗弁権のような延期的抗弁を人的抗弁となるものと解しつつ、手形債権の無因性から「抗弁からの独立性」を完全には排除せず、「原因」債務の時効消滅を人的抗弁となるものとは解していないが、わが国においては、「原因」関係に基づく抗弁の許容範囲をいかに解すべきであろうか。

右の問題も、手形の交付合意の内容如何に関わるが、「抗弁からの独立性」の合理性は必ずしも明確でなく、また、わが国においては、手形債権の無因性において「抗弁からの独立性」が歴史的に重視されてこなかったことに鑑みると、ドイツにおけると異なり、「抗弁からの独立性」に囚われる必要はないものと考える。すなわち、「原因」関係に基づく抗弁の許容範囲に関する交付合意の内容は、「原因」関係に基づく手形返還請求の許容範囲に関する交付合意のそれと異なり、手形債権の「抗弁からの独立性」を離れてもっぱら「原因」契約当事者の衡平という観点から解釈されるべきである。

例えば「原因」債務に同時履行の抗弁（民五三三条）のような延期的抗弁が存する場合、手形の返還請求は認められないと解されるが、「同時履行の抗弁も、手形の請求に対して原因関係の抗弁にならないというなら、手形の振り出しのゆえに、先履行が強制されるのを認めたことになり、不当」なものと解される[63]。したがって、延期的抗弁は、人的抗弁となるものと解すべきである。

「原因」債務の履行のために手形が交付された場合、判例は、特に理由を明らかにせずに「原因」債務の時効消滅が人的抗弁となるものと解する[64]。学説の多くは判例に従うが[65]、これに反対する少数説も有力である[66]。少数説においては、「原因」債務が時効消滅しても不当利得が発生しない点を強調する見解が多いが、「原因」関係に基づく抗弁の許容範囲は、不当利得制度の趣旨を離れて解釈されるべきである。

「原因」債務の担保として手形が交付された場合に「原因」債務が時効消滅したときは、債務者は債権者に対し手形の返還を請求しうると解する以上、当然に人的抗弁を対抗しうると解される。これに対し、「原因」債務の履行の方法として手形が交付された場合に「原因」債務が時効消滅したときは、債務者は、債権者に対し手形の返還を請求しえないと解すべきであるが、債務者に人的抗弁の対抗が認めなければ、消滅時効にかかった「原因」債務の履行を強制されるのと同様の地位に債務者を置くこととなり、「債務者の時効制度から受ける保護を無視することになる」。[67] 少数説の中には、「当事者間では、支払決済という側面においては、手形の交付により以後原因債権は手形債権によりとって代わられた関係にあ」ることを理由とするものもあるが、[68]「原因」債務の支払に代えて手形が交付された場合にはそのような理由が妥当するとしても、「原因」債務の履行のために手形が交付された場合にはそのような理由は妥当しない。したがって、「原因」債務の履行のために手形が交付された場合の「原因」債務の時効消滅も、人的抗弁となるものと解すべきである。

以上の検討からすると、不当利得制度の趣旨を離れた「原因」契約当事者の衡平は、「原因」関係に基づく抗弁をすべて人的抗弁と解することにより実現されるものと解され、交付合意の内容としてドイツ連邦裁判所が述べる「契約当事者は、手形債権者としても原因取引に基づく以上の権利を自分自身のために請求し（てはなら）ない」という原則は、わが国においては例外を認めないものとなる。

(63)　藤原・前掲注（33）一八〇頁注（19）。
(64)　最判昭五三・一・二三民集三二巻一号一頁、最判昭六二・一〇・一六民集四一巻七号一四九七頁。
(65)　最近の文献として、庄子良男「判批」落合誠一・神田秀樹編『手形小切手判例百選（第六版）』一六二頁以下（有斐閣、二〇〇四）、新里・前掲注（41）五〇六頁以下参照。
(66)　林・前掲注（37）一八一〇頁以下、大塚・前掲注（37）一六六五頁以下、田邊光・前掲注（37）六〇頁、川村・前掲注（40）四七頁、木内・前掲注（37）三八四頁以下、渋谷・前掲注（37）一六五頁以下、濱田・前掲注（37）一五七頁参照。
(67)　新里・前掲注（41）五〇八頁。
(68)　川村・前掲注（40）四七頁。

七　むすび

ドイツにおける無因性は、「法律上の原因からの独立性」と「抗弁からの独立性」とから成る。手形債務負担行為の「法律上の原因からの独立性」については、わが国においても、手形の流通を確保するという観点から肯定されるべきであるが、売買契約のような「原因」債務の履行のために手形の交付がなされる場合には、手形債務が「原因」債務に対して新たに「追加」されることから、その場合における手形行為の「法律上の原因」（民七〇三条）は、売買契約のような「原因」契約ではなく、手形の交付合意と解すべきである。もっとも、交付合意は、「原因」債務の発生を停止条件とし、その消滅を解除条件とするものと解されるため、「原因」契約が無効となった場合には、債務者は債権者に対し手形の返還を請求しうる。交付合意は、他方において「原因」関係に基づく抗弁を直接導き出すものと解すべきである。そして、手形債権の無因性においてその合理性が必ずしも明確でない「抗弁からの独立性」が歴史的に重視されてこなかったわが国においては、ドイツにおけると異なり、手形債権の「抗弁からの独立性」に囚われる必要はない。それゆえ、交付合意の内容としての「原因」関係に基づく手形返還請求の許容範囲が手形債権の「法律上の原因の独立性」を踏まえて解釈されるべきであるのに対し、交付合意の内容としての「原因」関係に基づく抗弁の許容範囲は、手形債権の「抗弁の独立性」を離れてもっぱら「原因」契約当事者の衡平という観点から解釈されるべきである。したがって、両者は、当然に一致するものではなく、例えば「原因」債務の履行の方法として手形が交付された場合に「原因」債務が時効消滅したときは、債務者は、債権者に対し手形の返還を請求しえないと解すべきであるが、消滅時効にかかった「原因」債務の履行を強制されるのと同様の地位に債務者を置くことは妥当でなく、債務者は、人的抗弁を対抗しうるものと解すべきである。そのような解釈の結果、わが国においては、ドイツにおけると異なり、交付合意の内容としてドイツ連邦裁判所が述べる「契約当事者は、手形債権者としても原因取引に基づく以上の権利を自分自身のために請求し（てはなら）ない」という原則は、例外を認めないものとなる。

以上が本節における私見の要約であるが、私見は、堂々巡りの末にわが国の通説的見解を肯定したにすぎないものともいえる。その意味では、私見が仮に「交付合意論」と呼ばれうるものであるとすれば、「交付合意論」は、わが国の通説的見解のひとつの法律構成を示すものともとらえられよう。

第二節　有価証券譲渡行為の無因性

一　はじめに

有価証券譲渡法理と物権譲渡法理とを全くパラレルに解する必要はないとしても、(69) 前者が後者に基礎を有することは疑いなく、ドイツにおいては、物権行為にその債務負担行為からの峻別を前提とする無因性が認められていることから、(70) 有価証券譲渡行為は、手形のような無因証券のみならず株券のような有因証券においても無因行為とされる。(71) では、わが国における有価証券譲渡行為については、どのように解すべきであろうか。

わが国においても、従来、手形の振出や裏書等の手形行為は、一体の無因行為と解されてきたが、創造説を前提に振出を含めて手形行為を債務負担行為と譲渡行為の二段階に分け、前者を無因行為と解しつつ、後者を有因行為と解する見解（以下「手形譲渡行為有因論」という。）も有力になっている。(72) この手形譲渡行為有因論によると、手形以外の有価証券の譲渡行為も、有因行為ということになろうか。これに対し、手形行為を一体の無因行為と解する伝統的学説が手形以外の有価証券の譲渡行為をいかに解しているかは、必ずしも明確ではない。例えば大塚龍児教授は、「裏書は単純でなければならず、条件を付しえないとする手形法一二条一項……が、金銭その他の物または有価証券の給付を目的とする有価証券に準用されているから（二〇一七年改正前――筆者）商五一九条）、少なくともこれら証券に関しては、その譲渡行為の無因性を承認する根拠とすることができよう」と述べているが、続けて「それが有価証券譲渡行為に関する一般理論の表明といえるかは、民法における物権行為の無因性に関する議論とあいまって、なお問題であろう」とも述べている。(73)

ところで、株券や社債等の有価証券は、支払手段である手形と異なり、動産や不動産と同じく、金融商品として売買の目的物とされうるものであるが、有価証券譲渡行為の無因性を考察するについては、このような金融商品としての有価証券と手形との相違を意識する必要があるように思われる。具体的には、金融商品としての有価証券の譲渡行為の無因性を考察するについては、手形譲渡行為の無因性に関する考察結果をそのまま持ち込むべきではなく、大塚教授が述べているように物権行為の無因性に関する議論を踏まえる必要があろうし、手形譲渡行為の無因性を考察するについては、手形が売買の目的物ではなく金銭と同様の支払手段であることを再認識したうえで、支払手段の典型である金銭の所有権等に関する議論も視野に入れる必要があるものと考える。

有価証券が表章する権利については、電子記録債権や振替株式によりそのペーパーレス化が進んでいるが、「経済的価値の簡易・安全・迅速な権利の流通を図るための法技術であるという点では、無券化された権利を流通させる決済システムの運用に際して最も参考になるのは、やはり有価証券法の提供する様々な法技術の体系であろう」といわれ、(74)ペーパーレス時代においても、有価証券法理を深化させることは、決して重要な意味を失うものではないであろう。そこで、本節においては、右のような問題意識から、手形法一二条一項の意義を検討したうえで金融商品としての有価証券と手形とを分けてそれぞれの譲渡行為の無因性について考察を加えてみたい。

(69)　例えば有価証券については、物権と異なり、間接占有者が一種の占有改定によって証券を「交付」して権利を移転しうると解する余地もないではなく（拙著『有価証券と権利の結合法理』一五八頁以下（成文堂、二〇〇二）、第五章二2ａ参照)、その無償の善意取得の場合には、善意取得者について原権利者に対する不当利得返還義務を課す可能性もあるように思われる(拙著『有価証券と権利の結合法理』一六五頁参照)。

(70) ドイツにおいては、「民法が債務法的な債務負担行為と物権法的な履行行為との間に設けている明確な峻別は重要」なものとされ(Prütting, Sachenrecht, 36. Aufl. 2017, § 4 II 1)、「両者の契約の峻別は、民法に基づいて物権契約が無因であること、すなわちその効力において原因行為の効力から独立しているということによってさらに鋭いものとなる。したがって、物権契約は、原因契約が不成立の場合や無効な場合や取消により無効とされる場合にも有効である(正確にいうと、その効力が別個に認められる)」とされる(Prütting, a. a. O. § 4 II 2)。

(71) ドイツにおける無記名株券は、ドイツ民法九二九条以下の動産に適用される原則により譲渡される(Richardi, Wertpapierrecht, 1987, § 4 II 1)。

(72) 基本的に手形譲渡行為有因論をとる体系書として、平出慶道『手形法小切手法』(有斐閣、一九九〇)および前田庸『手形法・小切手法』(有斐閣、一九九九)がある。ただし、前者は、「有因性の理論は、手形債権移転行為について常に妥当するものではなく、その適用範囲は流通過程における前者に限定されなければならない」という相対的有因論である(同書一二九頁)。

(73) 大塚龍児ほか『商法Ⅲ手形・小切手(第五版)』三四三頁〔大塚龍児〕(有斐閣、二〇一八)。

(74) 椽川泰史「有価証券の無券化について」神奈三五巻三号二〇四頁(二〇〇二)。なお、同「証券流通における電子化・無券化と有価証券法」私法六五号一五二頁以下(二〇〇三)参照。

二　手形法一二条の意義

手形法一二条一項は、「裏書ハ単純ナルコトヲ要ス裏書ニ附シタル条件ハ之ヲ記載セザルモノト看做ス」と規定しているが、同項が裏書という譲渡行為自体に条件を付しえないことを規定しているのか(以下「第一説」という。)、単に裏書の記載に条件を付しえないことを規定しているにすぎないのか(以下「第二説」という。)は、必ずしも明確ではない。

裏書の原因行為に条件を付すことは原則として自由であり、裏書による手形譲渡行為を有因行為と解する場合に裏書の原因行為に条件を付したときは、手形譲渡行為にも同様の条件が付されたことになろう。そこで、浅沼武氏は、「裏書に単純なることを要することは、裏書がその原因関係からも遮断されていることを意味することはもはや多言を要しない。……物権変動における有因無因論争におけるいわゆる相対的無因論の発想は、物権変動が一定の原因に条件づけられることがあることから出ている。しかしすぐに裏書が条件に親しまない以上、一定の裏書原因にもとずいて裏書した場合、右裏書原因の消滅により、当事者間に当然手形上の権利が復帰すると解することは、裏書を原因関係に条件づけたことと同様であって、相当でない」と述べ、第一説を前提に手形譲渡行為有因論が手形法一二条一項に反することを指摘する。(75) ドイツにおいては、物権行為は原則として無因行為とされ、「条件または期限を付した不動産所有権譲渡の合意は無効とする」と規定する民法九二五条二項により、ドイツにおける不動産所有権譲渡行為の無因性は、無条件の絶対的なものとされるが、第一説は、手形法一二条一項をドイツ民法九二五条二項と同様の意義に解するものであるから、第一説と手形譲渡行為有因論とは相容れないものと解されよう。

もっとも、手形譲渡行為有因論においても、手形債務負担行為の無因性は認められている。そこで、手形譲渡行為有因論の論者の多くは、手形法一二条一項は手形債務負担行為に関するものであって手形譲渡行為に関しないものと解している。(76) この見解によると、手形譲渡行為有因論をとりつつ第一説をとることも可能となる。しかし、そのように解する場合には、手形譲渡行為に関しては裏書に条件を付すことができ、裏書に記載された条件は有効になるから、手形を譲り受けようとする者は、常に裏書に記載された条件の成就の有無を確認する注意義務を課せられ、その義務を怠れば善意取得（手一六条二項・七七条一項一号）を認められないことになろう。しかし、このような結論は、明らかに手形の流通性を損なう。したがって、手形法一二条一項が手形譲渡行為に関しないものと解することは妥当でない。

他方、第二説をとる見解としては、「株式又は手形の譲渡行為に条件を附し、株券又は手形の裏書にその条件を附記しても、直接の相手方以外の者（第三者）の関係においては記載なきものとみなされ、条件の記載は直接それだけで第三者を拘束する効力を有しない。右の規定（手形法一二条一項――筆者）は、これだけのことを規定しているのであって、株式又は手形の譲渡行為に附した条件を全く無効とする趣旨ではない。有価証券流通確保を目的とする右規定の立法趣旨は、善意取得の規定とあいまって、上記の解釈によって十分達成されている」と解する小西勝氏の見解[77]と「法上『記載ナキモノト看做サレル』事項でも、当事者間でそれについて特約することが許されない理由は全くない。ただ、それを手形面に記載しても、記載がないものとみなされるから、その後の取得者がそれだけでは当然に悪意にはならない、というのがむしろ同条の趣旨であって、当事者間でなす手形行為の条件的特約を無効とするような趣旨のものとはおよそ考えられない」と解する河本一郎教授の見解[78]を挙げることができる。

第二説は、手形譲渡行為有因論の立場から主張されているものであり、手形法一二条一項に関する第一説と第二説の対立は、手形行為を一体として無因行為と解する伝統的学説と手形譲渡行為有因論の対立にほかならない。同項一文の文理や理論的な明晰性からすると、第一説にやや分がありそうでもあるが[79]、無因行為という概念を知らない国々をも対象とする国際条約に基づく規定が一義的に手形行為の絶対的無因性を規定しているものと解することの妥当性には疑問がある[80]。とくにわが国においては、商法五一九条が手形法一二条を金銭その他の物または有価証券の給付を目的とする有価証券に準用している関係で、手形法一二条一項が債権的有価証券の通則となっているため、第一説によると、手形以外の債権的有価証券の譲渡行為も、必然的に絶対的無因行為となってしまうが、このような結果は必ずしも妥当でない。それゆえ、手形法一二条一項の解釈としては、文理上若干の無理があるとしても、第二説をとるべきである。

第二説に対しては、「手形上裏書に条件を記載すれば法律の効力によって記載しなかったとみなされ、当然に無条件になるが、手形面に条件を記載せずに当事者間の意思表示で条件をつければ（いうなれば隠れた条件付裏書）、それは有効であるなどとすることは、仮に当該裏書当事者間においてだけとするとしても、完全な背理である」との批判もあるが[81]、これは誤解であろう。仮に手形譲渡行為を絶対的無因行為とは解さないことを前提に第二説をとると、例えばAから手形の振出を受けたBがCに解除条件を記載して裏書した場合、記載された条件は、記載されていないものとみなされるが（手一二条一項）、裏書という法律行為自体に付された条件は、なお有効に維持されることになると考えられる。そして、Cが手形をDに裏書したときには、Dは、条件の記載を見落としてその成就の有無を確認しなかったとしても、それだけでは重過失にならず、善意取得を認められると考えられる。もっとも、このときにDが条件の存在とその成就につき悪意であれば、Dは善意取得を認められないであろうが、この結論は、必ずしも取引の安全を害するものではあるまい。

(75)　浅沼武「裏書の単純性」判タ一五〇号五頁以下（一九六三）。
(76)　鈴木竹雄「判批」鈴木竹雄ほか編『手形小切手判例百選（新版・増補）』一〇七頁（有斐閣、一九六九）、渋谷光子「手形と権利濫用」鴻常夫ほか編『演習商法（手形・小切手）』一一一頁（青林書院新社、一九七二）、平出慶道「手形債権移転行為の相対的有因性」石井照久先生追悼論文集『商事法の諸問題』四三九頁（有斐閣、一九七四）、前田・前掲注（72）一〇九頁。
(77)　小西勝「手形裏書の原因が消滅・無効のときの被裏書人の権利行使」金法三三五号二一頁（一九六三）。
(78)　河本一郎「手形抗弁」鈴木竹雄・大隅健一郎編『手形法・小切手法講座第三巻』二〇六頁注（13）（有斐閣、一九六五）。
(79)　大森忠夫「判批」民商六一巻六号一〇一四頁（一九七〇）参照。

(80) 大塚龍児「裏書の原因関係が無効・消滅の場合の被裏書人の地位」石井照久先生追悼論文集『商事法の諸問題』六七頁注(56)(有斐閣、一九七四)参照。

(81) 浅沼・前掲注(75)五頁。

三　金融商品としての有価証券の譲渡行為の無因性

1　物権行為の独自性と無因性に関する議論からの示唆

我妻榮博士は、「(民法)第一七六条の「意思表示」というのは、……物権の変動を生ずるためには、常に別個の意思表示(物権行為)の存在することを必要とする趣旨か(物権行為の独自性を主張する説といってよかろう。)、それとも、売買・贈与などでは、一箇の意思表示から債権の発生と物権の変動とが生ずるとみてさしつかえないという趣旨か」と問題を提起して後説を支持し、その理由として、とくに「物権の変動を生ずる意思表示と債権の発生を生ずる意思表示とが全く同一形式でこれを識別すべき外形的なもののないわが民法の下では、両者を区別する必要はない。……元来、ドイツ民法の下において、物権行為の独自性を認めるのは、物権行為は、形式を必要とし、債権行為と合体して存在することができないからである。そして、物権行為がかようにその存在が外部から認識される限りにおいて、その存否が判然としているという長所をもつものである。わが民法のように、物権行為に形式を必要とせず、その存否を外部から認識しえない法制の下においては、物権行為の独自性を認めても、格別実益がない」という形式の問題を強調し、「物権行為の独自性を認めない立場では、その無因性を問題とする余地もない」と述べている。[82]

右のように物権行為の独自性ないし無因性を考察するについて形式の問題を重視する見解は、末広厳太郎博士の「ローマ法や独逸民法の如く形式主義をとる法律にあっては物権変動発生の為常に之を目的とする特別の―公示方法と結合した―法律行為を必要とする。反之仏国民法の如く意思主義を採る法律にあっては、公示方法の完了を以て物権変動発生の要件として居ない。従って特に物権変動のみを目的とする別個の法律行為を必要としない。即如斯場合に特別の物権行為を要するものと解すべきや否やは、法律が物権変動発生の為め特別の公示方法を必要として居るや否やと離るべからざる事柄である」との主張を契機とするものであるが[83]、例えば株券発行会社の株式の譲渡については「当該株式に係る株券を交付しなければ、その効力を生じない」とされている（会社一二八条一項）ように、有価証券譲渡行為は原則として形式行為と解される[84]。したがって、末広博士や我妻博士の見解によると、有価証券譲渡行為については、原則として形式を必要としない債権行為と合体して存在することができないことになり、独自性と無因性が妥当することにもなりそうである。しかし、このような見解に対しては、次のような原島重義教授の批判もある。

原島教授は、「所有権は契約のみによって移転せず、引渡・登記をなお必要とする、という意味でこれを形式主義と呼ぶなら、プロイセン普通ラント法やオーストリー民法もこのカテゴリー（形式主義）の中に入ることになろう。しかもこれらの立法例は、債権契約と対立する物権契約の概念を知らなかったのである」との認識を示し、「物権契約の独自性（ないし無因性）をみとめるかどうかの問題は、決してそのまま、形式主義を採るかどうかの問題と同じではない」と述べ、売買による所有権移転の法的規制を①所有権移転に単に債権契約のみを要求する契約主義もしくは合意主義、②所有権移転に債権契約および引渡もしくは登記が要件とされる引渡主義および③所有権移転に債権契約および物権契約ならびに引渡・登記を要求する物権的合意主義に分類し、「物権契約を認めるかどうかは、直接には、形式主義ないし立法論をとるかどうかではなく、じつは、物権的合意主義の採否の問題に外ならない」と解している[85]。そして、同教授自身は、「有因的構成をとるなら、物権契約の構成は無用な二重化だといってよいだろう」と解したうえで、歴史的見地から物権行為の独自性と無因性を否定している[86]。また、広中俊雄教授も、右の原島博士の批判を「正当な批判」と評価し、形式の問題をことさらに重視せずに「取引当事者の通常の意思」を積極的理由として物権行為の独自性と無因性を否定している。[87] 同様に星野英一教授も、「売買等においては、通常は、当事者には、所有権を移転するという意思があるはずである。ただ、所有権移転時期を明らかにしている場合とそうでない場合とがあるが、後者においても、改めて所有権移転の意思表示をする趣旨であることは例外であろう」と述べ、「民法一七六条は、特に改めて物権行為をしなくても、所有権を移転する債権を生ずる契約があれば所有権移転の効果を生ずるといっていると解することになる」として物権行為の独自性を否定したうえで、「物権行為の独自性を認めるのが妥当でないと考える以上、それと密接不可分に発展した（理論的に密接不可分ではない）この考え方（物権行為の無因性――筆者）をとる必要もなく、このような複雑な考え方をとる意味もない」と解しており、[88] このような見解が現在の民法学上の通説的見解と考えてよさそうである。

他方、山本進一教授は、「最近の独自性肯定論は、このようなこと（「物権の変動を生ずるためにはつねに物権の変動だけを目的とする法律行為がなければならないか」という問題――筆者）はもはや問題としてはいない」と述べ、「取引の実情は、物権行為を、原因的債権関係の展開として行っているのであって、この過程を法律行為という技術概念をとおして理解するとき、そこに債権行為と物権行為という二つのモメントを区別することができる（物権行為の独自性）というだけのことである。したがって、当事者の意識としては、このような形式的考察を超えたところで、この物権取引における二つのモメントは極めて緊密に結びつき、相互依存というより、むしろ一連の相対的発展的な関係として理解されていると考えられるのであって、そこでの原因関係の不存在・消滅は、一般的には、そのまま、物権変動行為の効果をも左右する関係にある」（傍点筆者）と解する相対的有因説を主張しており、[89] この見解を支持する見解もある。[90]

通説的見解と山本教授等の見解は、物権行為の独自性については、若干ニュアンスを異にするようであるが、その無因性については、売買当事者の通常の意思ないし意識を重視し、これを原則として否定するという点において一致しており、この点については、現在、ほとんど異論のないところではないかと思われる。[91]そして、有価証券譲渡行為が物権行為と異なる形式行為であるとしても、売買の目的物である不動産や動産の譲渡と売買の目的物としての有価証券の譲渡において、当事者の意思が異なるものとは考えにくい。

2 私見

ドイツにおいては、「物権行為が無因とされる法的処理と、両者の行為が単一であるか少なくとも相互に依存しているという素人に容易に思いつく処理との実際上の相違は、次の結論において明らかになる」とされ、「譲渡が無因でなく、原因行為の無効が単純に物権行為の無効に移行するならば、売主と譲渡人は、売買契約が無効の場合、それにより導かれる譲渡の無効のために常に民法九八五条による物権的返還請求権と民法八九四条の訂正請求権を有することになろう。これに対し、――民法によるように――物権行為が原因行為の無効にもかかわらずその効力を保持する場合には、売主と譲渡人は、民法八一二条による不当利得返還請求権、事情によっては民法八二三条二項・八二六条の損害賠償請求権を有するにすぎないが、所有者であり続けるのではなく、常に土地の譲渡を請求しうるすぎない。この相違は、その間に取得者が土地をさらに売却する場合に重要であることが明らかになる。譲渡が無効であれば、第三者は、土地を非所有者から取得したことになり、善意の場合にのみ所有者になりうるのに対し、譲渡がなお有効であれば、第三者は、原因行為の無効を知っていた場合にも普通に所有者から有効に取得したことになり、さらにその行為が民法八二六条に違反する場合にもとの所有者の損害賠償請求権にさらされるにすぎない」とされて無因主義における取引の安全が強調されているが、[92]取引の安全が有価証券法における重要な価値であることは疑いない。

しかし、ドイツにおいても、「実際には無因性は、部分的にのみ効果を現わす。それは、現実の関係においては、通常、原因行為に関する無効原因が物権的履行行為をもとらえるということ（Fehlerindentität〔瑕疵の同一性〕）に基づく。例えば、契約当事者が売買成立時において精神病であり行為無能力であるならば、物権行為においても両者の行為が時間的に離れていないかぎり同様であろう。錯誤や詐欺や強迫の取消原因が両者の契約に対して妥当し、両者が取り消されることも珍しくない」とされ、さらに「良俗違反による無効は、物権行為にも拡大し、行為全体の内容と目的において考慮される」とされており、無因主義も無制限ではないことが示されている[93]。このFehlerindentitätと良俗違反による無効の論理は、仮にわが国における金融商品としての有価証券の譲渡行為を無因行為と解する場合にもそのまま妥当するであろう。

次に、ＡＢ間において株券発行会社株式の売買契約が解除された場合について検討する。ここで注意すべきは、株券発行会社株式の譲渡については、前述のように原則として株券が交付されない限り株式譲渡の効力が発生せず（会社一二八条一項）、ＡＢ間の株式売買契約の解除前にＣがＢと株式譲渡の合意をしても、株券の交付を受けていない以上、Ｃは解除後に出現した第三者とみなされるという点である。ＡＢ間の株式売買契約の解除前にＣがＢから株券の交付を受けて株式を取得していた場合、株式譲渡行為を無因行為と解する見解においては、Ｃは、解除原因について悪意であっても有効に株式を取得しうることになるが、これを有因行為と解する見解においても、民法五四五条一項但書は、第三者の主観的態様による区別をしていないから、同様の結論になる。次に、ＡＢ間の株式売買契約の解除後にＣがＢから株券の交付を受けて株式を取得した場合、株式譲渡行為を無因行為と解する見解においては、Ｃは解除の事実について悪意であっても有効に株式を取得しうることになるが、これを有因行為と解する見解においては、結論は必ずしも明確ではない。動産や不動産の売買においては、ＡＢ間の売買契約の解除後にＣが出現した場合、解除の効果に関する直接効果説によっても、結論的にはＣの主観的態様にかかわりなくＡＣ間に対抗問題が生ずるものと解されているが[94]、株式の譲渡については、対抗問題が生ずる余地はない。そこで、この場合、株式譲渡行為を有因行為と解する見解においては、手形におけると同様、Cは解除の事実について善意無重過失のときにかぎり善意取得（会社一三一条二項）により保護されるにすぎないようにも思われるが[95]、株式は、支払手段である手形と異なり、売買の対象そのものであり、他方、株券の交付は、譲渡の対抗要件としての機能も有しているものと解され[96]、Cはすでに対抗要件を備えた者と同視されるから、株式譲渡行為を有因行為と解する見解においても、これを無因行為と解する見解におけると同様、Cは解除の事実について悪意であっても有効に株式を取得しうるものと解すべきである。

以上のように、金融商品としての有価証券の譲渡行為については、その原因行為に瑕疵がある場合やその原因行為が解除された場合、これを無因と解する見解と有因と解する見解とにおいて取引の安全に大きな相違は生じない。また、手形譲渡行為有因論に対する批判として、「BC間の原因債権額が手形金額の一部である場合、BC間の原因関係が一部消滅した場合にB、Cに権利の分属を認めるのか、そうであるならば一部裏書の禁止（手形法一二条二項）により手形関係の簡明を期している手形法の趣旨に反しないか、またBC間の原因関係が一部消滅した場合右の事実は手形上表示されない（手形法三九条三項）がそれでよいのかとの疑問、また実質的に見た場合、BC間の原因関係は種々であり、その消滅の事由も弁済、代物弁済、相殺、更改、免除、時効、解除等種々であるが、それらの場合を一律に弁済等Bの出捐による原因関係の消滅と同様にCを無権利者と扱うことが妥当かどうかとの批判、がある」といわれるが[97]、金融商品としての有価証券を譲渡する原因関係の大部分は、いうまでもなく売買であり、原因債権額が券面額の一部であるとか、原因関係が一部消滅するとか、原因関係が弁済等により消滅するというようなことは、通常考えられないことであろう。そうだとすると、金融商品としての有価証券の譲渡行為については、当事者の意思に反してまでこれをあえて無因行為と解することは不当であり[98]、動産や不動産の売買と同様、当事者間にその譲渡行為を無因行為とする特約がある場合を除いて有因行為と解するのが妥当である[99]。その意味で、金融商品としての有価証券の譲渡行為は、相対的有因行為と解される。

(82) 我妻榮・有泉亨補訂『新訂物権法（民法講義Ⅱ）』五六頁以下（岩波書店、一九八三）。

(83) 末広厳太郎『物権法上巻』八五頁以下（有斐閣、一九二一）。

(84) 有価証券に関し原則としてその交付を譲渡の効力発生要件と解する理由については、拙著・前掲注（69）一五五頁以下、一八〇頁以下参照。その例外については、同六頁以下参照。

(85) 原島重義「債権契約と物権契約」契約法体系刊行委員会編『契約法体系Ⅱ（売買・贈与）』一〇六頁、一一一頁（有斐閣、一九六二）。

(86) 原島・前掲注（18）一一四頁参照。

(87) 広中俊雄『物権法〔第二版増補〕』四九頁以下、五一頁注（1）（青林書院新社、一九八七）。

(88) 星野英一『民法概論Ⅱ（物権・担保物権）』三一頁以下（良書普及会、一九七六）。

(89) 舟橋諄一・徳本鎮編『新版注釈民法（6）』二四八頁以下〔山本進一〕（有斐閣、一九九七）。なお、山本教授の見解の詳細については、同「わが民法における物権行為の独自性と有因性（一）（二）」法論二九巻一号一頁以下、同四号四三頁以下（一九五六）参照。

(90) 田山輝明『物権法』四九頁以下（成文堂、二〇一二）、近江幸治『民法講義Ⅱ物権法〔第三版〕』五三頁以下（成文堂、二〇〇六）参照。

(91) 田山・前掲注（90）四九頁は、「考え方としては無因説と同様に絶対的有因説と相対的有因説との区別が可能であろうが、有因説といえば実際上は、相対的有因説をさすものと解してよい」と述べる。物権行為の独自性と無因性に関する関する学説の変遷や判例の態度等についての詳細は、舟橋・徳本編・前掲注（22）二二六頁以下〔山本〕参照。

(92) Prütting, a. a. O. (Fn. 70) § 4 II 6.

(93) Prütting, a. a. O. (Fn. 70) § 4 II 5.

(94)　大判昭一四・七・七民集一八巻七四八頁、最判昭三五・一一・二九民集一四巻一三号二八六九頁、我妻・有泉・前掲注(13)一〇二頁以下等参照。
(95)　前田・前掲注(72)四一三頁参照。
(96)　筆者は、手形の裏書も譲渡の対抗要件としての機能を有するものと解している(鴻常夫ほか編『手形小切手判例百選(第五版)』九一頁(有斐閣、一九九七)参照)。
(97)　大塚・前掲注(80)五六頁。
(98)　株式譲渡行為を無因行為と解する見解として、浅沼武「判批」金法三二五号一三頁(一九六二)参照。
(99)　この問題に関して参考となる判例はほとんど見当たらないが、東京地判昭三七・五・二二金法三一〇号五頁は、株式を譲渡担保として株券に譲渡証書を添付して債権者に交付した後その被担保債権が消滅した場合には、担保権の目的たる株式は当然に担保設定者に復帰すると解している。

四　手形譲渡行為の無因性

1　金銭所有権に関する議論からの示唆

手形・小切手は、支払手段であり、とくに小切手は、現金の代用物ともいわれる。したがって、手形・小切手(以下単に「手形」という。)の譲渡行為の無因性を検討するについては、はじめにも述べたように物権だけではなく支払手段の典型である金銭(貨幣)に関する議論も視野に入れる必要があろう。

金銭(貨幣)の所有権について、末川博博士は、「貨幣は、他の動産や不動産とはちがって、それ自身において抽象された価値を表現するものであるから、貨幣の所在は直ちにその表示する価値の所在なのである」と述べ、「貨幣にあっては、所有権はその占有に融けこんで、貨幣を占有する者は、すなわち貨幣の所有者として現れ」、「原因をなす行為(例えば債権契約)が取消されることはあり得るけれども、その取消の結果としては、貨幣の所有権が原状に復するのではなくて、単に取得した貨幣の数額に相当する数額の貨幣の返還または回復が問題となるにとどまる。すなわち、取得しまたは喪失した個々の貨幣そのものの返還または回復は、問題とせられる余地があり得ない」と解し[100]、川島武宜博士も、「貨幣としては純粋の交換価値以外の何ものでもな」く、「貨幣は有体的外観の下における全くの抽象的存在である」として「貨幣の占有者は絶対に他人から物権的請求権によってはその占有貨幣をとりあげられないのであり、債権的に取り上げられる場合にもどの貨幣で給付してもよいのであるから、占有は常に当然に所有であることになる」と解しており[101]、このような「所有・占有一体論」が現在においても通説的見解といえる[102]。

もっとも、金銭は、「純粋の交換価値」であり、「全くの抽象的観念的存在」であるが、手形は、あくまで債権を表章するものであるから、「純粋の交換価値」とも「全くの抽象的観念的存在」ともいえない。また、手形においては、債権の帰属と占有とは分離しうるから、その返還請求を前提とする規定も存する（手一六条二項・七七条一項一号、小二一条）。それゆえ、手形が支払手段であるからといって、右のような「所有・占有一体論」がそのまま手形に妥当しないことは明らかである。

しかし、手形と金銭の機能は類似しているから、手形を譲渡する者の意思は、必然的に金銭の占有を移転する者の意思に近いものとなろう。したがって、右の「原因をなす行為（例えば債権契約）が取消されることはありうるけれども、その取消の結果としては、貨幣の所有権が原状に復するのではなくて、単に取得した貨幣の数額に相当する数額の貨幣の返還または回復が問題となるにとどまる」という点は、原則として手形にも妥当させてよいようにも思われる。例えば、AがBを受取人として約束手形を振り出し、Bがこれを売買代金の支払のためにCに裏書したが、その売買契約が取り消され、その後、仮にCが手形を悪意のDに裏書した場合であっても、Bとしては、通常は不当利得としてCから手形金額相当の金銭の返還を受けることができるであろうし、Cから金銭的満足が得られればDから手形自体が返還されなくとも、とくに不満はないものと思われる。

しかしながら、問題は、右の場合においてさまざまな事情によりBがCから金銭的満足を得られないときに生ずる。判例は、騙取金銭により債務の弁済を受けた債権者に悪意または重過失がある場合に、その金銭の取得が被騙取者に対する関係で不当利得となる可能性を認めているが[103]、この判例の理解としては、例えば、「不当利得においても物権変動の有因原則の下で有体物が財貨移転した場合と同様に、原権利者Aの第三者Cに対する財貨追及は一応原則として成立し、第三者Cの法律上の原因がAの財貨追及を切断すると考えているというのが、素直な理解であろう」とされており[104]、近時は、「同じく所有権とはいっても、金銭所有権には他の有体物所有権と比べて弱い保護しか与えられないことになる。しかし、はたして、これが合理的なのであろうか」といった問題意識[105]から、金銭ないし金銭債権に物権性を与えようとする「価値上のヴィンデカチオ論」も有力になっている[106]。このような金銭に関する判例・学説の流れからすると、右の場合において常にBのDに対する手形返還請求を否定することも妥当でないように思われる。

2　前田庸教授の見解とこれに対する批判論

手形譲渡行為有因論を代表する前田庸教授は、約束手形がAからBに振り出され、BがCに裏書譲渡し、BとCとの間の原因関係が消滅したという設例において、BC間の裏書を無因行為と解する場合の結論の不当性を指摘する。すなわち、この設例においてBC間の裏書を無因行為と解する場合には、Bは、Cに対し不当利得返還請求として手形上の権利の返還を請求しうるが、Cは、手形上の権利を失わないから、Aに手形金を請求しうるという結論が出てくる。前田教授は、この結論を次の点から不当なものと解する。

まず、①「CのAに対する権利行使を認める根拠の一つとして、Cに権利を行使させておき、CがAから支払を受けた手形金をBに返還することによって、Bとの間でCが不当に利得するのを防ぐべきだという考え方」に対しては、「上述の考え方はBの意思に反するものといわなければならず、またBの意思に反してまでCの権利行使を認めなければならない理由は何ら存在しない」と批判し、「手形を返還する義務を負いながらそれを履行しないでAから手形金の支払を受けたCが、Bに手形金を返還するということを期待するのは無理」であると述べる。次に、②「CのAに対する手形金請求を認めないと、CがBに対してその手形の返還を怠るとか、手形を廃棄してしまったような場合には、Aは手形の主たる債務者の地位にあるにもかかわらず、手形債務の支払を免れるという不都合な結果を生ずるという批判」に対しては、「手形を返還すべき義務を負っていながらそれを履行しないCに利得させるべきではない」と反論する。また、③「このような問題が起きるのは、BがCから手形を受け戻さずに放置していたことによるのであるから、CのAに対する権利行使を認めておいて、後にBがCに対して不当利得の返還請求をするという手続をとらなければならないことは当然として甘受すべきだという見解」に対しては、「Bが手形を受け戻すことができるにもかかわらず受け戻すことを怠った場合でも、Bに手形を返還する義務を負っていながらそれを果たしていないCに、Aに対する権利行使を認めるのは……妥当でない」ことを再度強調し、④「CのAに対する手形金支払請求権を認める考え方をとった場合にも、BがCに対して手形の返還を請求する債権上の権利は認めざるをえないから、上述の考え方によれば、CのAに対する手形金支払請求権とBのCに対する手形の返還請求権という本来両立しえない権利の並存を認めることになる」と批判する。(107)

もっとも、判例は、手形譲渡行為を無因行為と解しつつ、右の設例の場合に権利濫用論によりCのAに対する請求を否定しているが(108)、前田教授は、これに対しても、「BC間の原因関係が消滅した場合のなかで、特にCのAに対する権利行使を認めることが不当と考えられるような事例につき、右のような一般条項によりCの権利行使を拒むのならば格別、そうではなく、BC間の原因関係が消滅した場合に常にCの権利行使を拒むという結論を導くことは、手形行為の無因性を否定することにほかならず、それにもかかわらず権利濫用論を用いることは権利濫用論の濫用というほかない」と批判する。[109]

しかしながら、学説においては、前田教授が不当と解する結論を必ずしも不当なものとは解さない見解も有力であり、例えば林竧教授は、「Aは、手形債務を負担している以上、債権者Cに対する支払を拒む正当な利益を有せず、却って、弁済をなすにつき正当な利益を有するといえるから、CのAに対する権利行使が、Aに不当な不利益を及ぼすとする理由がない」と述べている。そして、同教授は、さらに「手形権利移転行為有因論によれば、BC間に原因が存在しない場合、Cは無権利者であるから、Aは支払を拒絶しうるが、支払に際して重過失があれば、免責されない（手四〇条三項）。Cから手形を譲り受けた者（D）は、善意取得の規定（手一六条二項）によって保護されるが、重過失があれば保護されない。手形権利移転行為有因論によれば、BC間の原因の有無が債務者A、転得者Dに影響することは、理論上当然であり、Aの支払・Dの取得に際して、BC間の原因の調査が必要とされる場合がある（怠ると重過失ありとされる）ことは否定できない。これに対して、無因論は、手形取引の安全のためには、善意者保護の規定（手一六条二項・四〇条三項）では足らず、むしろ、BC間の原因の有無に煩わされることなく、Aは有効に支払をなし、またDは手形を承継しうることを可能とすべしとする理論である。この点にこそ無因論の意義があり、動産の場合であればともかく、手形の場合に、無因論を不当とする理由はない」と述べている。[110]

また、基本的に手形譲渡行為有因論に立つ平出慶道教授も、Dの保護を重視し、「有効な原因関係は存しないが、有効な手形債権移転行為が存する場合には、手形債権承継的取得が認められるべきであって、譲受人Dは譲渡人Cを相手方とするB・C間の既往の原因関係の瑕疵に注意することを要せず、手形の取得者の保護は善意取得の制度によるべきものではない」と解し、前田教授と異なり、有因論の適用範囲を流通過程における前者に対する関係に限定する「相対的有因論」を主張している。[111]

3　私　見

前田教授は、前述の設例において「CのAに対する権利行使を認める根拠の一つとして、Cに権利を行使させておき、CがAから支払を受けた手形金をBに返還することによって、Bとの間でCが不当に利得するのを防ぐべきだという考え方」に対し、「上述のような考え方はBの意思に反するものといわなければならず、またBの意思に反してまでCの権利行使を認めなければならない理由はなんら存在しない」と批判しているが、手形を譲渡する者の通常の意思は、物権を譲渡するものの意思よりも金銭の占有を移転する者の意思に近いものと考えられることから、この「考え方」は、少なくともBC間の裏書の時点におけるBの通常の意思に反するとはいえないのではあるまいか。そして、「手形を返還する義務を負いながらそれを履行しないでAから手形金の支払を受けたCが、Bに手形金を返還するということを期待するのは無理」であるとも、一概にいえないであろう。また、前田教授は、「手形を返還すべき義務を負っていながらそれを履行しないCに利得させるべきではない」と解するが、Cの利得は、本来一時的なものであり、この利得は、Bに返還されるべきものであって、実際にも多くの場合はそのようになるものと考えられる。その意味において、「BC間の原因関係が消滅した場合に常にCの権利行使を拒むという結論を導くことは」、必ずしも妥当でなく、平出教授の相対的有因論にも賛成できない。また、前田教授は、「CのAに対する手形金支払請求権を認める考え方をとった場合にも、BがCに対して手形の返還を請求する債権上の権利は認めるのであるから、上述の考え方によれば、CのAに対する手形金支払請求権とBのCに対する手形の返還請求権という本来両立しえない権利の並存を認めることになる」と述べるが、手形譲渡行為を無因行為と解する場合には、CがBに対して負っている義務は、あくまでも不当利得返還義務であり、「不当利得の返還義務は、それが可能なら現物を返還すべきだ」[112]ということから、Cは、Bに対して手形を返還する義務を負っているにすぎず、CのAに対する手形金支払請求権とBのCに対する手形返還請求権とは決して理論的に両立しえないものでもない。

他方、取引の安全は、有価証券法における重要な価値であるが、とくに支払手段である手形においては、金融商品としての有価証券よりも一層強調されなければならない。前田教授は、「ＢがＢＣ間の原因関係につき解除権・取消権を行使する前にＤがＣから裏書譲渡を受け、その後にＢが解除権・取消権を行使した場合に、解除・取消の遡及効により、ＢＣ間の契約は初めからなかったと同様の効果を生ずるので、Ｄの保護は善意取得によるかという疑問が生ずるかもしれない」と述べつつも、「決してそうではない。前述したように、取得者の主観的要件が充たされているかどうかは手形取得時を基準として決められるから、手形取得時にまだ解除権・取消権が行使されていない場合には、取得者は人的抗弁切断制度によって保護される」と解しているが[113]、有因論をとる以上、Ｃは、遡及的に無権利者となるはずであり、無権利者から手形を譲り受けたＤについては、やはり善意取得が問題になるものと解さざるをえないのではなかろうか[114]。また、「価値上のヴィンデカチオ論」に対しても、「金銭の高度の流通性・代替性を考慮すれば、騙取・横領のような場合以外にも第三者に対する金銭の追求を拡大することには、慎重であるべきであろう」との批判があることも留意されなければならない[115]。そして、売買は、当然に手形譲渡を要素とするものではないため、ドイツにおけるFehlerindentität の理論が手形譲渡行為に妥当しない場合も少ないものと考えられ、手形譲渡行為については、売買の目的物としての有価証券の譲渡行為と異なり、無因主義をとることも実益があると考えられる。

ただし、取引の安全の要請は、手形譲渡行為においても絶対的なものとは考えられない。例えばＡがＢを受取人として約束手形を振り出し、Ｂがこれを売買代金の支払のためにＣに裏書したが、その売買契約を取り消し、その後、Ｃが手形を悪意のＤに裏書して行方をくらました場合、Ｂは、事実上Ｃから手形金額相当の金銭の返還を受けることはできなくなる。手形譲渡行為を無因行為と解する伝統的学説によれば、このような場合であっても、Ｂ

は、Dに対し抗弁を主張することはできても、手形の返還を請求できないことになろう。これに対し、手形譲渡行為を無因行為と解しつつも、手形法一六条二項を類推適用して第三者に対しても一般的に原因関係に基づく手形返還請求権を認めようとする見解もあるが[116]、無因主義のメルクマールは、原因関係が消滅した場合に第三者に対する追及効を否定する点にあるから、そのように解することは、手形譲渡行為を有因行為と解していることと実質において変わりがない。筆者は、右のような伝統的学説による結論を必ずしも全面的に不当と解するものではないが、右の場合に、例えばBがCへの不信から明確に裏書の権利移転的効力の全部を売買契約の効力に係らせており、DがこのようなBの意思についても悪意であったときは、もはや取引の安全を貫く必要はないであろうから、Bは、Dに対し手形の返還を請求できてもよさそうに思う。また、手形割引のうち手形の売買の実質を有するものについては[117]、裏書人は売買における売主にほかならないから、取引の安全を若干犠牲にしても、その譲渡行為を有因行為と構成する余地があるのではなかろうか。このような意味において、筆者は、手形譲渡行為の無因性を相対的なものと考える[118]。なお、末川博士等の主張する物権行為における相対的無因説[119]に対しては、「相対的無因ではその（取引安全の――筆者）保護も不徹底である」との批判もあるが[120]、前述のように、手形においては、手形法一二条一項により、被裏書人としては、手形に記載された条件を見落としてその成就の有無を確認しなかったとしても、それだけでは重過失にならず、善意取得を認められる余地があるため、取引の安全が著しく害されるものではない。

(100)　末川博『物権・親族・相続』二六七頁以下（岩波書店、一九七〇）。
(101)　川島武宜『所有権法の理論』一九七頁以下（岩波書店、一九四九）。
(102)　能見善久「金銭の法律上の地位」星野英一編集代表『民法講座別巻1』一〇九頁以下（有斐閣、一九九〇）参照。
(103)　最判昭四九・九・二六民集二八巻六号一二四三頁。

(104) 藤原・前掲注(33)三七三頁。
(105) 加藤雅信『新民法体系Ⅱ物権法(第二版)』二六四頁(有斐閣、二〇〇五)。
(106) 加藤雅信『財産法の体系と不当利得法の構造』六六七頁以下(有斐閣、一九八六)、四宮和夫『四宮和夫民法論集』九七頁以下(弘文堂、一九九〇)参照。
(107) 前田・前掲注(72)八七頁以下。
(108) 最判昭四三・一二・二五民集二二巻一三号三五四八頁。
(109) 前田・前掲注(72)九五頁。
(110) 林・前掲注(16)一三頁以下。
(111) 平出・前掲注(72)一二七頁以下。
(112) 藤原・前掲注(33)一二九頁。
(113) 前田・前掲注(20)二一六頁(有斐閣、一九八三)。
(114) 動産の即時取得については、「後に取消されれば遡及的に所有者でなくなるから、無効の場合と同一である」とされる(我妻・有泉・前掲注(82)二一八頁)。
(115) 藤原・前掲注(33)三七四頁。
(116) 今泉邦子「原因関係に基づく抗弁」法学政治学論究一八三頁以下(一九九二)。
(117) 最判昭四八・四・一二金判三七三号六頁は、銀行でない金融業者が行った手形割引について、原審認定の事実の下でその法的性質を手形の売買であると解している。
(118) ドイツにおいては、「物権契約の効力が原因行為のそれから原則として独立しているということは、契約当事者が物権的合意を取決めにより原因行為の効力に従属させることを妨げない。物権的法律行為も、——停止または解除の——条件の下で行われうる。民法九二五条二項は、土地所有権譲渡の物権的合意に対してのみその可能性を拒否するにすぎない」とされる(Schwab/Prütting, a. a. O. (Fn. 2) §4 II 4)。

(119)　末川・前掲注(100)三頁以下参照。

(120)　舟橋・徳本編・前掲注(22)二四七頁以下〔山本〕。

五　むすび

本節において筆者は、有価証券であるからといってその譲渡行為の無因性・有因性を画一的にとらえる必要はないものと考え、売買の目的物としての有価証券の譲渡行為を相対的有因行為と解し、手形譲渡行為を相対的無因行為と解した。

右のような見解については、違和感を感ずる向きもあるかもしれないが、少なくとも金融商品としての有価証券の譲渡行為については、漠然と右のように解されてきたように思われる。株券発行会社の株式や社債の譲渡行為の無因性に関する議論は、会社法の教科書等においてほとんど見当たらないが、それは何とはなしに物権譲渡法理がそのまま妥当するものと解されてきたためであろう。本節は、売買の目的物としての有価証券の譲渡行為に関するこの漠然とした理解に理論的基礎を与えようとするものである。そして、振替株式等の譲渡行為についても、これを相対的有因行為と解してさしつかえないであろう。振替株式は、振替口座に株式数の減少の記載または記録がされる加入者（社債株式振替一条三項参照）である譲渡人の振替の申請（社債株式振替一三二条）により、譲受人が振替口座に株式数の増加の記載または記録を受けることにより譲渡されるが（社債株式振替一四〇条）、譲渡行為の原因契約が強迫により取り消された場合には、原則として譲渡行為も遡及的に無効となり、譲受人から当該株式を譲り受けた第三者の保護は、善意取得（社債株式振替一四四条）によって図られるものと解すべきである[121]。

他方、そもそも無因主義と有因主義との対立は、絶対的無因主義と絶対的有因主義とを対極とする連続線上にあるものというべきであり、物権行為について絶対的無因主義が採られていないわが国においては、ドイツと異なり、特に取引の安全が強調される手形においてであっても、この主義が制度的に保証されているものと解することは妥当であるまい。例えば、わが国においては、売買の実質を有する手形割引が取り消された場合に手形上の権利が元の権利者に復帰すると解することは、自然な理解といえるのではなかろうか。しかし、手形譲渡行為を売買の目的物としての有価証券の譲渡行為と同様に原則として有因行為と解することは、必ずしも当事者の意思に合致しないであろうし、とくに手形について強調されるべき取引の安全という観点からも問題がある。

筆者は、有価証券の特殊性を過度に強調することなく、有価証券をわが国における民商法体系に融合させるべきものと考えているが[122]、現在の民法学においては、物権行為の有因性も金銭の所有と占有の一体性も例外のない絶対的なものとは考えられていない。その意味では、本節の結論も決して奇異なものではないと思う。

(121) 振替株式の譲渡に関する詳細については、第五章参照。

(122) 拙著・前掲注（69）二三三頁以下参照。

第三章　手形と電子記録債権の法理

第一節　善意取得の適用範囲

一　はじめに

電子記録債権においては、手形と同様、債権の流動化を図るための各種の措置が講じられているが、善意取得（電子記録債権法一九条）は、その中心といえる(1)。その意味で、善意取得の適用範囲の問題は、電子記録債権制度にとっても非常に重要な問題と考えられるが、この点について電子記録債権法の立案担当者等の執筆に係る文献には、「手形の善意取得についての解釈と同じ解釈が電子記録債権の善意取得についても採られるようにしようとした」との記述がある(2)。

手形の善意取得（手一六条二項）の適用範囲については、例えば「Aは、振出しを受けた約束手形を保管していたところ、Bは、その手形を盗取し、Aから自己への裏書を偽造してCに裏書した」という裏書人Bが無権利者の場合にCのために善意取得が認められることは、問題がない。物理的な盗難、紛失がない電子記録債権についても、例えば「個人事業者のAは、Bから絶対的強迫を受け意思能力がない状態でBに電子記録債権を譲渡する電子記録の請求をさせられ、電子記録がなされた後、BがCに電子記録債権を譲渡した」という譲渡人Bが無権利者の場合にCのために善意取得が認められることも、問題がないであろう(3)。問題は、これらの善意取得の適用範囲が譲渡人が無権利者の場合に限られるか否かである。

右の問題については、関係する判例の理解が容易でないうえ、学説においても、譲渡人が無権利者の場合に限られると解する見解（以下「限定説」という。）と譲渡人が制限能力者の場合や譲渡が無権代理の場合等にも適用されると解する見解（以下「非限定説」という。）とが対立している。[4] 限定説は、例えば「沿革から考えても、……善意取得は占有―手形では裏書の連続した手形の所持―に対する信頼の効果として認められるものであり、そのような占有とか裏書の連続した手形の所持ということは、その者を権利者であると推定させるだけであって（民一八八、手一六参照）、譲渡人の能力・有効な意思表示・代理権の存在までをも推測させるものではないから、問題を否定すべきであろう」と述べる。[5] これに対し、非限定説は、例えば「手形法一六条二項は、『前項ノ規定ニ依リ其ノ権利ヲ証明スルトキハ』と規定しているから、善意取得は裏書の連続のある手形の所持人に認められた効果であることは明らかである。このことは、善意取得制度が、裏書の連続のある手形所持人に形式的資格が認められることを基礎とするものであることを示している。しかし、そうだからといって、善意取得の適用範囲を無権利者からの譲受の場合に限定しなければならない論理的必然性はない。善意取得制度は、手形権利移転行為の瑕疵一般を治癒する制度と理解して、悪意・重過失のない手形取得者の保護を徹底すべきである」と述べる。[6] 限定説は、善意取得の保護法益を有効な取引行為ととらえ、その信頼の対象を譲渡人の権利ととらえるのに対し、非限定説は、善意取得の保護法益を善意占有ととらえ、その信頼の対象を自己の権利ととらえるものといえる。[7] 他方、電子記録債権の譲受人は、原則として電子債権記録機関から直接に譲渡人の記録事項の開示を受けることができない（電子記録債権法八七条参照）。譲受人が譲渡人からその証明書の交付を受けて譲渡人の権利を確認することは可能であろうが、法はその交付を義務づけていないから、電子記録債権の善意取得の信頼の対象は、自己の権利ととらえざるをえない。その意味で、電子記録債権の善意取得の適用範囲については、非限定説をとることが自然とも考えられるが、限定説をとることも論理的に不可能とはいえまい。

善意取得の適用範囲について非限定説をとって譲渡人が無権利者の場合以外の場合に善意取得を認めたとしても、裏書人が原因関係上の不当利得（民七〇三条）に基づいて善意取得者に対し手形の返還を請求しうる場合があるという指摘もある。[8] この指摘は、こう着気味の議論状況に実益という実際的視点を提供するものとして重要である。また、手形行為の原因行為は、例えば売買契約の支払のために手形を振り出した場合における売買契約であると一般に考えられてきた。しかし、ドイツにおいては、この場合における手形行為の原因行為を売買契約ではなく、交付合意に求める交付合意論が有力となっており、[9] わが国にも紹介されている。[10] 交付合意論をとる場合には、原因関係上の不当利得に基づく手形返還請求が認められる範囲も多少異なってこよう。そこで、本節においては、手形の善意取得の適用範囲に関する判例を検討したうえで、手形および電子記録債権における善意取得の適用範囲について不当利得論と交付合意論を踏まえて考察したい。

（1）　もっとも、沢野直紀「電子記録債権の創設―手形から電子手形へ」西南四五巻二号一七頁（二〇一二）は、電子記録債権について「善意取得の成否が問題になるケースは極めて少ない」と指摘する。

（2）　始関正光・高橋康文編著『一問一答　電子記録債権法』（商事法務、二〇〇八）九七頁。

（3）　電子記録債権においては、債権者として記録されている者のみが債権を行使しうるという意味で、その者に電子記録債権に関する事実上の支配権限としての準占有が与えられると考えられる（森田宏樹「有価証券のペーパーレス化の基礎理論」金融研究二五巻法律特集号（日本銀行金融研究所、二〇〇六）四五頁以下参照）。

（4）　ドイツにおいては、非限定説が通説といえるが、比較的近年の代表的な教科書であるヒュック＝カナリスやツェルナーの教科書の立場は、限定説に近い（Vgl; Hueck/ Canaris, Recht der Wertpapiere, 12. Aufl. 1986, § 8 IV 2b; Zöllner, Wertpapierrecht, 14. Aufl. 1987, § 14 VI 1c)。

（5）木内宣彦『手形法小切手法（企業法学Ⅲ）第二版』二〇〇頁（勁草書房、一九八二）。
（6）前田庸『手形法・小切手法入門』一九八頁（有斐閣、一九八三）。
（7）平出慶道ほか編『注解法律全集（25）手形・小切手法』二五六頁以下〔林竧〕（青林書院、一九九七）参照。
（8）上柳克郎「手形の善意取得によって治癒される瑕疵の範囲（一）」論叢八〇巻二号一頁以下（一九六六）〔同『会社法・手形法論集』四七九頁以下（有斐閣、一九八〇）。以下では、同書により引用する。〕参照。
（9）Vgl. Hueck/ Canaris, a. a. O. (Fn.4) , § 17 Ia; Schnauder, Einreden aus dem Grundverhältnis gegen den ersten Wecsel-und Scheckgläubiger, JZ 1990, S. 1046ff.
（10）福瀧博之「原因関係に基づく手形抗弁の法律構成」川又良也先生還暦記念『商法・経済法の諸問題』三九八頁以下（商事法務研究会、一九九四）、菊地和彦「手形の無因性の再検討」盛岡短期大学法経論叢一一号四九頁以下（一九九〇）、椽川泰史「手形取引当事者の合意と手形抗弁」私法五六号二五四頁以下（一九九四）、今泉恵子「手形理論と手形抗弁理論の交錯――契約説・創造説の折衷理論における『付随的な約定』の法的評価を中心として――」私法五六号二四七頁以下（一九九四）、高木正則「手形授受の当事者間における原因関係上の抗弁――ドイツにおける議論を参考にして――」明治大学法学研究論集八号一八七頁以下（一九九八）、庄子良男『ドイツ手形法理論史（下）』九六九頁以下（信山社、二〇〇一）参照。

二　手形の善意取得の適用範囲に関する判例

1　最判昭三五・一・一二民集一四巻一号一頁

【事　実】「A会社名古屋出張所取締役所長犬塚雅久」と自称するBは、昭和二九年五、六月頃しばらくの間名古屋市に滞在し、この趣旨を記載した名刺を使用し、同市内に「A会社名古屋出張所」と書いた看板を掲げ、同人方の一室を事務所として石炭売買の仲介人等をし、取引の相手方等に対してA会社の本店は福岡市にある旨を述べていた。A会社は、福岡市に本店を置いて石炭の売買等を営業としており、同会社には取締役の一員として犬塚勇という氏名の者がいたが、同人は、所在不明であった。Bは、A会社を代理または代表する権限を有しないにもかかわらず、その権限を有する旨自称してYから受取人を「A会社名古屋出張所」とする本件手形の振出交付を受け、これに「A会社名古屋出張所取締役所長犬塚雅久」と署名して善意のXに裏書譲渡した。善意で本件手形を取得して所持人となったXは、本件手形の支払呈示期間に支払場所において本件手形を呈示して支払を求めたが、支払が拒絶されたため、A会社およびYに対し本件手形金等の支払を求める訴えを提起した。

第一審判決（名古屋地判言渡年月日不詳民集一四巻一号二〇頁）は、請求を認容した。Yは、Bの裏書は無権代理であるかまたはBの署名は偽造もしくは仮設人の署名であり、Bの裏書は無効であると主張して控訴したが、原判決（名古屋高判昭三〇・一二・一七民集一四巻一号二〇頁）は、YによるXの権利推定の反証がないとして控訴を棄却した。Yは、原判決はXが実質上の手形権利者であると誤解していると主張して上告した。

【判　旨】　上告棄却。

「本件約束手形の裏書は形式的に連続しており、Xは裏書譲渡により善意でこれを取得し（Xの本件手形の取得に重大な過失のあったことについては主張も立証もない）現に所持しているのであるから、犬塚雅久と自称する者がA会社を代理または代表する権限を有しないに拘わらずその権限ある旨自称して、Yから本件手形の振出交付を受け次でこれをXに裏書譲渡した事実によっては、本件約束手形の所持人たるXからこれが振出人たるYに対する手形上の権利行使に消長を来たすものでないと解するのは相当である。」

2　最判昭三六・一一・二四民集一五巻一〇号二五一九頁

【事　実】　「A会社名古屋出張所取締役所長犬塚雅久」と自称するBは、昭和二九年五、六月頃しばらくの間名古屋市に滞在し、この趣旨を記載した名刺を使用し、同市内に「A会社名古屋出張所」と書いた看板を掲げ、同人方の一室を事務所として石炭売買の仲介人等をしていた。A会社は、福岡市に本店を置いて石炭の売買等を営業としており、同会社には取締役の一員として犬塚勇という氏名の者がいたが、同人は、所在不明であった。Bは、Yから受取人を「A会社名古屋出張所」とする本件約束の振出交付を受け、これに「A会社名古屋出張所取締役所長犬塚雅久」と署名してXに裏書譲渡した。Xは、これをC銀行に裏書譲渡し、C銀行は、本件手形の支払呈示期間に支払場所において本件手形を呈示して支払を求めたが、支払を拒絶された。その後、Xは、Cから本件手形の戻裏書を受けて所持人となり、Yに対し本件手形金等の支払を求める訴えを提起した。

第一審判決（津地四日市支判昭三一・九・二七民集一四巻一号二五三一頁）は、請求を認容した。Yは、控訴したが、原判決（名古屋高判昭三二・一二・一九民集一四巻一号二五三五頁）は、「Yの手形法第十六条は手形譲渡人の無権利の場合のみに限られ手形譲渡人につき無能力、代理権欠缺、意思表示の瑕疵等のある場合は同法条の適用なしとする見解は採用し得ないところである」と述べて控訴を棄却した。Yは、原判決は手形法一六条一項に違背し、手形法一六条二項を誤解した違法な判決であると主張して上告した。

【判　旨】　上告棄却。

「本件手形は、Yが昭和二九年六月八日受取人を山栄商事株式会社名古屋出張所と記載して振出したものであること、右手形中第一の裏書欄には、裏書人として山栄商事株式会社名古屋出張所取締役所長、犬塚雅久、被裏書人としてXと記入してあり、右犬塚の名下に同人の印を押したものと思われる印影のあることは、原判決の引用する第一審判決が確定したところであり、同判決が手形面における叙上の記載から、裏書の連続に欠けるところはなく、Xは右手形の適法な所持人とみなされる旨判示するところは、当裁判所も正当としてこれを是認する。

ところで、手形法一六条一項に『みなす』というのは、所論のごとく『推定する』との意味に解すべきであり、したがつて、YはXが真実の権利者でないことを証明すれば、権利の行使を拒みうるのであるが、Xは、……本件手形を同条二項により善意取得し、実質上の権利者となつたものと認めるべきであるから、Yは、Xの権利の行使を拒みえないのであり、論旨は、結局理由なきに帰する。」

「本件手形に受取人として記載されているA会社は、手形上の権利を取得したものではないことはYの主張自体からあきらかであり、Xは、とりもなおさず、手形上の無権利者から本件手形を取得したものに該当するのである。そして、Yは、Xの本件手形の取得が悪意又は重大な過失によるものであることを立証していないのであるから、Xは、手形法一六条二項により本件手形の実質上の権利者となつたものといわなければならない。」

3　最判昭四一・六・二一民集二〇巻五号一〇八四頁

【事　実】本件約束手形の受取人の記載は、いったんX宛をもつて振り出されたが、その後振出人であるY_1においてこれをY_2宛に訂正した。本件手形の受取人はY_2であつて、第一裏書はY_2からX宛をもつてなされているが、Y_1は、本件約束手形の原因となったXからの借受に際してY_2に無断で同人の印を持ち出し、Xに対して同人が債務につき連帯保証することを承諾している旨を申し向けたうえ、同人の印を使用して同人名義の本件手形の裏書および公正証書作成に関する委任状を作成したものであって、Y_2は、Y_1に対してこのような代理権を授与したことはなかった。Xは、本件手形を満期に支払場所に支払のため呈示したが、支払を拒絶されたため、Y_1およびY_2に対し本件手形金等の支払を求める訴えを提起した。

第一審判決（東京地判昭三五・一二・一六民集二〇巻五号一〇九一頁）は、XのY_1に対する手形金請求等を認容したが、Y_2に対する請求を棄却した。XおよびY_1は、控訴し、原判決（東京高判昭三九・一一・二六民集二〇巻五号一〇九六頁）は、本件手形の形式上Xに至る裏書の連続に欠けるところはないとして控訴を一部棄却した。Y_1は、本件手形に形式上裏書の連続があっても、Xは自己に対する裏書が偽造であることを知っていた悪意の取得者である等と主張して上告した。

【判　旨】　上告棄却。

「原判決は、Xが受取人Y_2、第一裏書人Y_2、被裏書人Xと記載のある本件約束手形を所持している事実を確定しているのであるから、手形法七七条一項、同一六条一項によりXが本件手形の適法の所持人と推定されるのであるが、同条項による推定を覆すためには、Y_1において、本件手形が有効な振出および裏書によりXの所持に帰したものでない所以を主張立証するだけでは足りず、さらに手形法一六条二項本文による手形上の権利の取得もないこと、すなわち、同条項但書により、手形取得者に右の点に関する悪意または重大な過失があったことをも併せて主張立証しなければならないものと解する。しかるに、Y_1は、前記後段についての主張を記載した昭和三六年六月一七日附準備書面を原審口頭弁論期日において陳述していないし、その他右の点について何らの主張もなしていないことは記録上明らかであるから、この点についての判断を加えることなくXを本件手形の適法の所持人とした原判決に所論の違法がない。論旨は採用できない。」

4　検　討

最判昭三五・一・一二（以下「①判決」という。）については、手形の裏書譲渡の無権代理の場合に善意取得を認めたものという評価が少なくない[11]。①判決は、「犬塚雅久と自称する者がA会社を代理または代表する権限を有しないに拘わらずその権限ある旨自称して、……Xに裏書譲渡した事実」を認めたうえでXについて善意および重過失といった手形法一六条二項の善意取得の要件を問題としていることから、そのような評価が出てくるものと思われる。

最判昭三六・一一・二四（以下「②判決」という。）は、手形法一六条一項一段の「看做す」を「推定する」との意味に解した点で著名な判決であるが、①判決と同様の事案について「Xは、……手形上の無権利者から本件手形を取得したものに該当する」と述べて手形法一六条二項を適用したものとしても注目に値する。②判決は、手形に記載されている受取人をA会社と解しつつ、本件手形の裏書の連続を認めていることから、Bが「A会社名古屋出張所取締役所長犬塚雅久」の名義で行った裏書の形式を代理形式と解し、BのXに対する裏書を無権代理と解していると考えられる。

以上のことから、右記二判決は、裏書譲渡が無権代理の事案に関するものであることは否定できないが、いずれも無権代理の裏書譲渡をされた本人が無権利者であり、かつ、被裏書人の権利取得により権利を失って損失を受けた者が明らかでない事案に関するものである。①判決は、そのような事案において手形法一六条二項の善意取得の要件を問題とし、②判決は、そのような事案において本人が無権利者であることに着目して手形法一六条二項を適用したものといえる。

最判昭四一・六・二一（以下「③判決」という。）は、手形法一六条一項による適法な所持人との推定を覆すためには、同条二項ただし書の事実があったことを主張・立証しなければならないと解した点に意義があるが、その批評においては、「Y_1が無権限でY_2名義の裏書をしてXに手形を交付した本件においても、Xについて善意取得が生ずる可能性があると考えるからこそ、Y_1はXが善意取得もしていないことを主張・立証しなければXの実質的無権利を主張・立証したことにならない、という本件判旨の考え方が出てくる」という指摘がある。[12]この指摘自体は妥当であろうが、③判決において無権限で裏書を代行された本人であるY_2も、Y_1から有効に手形債権を取得したものとは考えられず、③判決も、右記二判決と同様、無権限の裏書譲渡をされた本人が無権利者であり、かつ、被裏書人の権利取得により権利を失って損失を受けた者が明らかでない事案に関するものである。

手形の善意取得が生ずれば、その反射的効果として手形上の権利を失って損失を受ける者が存在するはずであるが、右記三判決においてその存在は明らかでない。その意味で、これらの判決が善意取得を認めたものと解することには疑問が残る。少なくとも、右記三判決の射程を裏書譲渡が無権代理の場合一般に及ぼすことは妥当でない。

(11) 高窪利一「判批」矢沢惇ほか編『商法の判例（第二版）』一四三頁（有斐閣、一九七二）、神崎克郎「手形の善意取得」法セ二四六号一〇五頁（一九七五）、竹内昭夫『判例商法Ⅱ』一一一頁以下（弘文堂、一九七六）等参照。

(12) 竹内・前掲注（11）一〇五頁。

三　不当利得論からの問題提起と交付合意論

上柳克郎教授は、「甲が乙に振出した約束手形を、無能力者（制限行為能力者――筆者）乙が丙に裏書し、乙が無能力（制限行為能力――筆者）を理由にその裏書を取り消した」という事例を設定し、「丙について手形の善意取得を認めても、乙が原因行為を無能力（制限行為能力――筆者）を理由に取消せば、丙が手形を善意取得したことが乙丙間では丙の不当利得となり、乙は丙に対し不当利得を根拠として手形の返還を請求できることにならないか」という問題を提起する。(13)

右の事例において乙が原因行為も取り消した場合には、丙の善意取得を認めたとしても、乙から丙への手形債権の移転は、法律上の原因（民七〇三条）を欠くものとなる。手形の善意取得自体がこの移転に法律上の原因を付与すると考えられなくもないが、「手形関係とは異なる法律関係から生ずる請求権が、手形の善意取得の成立によって排除されると解する根拠は十分ではない」といえよう。(14)したがって、上の事例において乙が原因行為を取り消した場合に乙が原因関係上の不当利得として丙に対し手形の返還を請求しうることは疑いなく、少なくとも丙のために善意取得を認める実益はない。そこで、「このような場合に善意取得を認めることは無意味である」とも指摘される。(15)

ところで、上柳教授は、手形行為の原因行為を売買契約等に求めていると考えられるが、ドイツにおいては、手形行為の原因行為を売買契約等でなく、交付合意、すなわち「売買契約とその代金債務の支払の方法としての手形の授受（手形行為）との中間に、両者を結びつけるものとして、売買契約に関連して手形を授受する旨、およびその手形の内容に関する合意」[16]に求める交付合意論が有力となっている。例えばカナリスは、「手形の履行または担保が付与される原因債権（Kausalforderung）が手形債権の法律上の原因であるという誤解をしてはならない。そのような考えは、譲渡担保または担保権において被担保債権が担保の設定に対する法律上の原因とみなすのと同様に誤っている。それは、譲渡担保または担保契約における担保合意に教義的に相当する手形の交付に関する特別な合意にある」と述べる。[17]カナリスが「原因債権が手形債権の法律上の原因である」ことを「誤解」と断ずるのは、「原因関係（Grundverhältnis）における約束は、有価証券の交付ではなく、金額の支払のみを義務づける」ため、「履行されるべき給付約束の法律上の原因は、基礎にある債務関係には見出せない」からである。[18]

交付合意論は、わが国においては妥当しえない理論であろうか。

四宮和夫教授は、給付不当利得について「出捐が給付利得の基礎としての『給付』となるには、それが基礎的法律関係（その法律関係上の義務）という客観的関連――これを『履行関連』と呼ぶことにする――を有することを要」すると解している。[19]このような理解によると、法律上の原因（民七〇三条）は、給付となるべき出捐と「基礎的法律関係（その法律関係上の義務）という客観的関連」を有することを要するため、手形行為の原因行為は、手形行為を義務づけるものでなければならないこととなる。しかし、例えば「当事者の一方がある財産権を相手方に移転することを約し、相手方がこれに対してその代金を支払うことを約することによって、その効力を生ずる」売買契約（民五五五条）は、売買代金債務の弁済に関連して手形が授受される場合における手形行為を義務づけるものではない。したがって、四宮教授の考えによると、売買契約等は、手形行為の原因行為となりえず、その原因行為は、交付合意に求めざるをえないこととなろう。

また、判例によると、手形債務は、「挙証責任の加重、抗弁の切断、不渡処分の危険等を伴うことにより、原因関係上の債務よりも一層厳格な支払義務」であり、会社がその取締役に宛てて約束手形を振り出す行為は、原因債務の負担とは別個に現行会社法三五六条一項二号の「取引」にあたる。[20] そうだとすると、このような厳格な支払債務を負担させるために「原因」債務の履行の方法としての手形の交付合意が例えば強迫により取り付けられることは十分考えられる。そのような場合には、仮に売買契約等の実質関係や手形行為自体に瑕疵がないときであっても、手形債務者は手形の交付合意を取り消して手形の返還を請求しうると解するのが妥当とも考えられる。

以上のことから、交付合意論は、わが国においても十分に妥当しうる理論といえる。なお、手形の交付合意の際に当事者が売買代金債務のような「原因」債務の発生を停止条件（民一二七条一項）として、また、「原因」債務の消滅を解除条件（民一二七条二項）として意識していることは容易に是認されよう。したがって、手形の交付合意は、原則として「原因」債務の発生を停止条件とし、その消滅を解除条件とするものと解され、「売買契約が無効であれば、結局、その代金債務の弁済のために手形を交付する旨の合意も無効とな」る。[21]

上柳教授は、制限行為能力の瑕疵が「手形譲渡行為のみについてであって、その原因行為については存在しない場合には、両説の間に著しい結論の差異がある」と述べる。[22] 手形行為の原因行為を売買契約等に求めるならば、例えば未成年者である乙が法定代理人の同意を得て丙から商品を購入し、その支払のために法定代理人の同意を得ずに手形を裏書し、裏書を取り消した場合には、乙から丙への手形上の権利の移転は、法律上の原因を欠くものとはならない。しかし、手形行為の原因行為を売買契約等ではなく、交付合意に求めるならば、法的状況は異なってこよう。

（13）　上柳・前掲注（8）四九〇頁。
（14）　竹内昭夫・龍田節編『現代企業法講座5有価証券』一三五頁注（94）〔林竧〕（東京大学出版会、一九八五）。

(15) 大隅健一郎・河本一郎『注釈手形法・小切手法』一八一頁（有斐閣、一九七七）。
(16) 福瀧博之『手形法概要（第二版）』七九頁（法律文化社、二〇〇七）。
(17) Hueck/ Canaris, a. a. O. (Fn. 4), § 17 I a.
(18) Schnauder, a. a. O. (Fn. 10), S. 1048.
(19) 四宮和夫『事務管理・不当利得（事務管理・不当利得・不法行為上巻）』一一六頁（青林書院、一九八一）。
(20) 最大判昭四六・一〇・一三民集二五巻七号九〇〇頁。
(21) 福瀧・前掲注（16）八一頁。その例外としては、融通手形等がある。以上の点に関する詳細については、第二章第一節参照。
(22) 上柳・前掲注（8）四九一頁。

四　不当利得論と交付合意論を踏まえた個別的考察

1　前　説

交付合意論を踏まえて手形において手形行為の原因行為としての交付合意の存在を想定するならば、電子記録債権においても、それと同様の意味を有する「記録請求合意」の存在を想定することができよう。そこで、ここでは、交付合意論を踏まえ、手形および電子記録債権について①譲渡人が制限行為能力者（未成年者（民五条）、成年被後見人（民八条）、被保佐人（民一二条）、被補助人（民一六条））の場合、②譲渡の意思表示に瑕疵がある場合、③譲渡が無権代理の場合、④譲渡人に処分権限がない場合の各類型において善意取得を認めるのが妥当か否かを検討する。

2　譲渡人が制限行為能力者の場合について

例えば未成年者である乙が丙から商品を購入し、その支払のために法定代理人の同意を得ずに丙に対し手形を裏書し、裏書を取り消した場合、裏書に関する交付合意をも取り消したと考えるのが自然であろう。そうだとすると、この場合に丙の善意取得を認めたとしても、乙から丙への手形債権の移転は、商品の購入が法定代理人の同意を得ていたと否とに関わらず、法律上の原因を欠くものとなり[23]、乙は、不当利得を理由に丙に対し手形の返還を請求でき、丙のために善意取得を認める実益はないといえる。また、この場合に乙が無権利者であるときには、乙からの手形返還請求は認められないが、丙の善意取得により権利を失って損失を受けた者が存在する以上、その者からの丙に対する不当利得を理由とする手形返還請求が認められるから、やはり丙のために善意取得を認める実益はない。

右の場合にも、丙が丁に手形を裏書しまたは甲が丙に手形金を支払うときには、丙の善意取得を認めると否とで法的状況は異なってくる。すなわち、この場合に善意取得を認めなければ、丙から裏書を受けた丁が甲に対する手形上の権利を取得するためには、丁は、手形を善意取得する必要があり、その要件は、善意かつ無重過失である。丁が善意取得しないとき、乙は、丁に対し手形の返還を請求しうる。これに対し、この場合に善意取得を認めれば、手形を善意取得した丙から裏書を受けた丁は、手形上の権利を承継取得し、乙からの手形の返還請求を免れ、「其ノ債務者ヲ害スルコトヲ知リテ手形ヲ取得シタル」場合に限り丙への遡求が否定され（手一七条）、権利濫用と評価される場合に限り甲への請求が否定されるにすぎない[24]。また、この場合に善意取得を認めなければ、丙に手形金を支払った甲が免責されるためには、甲の支払が善意支払（手四〇条三項）とならなければならず、その要件は、善意かつ無重過失である。甲の支払が善意支払とならないとき、乙は、甲に対し手形金の支払いを請求しうる。これに対し、この場合に善意取得を認めれば、手形を善意取得した丙に手形金を支払った甲は、常に免責され、乙が甲に対し手形金の支払いを請求しうる余地はなくなる。このように乙が原因行為を取り消した場合でも、丙が丁に手形を裏書しまたは甲が丙に手形金を支払ったときには、善意取得を認めるほうが丁や甲の地位は有利になり、乙の地位は不利になる。[25]手形の流通性を高めるという見地からすれば、丙の善意取得を認めるほうが妥当であるということとなろうが、手形が必ずしも金融機関以外の商人の間を転々流通してはいないという実態[26]を考慮すると、手形の流通性をそこまで高めるべきであるとは一概にいえない。そうだとすると、上の法的状況の相違は、手形の善意取得の可否の問題に対しさほど大きな意味を有するものではあるまい[27]。

以上のことは、未成年者である乙が丙から商品を購入し、その支払のために法定代理人の同意を得ずに丙に対し電子記録債権を譲渡し、譲渡を取り消した場合にもあてはまるであろう。したがって、不当利得論と交付合意論を踏まえるならば、手形についても電子記録債権についても、譲渡人が制限行為能力者であり、譲渡が取り消された場合に善意取得は認められないと解するのが妥当である。

3　譲渡の意思表示に瑕疵がある場合について

学説においては、手形の善意取得の適用範囲の問題として、裏書の意思表示に瑕疵がある場合について議論されてきた。しかし、現在の判例は、「手形の裏書は、裏書人が手形であることを認識してその裏書人欄に署名または記名捺印した以上、裏書としては有効に成立する」と解し[28]、民法の意思表示の瑕疵に関する規定の適用を排除する（またはきわめてそれに近い）見解をとっている。そのため、判例においては、裏書の意思表示に瑕疵がある場合も、裏書は有効であって手形上の権利は有効に承継され[29]、人的抗弁が問題とされるにすぎず、善意取得が問題となる可能性はない。

これに対し、電子記録債権法一二条一項は、「電子記録の請求における相手方に対する意思表示についての民法第九十五条第一項又は第九十六条第一項若しくは第二項の規定による取消しは、善意でかつ重大な過失がない第三者（同条第一項の規定による強迫による意思表示の取消しにあっては、取消し後の第三者に限る。）に対抗することができない」と規定して民法の意思表示の瑕疵に関する規定を修正しているが、このことは電子記録債権の発生、譲渡等について民法の意思表示の瑕疵に関する規定が——修正を受けつつも——適用されることを前提にするものである。そこで、電子記録債権については、譲渡記録請求の意思表示に瑕疵がある場合に善意取得が認められるかが問題となるが、虚偽表示（民九四条）の場合および譲受人の譲渡人に対する詐欺・強迫（民九六条一項）の場合には、譲受人は当然に悪意であるから、譲受人のための善意取得は問題となりえない。他方、心裡留保の場合には、譲受人は善意かつ無過失であれば保護され（民九三条一項）、錯誤の場合（共通錯誤の場合を除く。）には、表意者である譲渡人が重過失のときは、譲受人は善意かつ無過失であれば保護され（民九五条三項）、第三者の詐欺の場合には、譲受人は善意かつ無過失であれば保護される（民九六条二項）。その結果、譲渡の意思表示に瑕疵がある場合に善意取得により保護される可能性がある者は、心裡留保の場合の軽過失の譲受人、錯誤（民九五条）の場合に表意者である譲渡人が無重過失のときの譲受人および譲渡人が重過失のときの軽過失の譲受人、第三者の詐欺の場合の軽過失の譲受人ならびに第三者の強迫（民九六条一項）の場合の譲受人に限られる。しかし、いずれの場合にも、手形における交付合意に相当する「記録請求合意」にも同様の瑕疵があると考えられ、譲渡人が電子記録債権の譲渡の無効または取消しを主張するときは、譲受人の善意取得を認めても、譲渡人または権利を失った者は、不当利得を理由に譲受人に対し電子記録債権の変更記録（電子記録債権法二六条以下）を請求できると考えられ、譲受人のために善意取得を認める実益はないといえる。したがって、不当利得論と交付合意論を踏まえるならば、電子記録債権の譲渡記録請求の意思表示に瑕疵がある場合に善意取得は認められないと解するのが妥当である。

なお、学説においては、手形についても、民法の意思表示の瑕疵に関する規定を——そのままたは修正して——適用する見解が有力である(30)。この見解によると、手形の裏書の意思表示に瑕疵がある場合にも善意取得が認められるかが問題となるが、電子記録債権についてと同様、否定するのが妥当なのではあるまいか。

4　譲渡が無権代理の場合について

手形の裏書が無権代理の場合について「ある者が第三者から無権代理行為によって自己のために商品を買付取得し、その代金の支払として本人所有の手形を無権代理人として相手方に譲渡し」たという事例を設定し、この場合には、「それが善意取得されることになっても、本人と相手方との間には不当利得の関係は生じないように思われる」と述べる見解がある。[31] この見解は、手形行為の原因行為を売買契約に求めていると考えられるが、それにしても疑問である。上の事例は、売買契約について無権代理と代理権の濫用がある事例といえようが、代理権の濫用があっても、無権代理であることには変わりがない。そうだとすると、上の事例において手形の善意取得を認めたとしても、売買契約について表見代理（民一〇九条等）が認められない限り、本人から相手への手形債権の移転は、やはり法律上の原因を欠くこととなるのではあるまいか。上の事例において例えば相手方が売買契約について無権代理人に対し履行の責任を選択する（民一一七条一項参照）場合には、無権代理人と相手方との間に本人と相手方との間で成立するはずであった法律関係が発生する。[32] しかし、この無権代理人と相手方との間の法律関係が遡って本人から相手方への手形債権の移転の法律上の原因となると解することも困難であろう。

手形行為の原因行為を交付合意に求めるならば、裏書が無権代理の場合、交付合意も無権代理のはずであり、被裏書人が手形を善意取得したとしても、本人から相手方への手形債権の移転は、法律上の原因を欠くものとなり、本人または権利を失った者は、不当利得を理由に被裏書人に対し手形の返還を請求でき、善意取得を認める実益はないこととなる。電子記録債権の譲渡が無権代理の場合も同様であろう。したがって、不当利得論と交付合意論を踏まえるならば、手形についても電子記録債権についても、譲渡が無権代理の場合に善意取得は認められないと解するのが妥当である。なお、このように解しても、電子記録債権の善意取得が認められなかった者は、電子債権記録機関に損害賠償することにより損害を補てんしうる可能性がある（電子記録債権法一四条一号）。

5　譲渡人に処分権限がない場合について

a　前　説

譲渡人に処分権限がない場合としては、譲渡人に自己の権利を処分する権限がない場合と譲渡人に他人の権利を自己の名で処分する権限がない場合がある。(33) 前者の典型例として、破産者が破産財団に属する手形または電子記録債権を譲渡した場合および遺言執行者があるにもかかわらず、相続人が相続財産に属する手形または電子記録債権を譲渡した場合があり、後者の典型例としては、問屋、質権者、執行吏等が無権限で他人の権利を譲渡した場合がある。ここでは、それらの場合について善意取得の可否を検討する。

b　破産者が破産財団に属する手形または電子記録債権を譲渡した場合について

破産法四七条一項は、「破産者が破産手続開始後に破産財団に属する財産に関してした法律行為は、破産手続の関係においては、その効力を主張することができない」と規定する。したがって、破産者が破産財団に属する手形または電子記録債権を譲渡した場合、その行為は、相手方からはその効力を主張できないという意味での相対的無効となるが、破産法学説においては、この規定と動産の即時取得を規定する民法一九二条との関係が議論されている。通説は、「法四七条一項が相手方の善意・悪意を問わずに、権利取得を対抗できないとする趣旨は、破産財団を充実させるために即時取得を排除する特別規定を設けたものと考えられるから、たとえ即時取得の要件が満たされていても、破産手続き開始後の破産者の行為によって相手方が破産財団に属する財産について権利を取得することはない」と解する。(34) この論理が手形および電子記録債権の善意取得との関係においても妥当することは疑いない。ドイツにおいても、倒産法八〇条一項は、「倒産手続開始により、倒産財団に属する財産を管理し処分する債務者の権利は、倒産管財人に移転する」と規定しており、同法八一条が「債務者が倒産手続開始後に倒産財団の目的物に関し処分したときは、その処分は無効とする」と規定したうえで不動産上の権利を一定の範囲で保護しているが、動産や有価証券上の権利を保護していないことから、手形法一六条二項の善意は、倒産手続における債務者の処分権限の瑕疵を治癒しないと解されている。[35] わが国の破産法も不動産上の権利を一定の範囲で保護しているが（破四九条・五一条）、動産や有価証券上の権利を保護していないことは、同様である。

右の通説に対しては、異論もあるが、[36] 手形行為または電子記録債権の記録請求の原因行為を交付合意または「記録請求合意」に求めるならば、破産者が破産財団に属する手形または電子記録債権を譲渡した場合、譲受人は、破産管財人の側で交付合意または「記録請求合意」の効力を承認しない限り、破産管財人に対し交付合意または「記録請求合意」の効力も主張できなくなる。したがって、この場合、善意取得を認めたとしても、破産財団から譲受人への債権の移転は法律上の原因を欠き、譲受人は不当利得として手形の返還または電子記録債権の変更記録をしなければならなくなると考えられ、善意取得を認める実益はないといえる。

以上のことから、不当利得論と交付合意論を踏まえるならば、破産者が破産財団に属する手形または電子記録債権を譲渡した場合に善意取得は認められないと解するのが妥当である。なお、手形または電子記録債権の譲渡人が無権利者の場合には、その者がたまたま破産者であっても、手形または電子記録債権は破産財団に属するものではないから、善意取得は認められよう。[37]

c　相続人が遺言執行者のある相続財産に属する手形または電子記録債権を譲渡した場合について

民法一〇一三条は、「遺言執行者がある場合には、相続人は、相続財産の処分その他遺言の執行を妨げるべき行為をすることができない」と規定する。この規定に違反する処分行為の効力については、絶対的無効と解するのが判例・通説である。[38] したがって、相続人が遺言執行者のある相続財産に属する動産を譲渡した場合、その行為も絶対的無効となるが、第三者が、目的物が遺産に属することまたは遺言執行者の存在を知らなかった場合に即時取得を認める見解がある。[39] これに対し、「この結論は、譲渡行為が有効ではない場合に、善意取得の成立を否定する通

説とは必ずしも調和しない」という批判がある。(40)
ドイツにおいては、民法一九八四条一項が「遺産管理命令により相続人は、遺産を管理し処分する権限を失う」と規定し、倒産法八一条を準用していることから、手形法一六条二項の善意は遺産管理の場合における相続人の処分権限の瑕疵も治癒しないと解されている。(41) これに対し、わが民法は、遺言執行者がある場合に破産法の規定を準用していない。しかし、手形行為または電子記録債権の記録請求の原因行為を交付合意または「記録請求合意」に求めるならば、この場合に善意取得を認める実益がないことは、破産者が破産財団に属する手形または電子記録債権を譲渡した場合と同様である。したがって、不当利得論と交付合意論を踏まえるならば、相続人が遺言執行者のある相続財産に属する手形または電子記録債権を譲渡した場合に善意取得は認められないと解するのが妥当である。なお、手形または電子記録債権の譲渡人が無権利者の場合には、その者がたまたま遺言執行者のある相続財産に関する相続人であっても、手形または電子記録債権は相続財産に属するものではないから、善意取得は認められよう。

d　譲渡人に他人の権利を自己の名で処分する権限がない場合について

限定説も、譲渡人に処分権限がない場合の中で問屋、質権者、執行吏等が無権限で他人の権利を譲渡した場合には、一般に善意取得を認めてきた。(42) しかし、「代理人だと自称する者から、その代理権の存在を信じて修得する者は、保護されない、との多数説の立場からは、……処分権の存在を信じた場合には保護されるというのは、いささか論理が一貫しないきらいがある」と指摘される。(43) また、手形行為または電子記録債権の記録請求の原因行為を交付合意または「記録請求合意」に求めるならば、この場合に善意取得を認める実益がないことは、譲渡が無権代理の場合と同様である。したがって、不当利得論と交付合意論を踏まえるならば、手形についても電子記録債権についても、譲渡人に他人の権利を自己の名で処分する権限がない場合に善意取得は認められないと解するのが妥当である。

(23) この場合に裏書に関する交付合意について法定代理人の同意を得ていたときは、裏書についてもその同意を得ていたものと解されよう。

(24) 手形について権利濫用の抗弁を認めた判例として、最判昭四三・一二・二五民集二二巻一三号三五四八頁参照。

(25) 以上の点について竹内・龍田・前掲注(14)一三三頁〔林〕参照。

(26) 関俊彦『金融手形小切手法(新版)』三六八頁(商事法務、二〇〇三)参照。

(27) これに対し、現実にきわめて流通性の高い振替株式の善意取得の問題を考えるに際しては、本文で述べた法的状況の相違は、それなりの意味をもつと考える(第五章四4参照)。

(28) 最判昭五四・九・六民集三三巻五号六三〇頁。

(29) 前掲注(28)最判昭五四・九・六は、裏書の担保的効力について判示したものではあるが、判例が手形理論として手形行為を手形債務負担行為と手形権利移転行為に分かつ「二段階行為説」(前田庸『手形法・小切手法』五三頁以下(有斐閣、一九九九)参照)をとっているとは解されないので、その判示は、裏書の権利移転的効力についても妥当しよう。

(30) 高橋美加「判批」神田秀樹・神作裕之編『手形小切手判例百選(第七版)』一四頁以下(有斐閣、二〇一四)等参照。筆者も、この見解をとっている。

(31) 大隅・河本・前掲注(15)一八一頁。ここでいう「自己のために」とは、当然に「自己の計算で」という意味であろう。

(32) 大判昭八・一・二八民集一二巻一〇頁、四宮和夫・能見善久『民法総則(第八版)』三二五頁(弘文堂、二〇一〇)参照。

(33) 田辺光政『手形流通の法解釈』九一頁(晃洋書房、一九七六)、平出ほか編・前掲注(7)一五九頁〔林〕参照。

(34) 伊藤眞『破産法・民事再生法(第三版)』三三七頁(有斐閣、二〇一四)。

(35) Baumbach/ Hefermehl/ Casper, Wechselgesetz Scheckgesetz und Recht der Kartengestüten, 23. Aufl. 2008, WG Art. 16 Rdn. 17.

(36) 石川明『民事法の諸問題』三〇五頁以下（一粒社、一九八七）参照。
(37) 平出ほか編・前掲注（7）二五九頁〔林〕参照。
(38) 大判昭五・六・一六民集九巻五五〇頁、最判昭六二・四・二三民集四一巻三号四七四頁、中川善之助・加藤永一編『新版注釈民法（28）相続（3）〔補訂版〕』三三四頁以下〔泉久雄〕（有斐閣、二〇〇二）参照。
(39) 中川・加藤編・前掲注（38）三三四頁〔泉〕。
(40) 平出ほか編・前掲注（7）二五九頁〔林〕。
(41) Baumbach/ Hefermehl/ Casper, a. a. O. (Fn. 35), WG Art. 16 Rdn. 17.
(42) 豊崎光衛『善意取得』鈴木竹雄・大隅健一郎編『手形法・小切手法講座第3巻』一四七頁（有斐閣、一九六五）参照。
(43) 上柳克郎ほか編『新版注釈会社法（4）株式（2）』一三八頁〔河本一郎〕（有斐閣、一九八六）。

五　譲渡人が他人になりすました場合について

無記名式の小切手においては、無権利者が他人になりすまして交付譲渡した場合、取引相手の氏名の錯誤は通常は「法律行為の目的及び取引上の社会通念に照らして重要」な錯誤（民九五条一項）とはならないであろうから、譲渡人が他人になりすましたこと自体は問題とならず、譲受人が単に無権利者から譲渡を受けたものとして小切手を善意取得しうると考えられる。法律上当然の指図証券である手形において最後の裏書が白地式裏書であり、無権利者が他人になりすまして譲渡した場合も、同様である。これに対し、手形において最後の裏書が記名式裏書であり、無権利者が最後の被裏書人になりすまして裏書した場合には、裏書人と最後の被裏書人との同一性という問題が生じ、善意取得の可否が問題となる。この場合には、裏書人から被裏書人への手形債権の移転の原因行為としての交付合意は、有効であることが多いであろう。したがって、この場合には、不当利得論と交付合意論を踏まえたとしても、善意取得を認める実益があることは否定できない。

手形において最後の裏書が記名式裏書であり、無権利者が最後の被裏書人になりすまして裏書した場合に善意取得を認めることについては、「白地式裏書と記名式裏書の制度上の区別を無視するものであって、理論上適切ではない」といわれる。(44) これに対し、ドイツにおいてカナリスは、以下のように述べる。

「最も難解なのは、被裏書人が裏書人による裏書の偽造からも保護されるか否か、譲渡人と証券上の名宛人との同一性に関する善意の保護があるか否かという問題に答えることである。裏書の連続もこの点では疑いなく権利外観を設定せず、手形法一六条一項による推定効もいうまでもなく真の名宛人の利益になるにすぎず、証券の所持人誰もの利益になるわけではないという理由から、これを否定しうる。他方、これを肯定しないと、取引が重大な問題に直面し、手形の流通性が害される危険があり、同一性の問題が必然的に生じえない無記名証券よりも指図証券がこの点ではるかに流通に適しなくなってしまうという、善意保護の原則的な肯定のための実際的な理由が述べられる。加えて、（裏書ではないにしても）証券の占有が確かな蓋然性をもって所持人と名宛人との同一性に関する権利外観の根拠を基礎づけることから、教義的観点の下でも善意取得の許容を正当化しうるように思われる。したがって、この問題は、原則として肯定されえようが、記名式裏書の機能それ自体がまさに証券の悪用からの資格者の保護にあるから、取得者の調査義務に関する比較的に厳しい要求が立てられなければならず、これを善意取得の鷹揚な取扱いによりぐらつかせてはならない。被裏書人の善意取得は、例えば裏書人が偽造の身分証明書を提示した場合に認められてよい」、と。(45)

カナリスの見解は、右の場合に被裏書人のために善意取得を認める実益が大きいことから、名宛人になりすました裏書人が手形を所持していること自体が善意取得の一応の基礎になると解し、裏書人と名宛人との同一性に関し被裏書人に権利の帰属に関する調査義務よりも高度の調査義務を認めることにより、「白地式裏書と記名式裏書の制度上の区別」を維持しようとするものといえるが、「このような注意義務の法律上の根拠は明確でない」といえる。[46]「白地式裏書と記名式裏書の制度上の区別」があいまいなものとなれば、法律上当然の指図証券である手形とそうでない小切手との区別もあいまいなものとなってしまい、手形と小切手を区別する法制度の根幹が崩れる。また、わが国においては、手形において最後の裏書が記名式裏書であり、無権利者が最後の被裏書人になりすまして裏書した場合に善意取得を認める実益があるとしても、それを認めた判例はなく、それを認める実益が大きいとは必ずしもいえないであろう。

以上のことから、手形において最後の裏書が記名式裏書であり、無権利者が最後の被裏書人になりすまして裏書した場合にも善意取得は認められないと解するのが妥当である。

電子記録債権については、発生記録において「債権者の氏名又は名称及び住所」が、譲渡記録において「譲受人の氏名又は名称及び住所」が絶対的記録事項とされている（電子記録債権法一六条一項三号・一八条一項三号）。無権利者が記録されている債権者または譲受人になりすまして電子記録債権を譲渡した場合に善意取得を認めるならば、これらを絶対的記録事項とした意味が失われかねない。したがって、この場合にも善意取得は認められないと解するのが妥当である。なお、この場合に善意取得を認められない者は、電子債権記録機関に損害賠償することにより損害を補てんしうる可能性がある（電子記録債権法一四条二号）。

（44）　平出ほか編・前掲注（7）二六二頁〔林〕。
（45）　Hueck/ Canaris, a. a. O. (Fn. 4) § 8 IV 2b cc.
（46）　平出ほか編・前掲注（7）二六二頁〔林〕。

六　むすび

手形の裏書人が制限行為能力者の場合および裏書が無権代理の場合には、手形行為の原因行為と一般に考えられてきた売買契約等にも同様の瑕疵があることが通常であろう。したがって、これらの場合、被裏書人が手形を善意取得したとしても、手形債権の移転は通常は法律上の原因を欠き、不当利得を理由とする手形の返還請求権が発生するため、善意取得を認める実益は大きくないといえる。もっとも、これらの場合にも、売買契約等に瑕疵がないこともありうることから、手形行為の原因行為を売買契約等に求める以上、これらの場合に善意取得を認める実益が全くないとはいい切れず、そのことが、非限定説が有力説であり続けているひとつの大きな理由になっていると思われる。(47)

しかし、手形行為の原因行為を売買契約等ではなく、交付合意に求める交付合意論を踏まえるならば、――売買契約等に瑕疵がない場合を含めて――手形の善意取得の適用範囲が争われている大部分の場合に不当利得を理由とする手形返還請求が認められ、善意取得を認める実益はなくなると考えられる。電子記録債権の善意取得についても、同様である。このような観点から、本節においては、手形および電子記録債権の譲渡人が制限行為能力者の場合や譲渡が無権代理の場合等には善意取得は認められず(48)、他方、不当利得に基づく手形返還請求が認められないと考えられる譲渡人が他人になりすました場合には、手形と小切手とを区別する法制度等を理由に善意取得は認められないという見解を展開した。

本節の見解は、交付合意論を前提とするものであるから、直ちに一般的に受け入れられるものでないと思うが、例えば最近の教科書には「無制限説の中には、原因債務が有効に存在している限りで、Xは手形の返還義務を負わないから、Xに善意取得を認める意味があると主張するものがあるが、理解できない。AがXに対して負う債務（既存債務）の支払のために、手形を裏書譲渡したとしよう。この場合、Aが裏書を取り消すというのは、既存債務の支払のために手形を譲渡することを取り消すことである。Aが裏書を取り消せば、Xが既存債務の支払のために手形を所持することの『法律上の原因』はなくなるから、既存債務が有効に存在することはXが手形を所持することの根拠とはなりえない」という叙述がある。(49) この叙述は、必ずしも交付合意論を踏まえたものではないのかもしれないが、「Aが裏書を取り消すというのは、既存債務の支払のために手形を譲渡することを取り消すことである」という点において手形行為とともにその原因行為である交付合意をも取り消していることを意味しているとも考えられないではなく、本節の論理と親近性を有する。

(47)　前田・前掲注(29)四三五頁以下参照。

(48)　下級審判例には、「盗難手形の所持人が手形を取得するについて、経済的な出捐をした事実を証明できない場合には、手形法の趣旨からして、当該所持人は、善意取得の制度によって保護されるべき資格を欠く」と解するものがあり(東京高判平一二・八・一七金判一一〇九号五一頁)、学説においても、手形を無償で取得した場合に善意取得を認めることに懐疑的な口吻を洩らす見解がある(庄子良男『手形抗弁論』一〇六頁以下(信山社、一九九八)参照)。手形を無償で取得した場合に、原権利者に善意取得者に対する不当利得返還請求権を認めるとともに手形債務者に無償取得者に対する人的抗弁(権利濫用の抗弁)を認める(拙著『有価証券と権利の結合法理』一六五頁以下(成文堂、二〇〇二)は、そのように解している。)のであれば、手形の裏書人が制限行為能力者の場合等と同様、善意取得を認める実益はほとんどない。しかし、手形を無償で取得したことは、手形行為自体の瑕疵ではない。したがって、この場合に善意取得を認めないと解することは、手形行為の無因性を崩すものとして理論上妥当であるまい。なお、この場合に原権利者に善意取得者に対する不当利得返還請求権を認めることは、交付合意論をとるときには困難になりそうでもあるが、不可能な解釈ともいえないであろう。

(49)　早川徹『基本講義　手形・小切手法』一五七頁(新世社、二〇〇七)。

第二節　支払と相殺の抗弁

一　はじめに

二〇〇七年に成立した電子記録債権法の立案担当者は、「電子記録債権には、手形についての取引の安全確保のための措置と同様の措置を講じているので、電子記録債権は、大雑把に言えば、ペーパーレスの手形のようなものであるということができる」と述べている。[50]

右の「手形についての取引の安全確保のための措置と同様の措置」として電子記録債権法二〇条一項は、手形法一七条と同様に「発生記録における債務者又は電子記録保証人（以下「電子記録債務者」という。）は、電子記録債権の債権者に当該電子記録債権を譲渡した者に対する人的関係に基づく抗弁をもって当該債権者に対抗することができない。ただし、当該債権者が、当該電子記録債務者を害することを知って当該電子記録債権を取得したときは、この限りでない」と規定して人的抗弁の切断を認めている。他方、手形については、手形法に意思表示の無効および取消しに関する規定が存在しないために民法の意思表示の無効および取消しに関する規定が適用されるか否かが争われているが、電子記録債権法一二条一項は、電子記録債権の発生等について民法の意思表示の無効および取消しに関する規定が適用されることを前提に「電子記録の請求における相手方に対する意思表示についての民法第九十五条第一項又は第九十六条第一項若しくは第二項の規定による取消しは、善意でかつ重大な過失がない第三者（同条第一項の規定による強迫による意思表示の取消しにあっては、取消し後の第三者に限る。）に対抗することができない」と規定して民法の規定を修正している。[51] したがって、電子記録債権法一二条一項は、意思表示の無効または取消しについて電子記録債権法二〇条一項に規定される人的抗弁と区別され、権利外観理論により排除される有効性の抗弁を認めていることとなる。

手形法学上、手形法一七条に規定される狭義の人的抗弁と区別して意思表示の無効および取消し、支払等について権利外観理論により排除される有効性の抗弁を認める見解は、新抗弁理論と呼ばれ、ドイツにおいて判例・通説となっており、[52]わが国の学説上も有力である。[53]もっとも、わが国においては、新抗弁理論に批判的ないしは懐疑的な見解もなお有力であり、[54]判例も、「手形の裏書は、裏書人が手形であることを認識してその裏書人欄に署名または記名捺印した以上、裏書としては有効に成立するのであって、裏書人は、錯誤その他の事情によって手形債務負担の具体的な意思がなかった場合でも、手形の記載内容に応じた償還義務の負担を免れることはできないが、右手形債務負担の意思がないことを知って手形を取得した悪意の取得者に対する関係においては、裏書人は人的抗弁として償還義務の履行を拒むことができるものと解するのが相当」と判示しており、[55]民法九五条を適用すれば取り消されて無効となる手形債務負担の意思の欠缺の抗弁を手形法一七条に規定される狭義の人的抗弁として扱っている。[56]

右のような状況において電子記録債権法が手形法一七条に規定される狭義の人的抗弁に相当する抗弁を認めるとともに、意思表示の無効および取消しについて権利外観理論により排除される有効性の抗弁を認めたことにより、電子記録債権における他の人的抗弁、とりわけ手形法学上かねてから議論のある支払・相殺の抗弁[57]がどのように取り扱われるべきかが問題となる。このような問題意識から、本節においては、手形の受戻のない支払とその交付のない相殺について考察した上で、電子記録債権の支払等記録のない支払と相殺について考察を加えたい。

(50)　始関正光・高橋康文「電子記録債権法の概説（1）」金法一八一〇号六〇頁（二〇〇七）。

（51）　心裡留保または詐欺による取消後の第三者に限って特則を設けたことについては、「①虚偽表示による無効や詐欺による取消前の第三者については、民法の規定上、善意のみを要件としており（同法九四条二項、九六条三項）、これらについても一律に善意・無重過失を要件とすると、規定の文言上は、かえって第三者を保護するための要件が厳しくなってしまうように見えてしまうこと、②強迫による取消前の第三者については、法制審議会電子債権法部会の審議において、民法上、第三者保護規定が設けられていないことを考慮して、電子記録債権法上も第三者保護規定を設けないこととするのが相当とされたことによる」とされる（始関正光・高橋康文「電子記録債権法の概説（1）」金法一八一一号四九頁（二〇〇七））。なお、現行民法においては、詐欺による取消前の第三者が保護される要件は、善意・無過失である（民九六条三項）。

（52）　Vgl. BGH NJW 1973, 282; Baumbach/ Hefermehl/ Casper, a. a. O. (Fn. 35) WG Art. 17 Rdn. 9ff; Bülow, WechselG/ ScheckG/ AGB, 4. Aufl. 2004, WG Art. 17 Rdn. 24ff.

（53）　田邊光・前掲注（33）一六一頁以下（晃洋書房、一九七六）、木内宜彦『特別講義手形法小切手法』九〇頁以下（法学書院、一九八二）参照。

（54）　林竧「最近西ドイツの手形抗弁論の一側面」私法四一号八三頁以下（一九七九）、福瀧博之『教材現代手形法学』一八三頁以下（法律文化社、一九八八）、今泉恵子「手形理論と手形抗弁（三完）」経営と経済七〇巻四号一四三頁以下（一九九一）、川村正幸『手形抗弁の基礎理論』一七三頁以下（弘文堂、一九九四）、小橋一郎『手形法・小切手法』一二五頁以下（成文堂、一九九五）参照。

（55）　前掲注（28）最判昭五四・九・六。

（56）　最判昭二五・二・一〇民集四巻二号二三頁、最判昭二六・一〇・一九民集五巻一一号六一二頁および最判昭二九・三・九裁集民一三号二三頁も、同様の見解をとっている。

（57）　山尾時三『手形法研究』三五頁（岩波書店、一九三五）には、支払の抗弁について「Ladenburg に依って最も見解の分岐する所とせられ、Volkmar-Loewy が尚未解決と看らるべき問題なりとし、且つ多数の独逸学者が、個々の手形抗弁の討究の際に盛に取扱ふものの一である」という記述がある。

二　手形の受戻しのない支払

1　手形の受戻しのない支払の効力

手形の支払については、手形法三九条一項が手形金の二重払をしなければならなくなるという危険を防止するために「為替手形ノ支払人ハ支払ヲ為スニ当リ所持人ニ対シ手形ニ受取ヲ証スル記載ヲ為シテ之ヲ交付スベキコトヲ請求スルコトヲ得」と規定し、同項を同法七七条一項三号が約束手形に準用していることから、まずは手形の受戻しのない支払の効力について検討する。(58)

判例は、「手形債務者カ手形所持人ニ対シ満期日前ニ手形ノ交付ヲ受ケスシテ手形金ノ支払ヲ為スモ其直接ノ当事者間ニ在テハ支払ノ効力ヲ生シ債務ノ消滅スヘキハ勿論ニシテ此点ニ関シテハ毫モ手形債務ト通常債務トノ間ニ何等ノ区別アルコトナシ」(59)、「為替手形ノ引受人ハ主タル債務者トシテ手形金ノ支払ヲ為スヘキ絶対的債務ヲ負担スルモノナルヲ以テ引受人カ手形ノ所持人ニ対シ現実ニ手形金ノ支払ヲ為シ又ハ所持人ヨリ之カ債務ノ免除ヲ受ケタルトキハ手形ニ署名シタル振出人裏書人等ノ債務ハ総テ消滅ニ帰スルモノト云ハサルヘカラス蓋此等ノ者ハ孰レモ引受人ノ手形債務ノ存在ヲ前提トナシ即チ引受人カ手形金ノ支払ヲ為ササル場合ニ初メテ償還義務ニ服スル所謂従タル債務者ニ過キサルモノナレハ主タル債務ノ消滅シタルニ拘ラス従タル債務ノミ残存スル理由ナケレハナリ」(60)、「約束手形の振出人が、当該手形上の債務を弁済したときは、右手形の裏書人の償還債務も消滅する」(61)と述べていることから、手形の受戻しのない支払も有効であり、主たる手形債務者（約束手形の振出人または為替手形の引受人）が手形を受け戻さずに支払った場合、裏書人等のすべての手形債務者の債務は消滅するという立場をとっているといえる。(62)

右のような判例の立場に対しては、明示的または黙示的に手形の受戻しを支払の効力要件ととらえて受戻しのない支払を無効と解する見解が対立する。(63)しかし、学説においても、判例の立場を支持する見解が通説といえ、(64)ドイツにおける通説的見解も、「引受人がその手形債務の弁済として支払った場合、すべての他の手形債務者の債務も消滅する。すべての遡求義務者は、免責される。……古い判決においてライヒ最高裁判所は、証券が破棄されずに受取証書なくして債権者の占有にとどまる場合に支払にもかかわらず手形の形式的性質のために手形債務が消滅しないことを受け入れ、債権者がその形式的権利に基づいて再度の支払を請求する場合に債務者に債権者に対する行使禁止の抗弁のみを容認した。しかし、原因債務の支払と異なって無因債務の支払に弁済効（ドイツ民法三六二条）が与えられないことは、理解しえない。債権者が手形法三九条に反して手形を占有し続ける場合、支払により手形債務の消滅が意図されていないことのしるしではある。しかし、単なる原因債権の担保または消滅としてではなく、手形債務の弁済として支払われたことが確実な場合、手形債務つまり自身と他のすべての手形債務者（手形合同債務）は消滅する」と述べている。(65)

ドイツ民法三六二条は、「負担した給付を債権者に対して実現したときは、債務関係は消滅する」と規定するが、従来わが民法に同様の規定は存在しなかった。しかし、改正民法四七三条は、ドイツ民法三六二条と同様に「債務者が債権者に対して債務の弁済をしたときは、その債務は、消滅する」と規定する。そして、手形の受戻しのない支払も、「負担した給付を債権者に対して実現した」ものにほかならない。他方、主たる手形債務者が手形を受け戻さずに支払った場合にすべての手形債務者の債務が消滅すると解しても、その債務消滅の抗弁を物的抗弁と解さなければ、取引安全は確保されうる。そうだとすると、手形の受戻しのない支払を無効と解すべき理由はなく、手形法三九条一項も、手形の受戻しを支払の効力要件ではなく、引換給付の抗弁として規定していると解するのが文理上自然である。したがって、手形の受戻しのない支払も有効であり、主たる手形債務者が手形を受戻さずに支払った場合、裏書人等のすべての手形債務者の債務は消滅するという通説・判例の立場は支持されてよい。(66)

なお、上のような通説・判例の立場においては、主たる手形債務者ではなく、遡求義務者が手形を受け戻さずに支払った場合、支払った遡求義務者、その後者およびそれらの手形保証人の債務のみが消滅し、手形上の権利は、再遡求権として支払った遡求義務者に移転するが、支払った遡求義務者は、形式的資格がないために再遡求権を行使しえない状況が生ずると解するのが整合的であろう。[67]

2　手形の受戻しのない支払の抗弁

手形の受戻しのない支払を無効と解する見解においては、手形の受戻しのない支払の抗弁を手形法一七条に規定される狭義の人的抗弁と構成するのが通常であるが、[68]手形の受戻しのない支払を有効と解する通説・判例の立場においては、手形の受戻しのない支払の抗弁はどのように構成されるべきであろうか。

上の問題に関する判例の態度は明らかではないが、例えば大判明三九・五・一五民録一二輯七五〇頁については、「手形債務の消滅を人的抗弁と構成していることが推察される」との批評があり、[69]福岡高判昭六一・一二・二五金判七六〇号八頁については、「手形を受戻さないでなされた支払によって手形債務（したがって、償還債務も）は消滅するが、その消滅は手形債務者と支払受領者との間の人的抗弁事由（手一七条）にすぎず、手残り手形の善意の転得者に対しては、抗弁の対抗を許されないするものであると思われる」との批評がある。[70]学説においても、かつては手形の受戻しのない支払の抗弁を手形法一七条に規定される狭義の人的抗弁と構成する見解が通説といわれた。[71]しかし、この見解に対しては、例えば「在来の債権承継説による以上は、手形小切手債権が消滅すれば債権の承継がなく、したがって権利外観説によって善意転得者に債権の原始取得を認めるのでないかぎり、抗弁の承継も切断も説明できない」という批判があり、[72]手形の受戻しのない支払を有効と解する学説の多くは、ドイツの通説的見解に倣い、主たる債務者による手形の受戻しのない支払の抗弁を権利外観理論により善意の取得者または善意かつ無重過失の取得者に対抗しえない有効性の抗弁と構成する。[73]

他方、手形の受戻しのない支払を有効と解しつつも、「手形債務者は、手形を受戻さなかったために、第三者が有効な権利の存在に信頼して新たな手形取得をするという危険を自ら生ぜしめている。したがって、所持人の手元にある手形に信頼して取得する者は、支払の事実を重過失により知らない場合であっても保護されてよい。権利外観理論は、手形が盗取された交付欠缺の場合に、署名者の過失の有無にかかわりなく、保護されるべき取得者に悪意・重過失なきことを要求するのだから、支払の抗弁を右交付契約欠缺の抗弁と同一的に取り扱うことは、利害の衡平から見て、不当に債務者を保護することになる」という見地から、受戻しのない支払の抗弁を手形法一七条の狭義の人的抗弁と構成する見解もある。[74]また、ドイツにおいて原則として有効性の抗弁を認めない旧抗弁理論をとる学説も、「支払人が手形の所持人に対し反対債権をもって相殺し、その後、所持人が手形を譲渡した場合」と「手形が、所持人が直ちに手形を返還することなく和解で手形債権を放棄し、その後、所持人が和解を破棄して手形を譲渡した場合」についての比較ではあるが、[75]「二つの場合、通説によると、単なる悪意だけでなく重過失も、手形の取得者を害する。通説は、容易に理解しえない。支払人に手形の所持人に対し反対債権が他の法的根拠に基づいて帰属するという事実は、まさに第三者—害意の場合を除き—に対抗しえない『直接的関係』の古典的場合である。手形の和解による拘束の場合も、同様に手形法一七条に属する『特別の合意』に関する古典例である。通説は、正当化されない区別に行き着く。債務者が原因債権に対し相殺する場合には、手形の譲渡に手形一七条が適用され、手形債権に対し相殺する場合には、手形法一六条二項が類推適用される。債務者が原因債権について和解する場合には、手形法一七条が適用され、手形債権について和解する場合には、手形法一六条二項が類推適用される。利益状況によりこのような区分は正当化されない」と述べる。[76]

しかし、前述のようにドイツの通説が弁済による手形債務の消滅を認め、弁済の抗弁を有効性の抗弁と構成するのは、「単なる原因債権の担保または消滅としてではなく、手形債務の弁済として支払われたことが確実な場合」に限られており、[77]そのような場合に何らかの原因により手形の受戻しがなされなかったときに手形債務者よりも重過失により支払の事実を知らずに手形を取得した第三者の保護を優先させる必要はない。そして、取得者に重大な過失がある場合にも人的抗弁の切断を認めるのが判例・通説であり[78]、そのように解することが理論的にも[79]、また手形法一七条の文理からも妥当である。そうだとすると、主たる債務者による手形の受戻しのない支払の抗弁は、権利外観理論により善意かつ無重過失の取得者に対抗しえない抗弁（有効性の抗弁）と構成するのが妥当であろう[80]。

右のような立場をとる場合には、権利外観理論の実定法上の根拠をどこに求めるかが問題となる。この点、善意取得に関する手形法一六条二項に求める立場[81]、白地手形に関する手形法一〇条に求める立場[82]、手形法一〇条および同一六条二項に求める立場[83]、人的抗弁の切断に関する手形法一七条および同一六条二項に求める立場[84]が並立するが、わが国内法の解釈としては、手形の受戻しのない支払と同様に権利の存在に関わり、第三者の主観的保護要件が善意かつ無重過失とされている手形法一〇条を類推適用するのが妥当であろう[85]。また、右のような立場をとる場合には、手形が受け戻されずに支払われた場合に権利外観理論を適用するための有責性を何に求めるかも問題となる。学説においては、一般に支払時に手形を受け戻さなかったことに求められているようであるが[86]、権利外観が作出されたのは、手形の支払時ではなく、手形行為時であり、支払時までは権利自体が存在するためにその外観を問題にする必要がなかったにすぎないともいえる。換言すれば、この場合の権利外観は、手形行為時に権利とともに作出されたものが支払時に権利とともには消滅せずに残存し続けているものとも考えられる。そうだとすると、この場合に権利外観理論を適用するための有責性については、手形に署名していることまたはさらに意思に基づいてその占有を移転していることに求める余地もないではない[87]。

ところで、通説・判例の立場によると、主たる手形債務者が手形を受け戻さずに支払った場合、遡求義務者の債務も消滅するが、この場合の遡求義務者に対しては、支払時に手形を受け戻さなかったことに関与していないことから、権利外観理論を適用するための有責性は認められないと解する見解がある[88]。他方、この場合の遡求義務者に対し権利外観理論を適用するための有責性を認めることについて問題があることを理由のひとつとして、手形の受戻しのない支払を有効と解する通説・判例に反対する見解もある[89]。たしかにこの場合の遡求義務者の利益と支払の事実について善意かつ無重過失の手形取得者の利益とを衡量すれば、取引安全の見地から後者の利益を優先すべきであろう。しかし、前述のように手形の受戻しのない支払も、「負担した給付を債権者に対して実現した」ものにほかならず、これを無効と解することは困難である。そうだとすると、手形が受け戻されずに支払われた場合に権利外観理論を適用するための有責性については、支払時に手形を受け戻さなかったことではなく、手形に署名していることまたはさらに意思に基づいてその占有を移転していることに求め、この場合の遡求義務者についても、支払の事実について善意かつ無重過失の手形取得者に対し権利外観理論による責任を認めるのが妥当ではあるまいか[90]。

なお、前述のように遡求義務者が手形を受け戻さずに支払った場合、支払った遡求義務者、その後者およびそれらの手形保証人の債務のみが消滅し、手形上の権利は、再遡求権として支払った遡求義務者に移転するが、支払った遡求義務者は、形式的資格がないために再遡求権を行使しえない状況が生ずると解される。この場合の手形の受戻しのない支払の抗弁については、支払った遡求義務者、その後者およびそれらの手形保証人のものは、主たる債務者による手形の受戻しのない支払の抗弁と同様、権利外観理論により善意かつ無重過失の取得者に対抗しえない抗弁（有効性の抗弁）と構成されるべきであるが[91]、依然として手形債務を負い続けている主たる債務者、支払った遡求義務者の前者およびそれらの手形保証人のものは、善意取得（手一六条・七七条一項一号）により善意かつ無重過失の取得者に対抗しえない抗弁（無権利の抗弁）と構成することとなろう[92]。

3　支払済みの手形について遡求義務を履行した者の再遡求権の取得

前述のように支払い済みの手形を裏書により取得した者は、善意・無重過失の場合には権利外観理論または善意取得により手形上の権利を取得しうると解すべきであるが、支払済みの手形について遡求義務を履行した者は、再遡求権を取得しうるであろうか。

右の問題について判示した最高裁判決はまだないが、岡山地判昭四四・一〇・一七判時五九三号九一頁は、「一般に、支払またはこれに準ずる債務免除等を内容とする和解の成立により手形上の債権が消滅したが債務者が手形の返還を受けない間に遡求義務者に対し遡求されその遡求義務者が再遡求をなす場合に、原則としては再遡求義務者は遡求義務者に対し被遡求者において生じた和解による手形上の債権の消滅を主張しえないけれども、例外として、遡求義務者に手形法七七条、四〇条三項所定の悪意または重過失に準ずる事情があるときに限りこれを主張しうると解するを相当とする。なぜなら、法律上の義務者として遡求に応じなければならないという遡求義務者の立場は十分斟酌されるべきであるが、さりとて悪意、重過失がある場合にまでこれを保護することは、かえって公平の観念に反するというべきであり、遡求義務者と支払人との立場の類似性にかんがみ、その利害の調整は支払に関する手形法七七条、四〇条三項を類推適用し、これにその基準を求めるのが相当であるからである。そして右悪意重過失の主張、挙証責任は再遡求義務者が負担すると解すべきである」と判示し、京都地判昭四五・五・一判時六〇七号八四頁は、「約束手形の振出人が、手形を受戻さないで、所持人に対し手形金の支払をした場合（現実の支払でなく、代物弁済、相殺、所持人による免除の場合も同じ）、その後に、裏書人が、所持人に対し遡求金額を支払って、手形を受戻したとき、遡求義務者は手形法上挙証責任負担の下に支払を強制される地位にあるから、手形法第四〇条第三項を準用し、右裏書人は、手形法第四〇条第三項にいう『悪意又は重大なる過失』のないかぎり、振出人に対し再遡求金額を請求しうる、と解するのが相当である」と判示する。

遡求義務者の再遡求権の取得の法律構成については、裏書により裏書人の権利が失われないと解するか、権利が遡求を解除条件として移転すると解する権利復活説と権利を債権譲渡により再び取得すると解する権利再取得説との対立があるが、現在の多数説は、権利復活説の技巧的な法律構成を嫌い、権利再取得説をとっており、妥当であろう。[93]権利再取得説による場合には、支払済みの手形について遡求義務を履行した者は、支払い済みの手形を裏書により取得した者と同様、善意・無重過失の場合には権利外観理論により主たる債務者、遡求義務者の前者およびそれらの手形保証人に対する再遡求権を取得しうると解するのが妥当である。[94]ただし、前掲京都地判昭四五・五・一が述べるように「遡求義務者は手形法上挙証責任負担の下に支払を強制される地位にある」ことを考慮すると、ここでの善意・無重過失は、通常の意味ではなく、手形法四〇条三項の善意・無重過失[95]と同様に解される必要がある。[96]右の二つの下級審判例は、支払者の免責を規定する手形法四〇条三項を権利取得の面に準用ないし類推適用したことについて疑問が呈されているが、[97]実質的には権利外観理論を適用した上で善意・無重過失の意義について同項の解釈を及ぼしたものと考えられ、妥当なものと考える。[98]

(58)　以下の考察においては、受け戻されずに支払われた手形に支払受領の記載もないことを前提とする。なお、手形金の一部支払をする者は、手形上の支払受領の記載および受取証書の交付を請求しうるが（手三九条三項・七七条一項三号）、手形金の一部支払における手形上の支払受領の記載は、手形金の全部支払における手形の受戻しに相当するものと解される。したがって、以下の考察は、手形上の支払受領の記載のない手形金の一部支払において支払われた金額についても妥当する。

(59)　大判明三九・五・一五民録一二輯七五〇頁。

(60)　大判大一一・一一・二五民集一巻六七四頁。

(61)　最判昭四三・一二・六判時五四五号七九頁。

(62)　この立場をとる下級審判例として、京都地判昭四五・五・一判時六〇七号八四頁、福岡高判昭六一・一二・二五金判七六〇号八頁参照。

(63)　田中誠二『手形小切手法詳論下巻』六〇四頁以下（勁草書房、一九六八）、高窪利一『手形・小切手法通論（全訂版）』

二四一頁以下（三峯書房、一九八二）、菱田政宏『手形小切手法』二五一頁以下（中央経済社、一九八五）、塚本和彦「手形の受戻のない支払の効力に関する一考察」関学三七巻四号八五一頁以下（一九八六）、鈴木竹雄・前田庸『手形法・小切手法（新版）』三〇八頁以下（有斐閣、一九九二）参照。なお、平出慶道『手形法小切手法』二五五頁以下（有斐閣、一九九〇）は、創造説の立場から手形の抹消を手形債権の消滅要件と解する。

(64) 山尾・前掲注（57）五三頁以下、伊澤孝平『手形法・小切手法』五八頁（有斐閣、一九五二）、竹田省『手形法・小切手法』一四六頁（有斐閣、一九五五）、河本一郎「手形法における悪意の抗弁」民商三六巻四号五三五頁以下（一九五八）、大隅・河本・前掲注（15）三一〇頁、木内宜彦『手形法小切手法（企業法学Ⅲ）第二版』二六〇頁以下（勁草書房、一九八二）、長谷川雄一『手形抗弁の研究』四八四頁（成文堂、一九八四）、田中昭「約束手形の振出人が手形を受戻さないで支払った場合の法律関係」本間輝雄＝山口幸五郎先生還暦記念『企業法判例の展開』三八四頁以下（法律文化社、一九八九）、川村・前掲注（54）一九六頁、丸山秀平『手形法小切手法概論（第二版）』一九〇頁以下（中央経済社、二〇〇一）、田邊光政『最新手形法小切手法（五訂版）』一九一頁以下（中央経済社、二〇〇七）、福瀧・前掲注（16）三四七頁、大塚龍児ほか『商法Ⅲ―手形・小切手（第五版）』二二五頁〔林竧〕（有斐閣、二〇一八）参照。なお、前田・前掲注（29）五一二頁は、創造説の立場から、手形の受戻しのない支払も有効であるが、手形の主たる債務者が手形を受け戻さずに支払った場合、手形上の権利が主たる債務者に移転するという立場をとっている。

(65) Baumbach/ Hefermehl/ Casper, a. a. O. (Fn. 35) WG Art. 17 Rdn. 61. Vgl. Bülow, a. a. O. (Fn. 52) WG Art. 17 Rdn. 53. ドイツの学説の詳細については、山尾・前掲注（57）三五頁以下参照。

(66) ほぼ同旨、田中昭・前掲注（64）三九三頁以下参照。

(67) 山尾・前掲注（57）六六頁以下、竹田・前掲注（64）一七六頁、河本一郎「手形抗弁」鈴木竹雄・大隅健一郎編『手形法・小切手法講座第三巻』一八六頁以下（有斐閣、一九六五）、大隅・河本・前掲注（15）三五二頁、田邊光・前掲注（64）一九三頁以下参照。Vgl. Baumbach/Hefermehl/ Casper, a. a. O. (Fn. 35) WG Art. 17 Rdn. 63; Bülow, a. a. O. (Fn. 65) WG Art. 17 Rdn. 53.

(68)　田中誠・前掲注（63）六〇四頁、高窪・前掲注（63）二四二頁、菱田・前掲注（63）二五二頁以下、塚本・前掲注（63）八五二頁以下、平出・前掲注（85）二五五頁以下、鈴木・前田・前掲注（85）三〇八頁以下参照。これらの見解においては、――理論構成は一様ではないが――主たる債務者が手形を受戻さずに支払った場合、すべての手形債務者は、支払を受けた者に対し抗弁を対抗できると解するものが有力である（高窪・前掲注（63）三七八頁、菱田・前掲注（63）二五三頁、塚本・前掲注（63）八五七頁以下、平出・前掲注（63）二五六頁参照）。なお、手形法一七条に規定される人的抗弁の切断は、期限後裏書については認められないが（手二〇条一項）、鈴木・前田・前掲注（63）三〇九頁注（一六）は、手形の受戻しのない支払の抗弁の切断を期限後裏書を受けた被裏書人に対しても認めている。しかし、期限後裏書を受けた被裏書人については、善意取得すら認められないのであるから（手二〇条一項）、そのように解することは妥当でないと考える。

(69)　田中昭・前掲注（64）三九六頁注（6）。

(70)　田中昭・前掲注（64）三八六頁以下。

(71)　河本・前掲注（64）五三九頁注（10）参照。明確にこの見解をとるものとして、伊澤孝・前掲注（64）五八頁参照。

(72)　高窪・前掲注（63）二四二頁。

(73)　竹田・前掲注（64）一四六頁以下、河本・前掲注（64）五三七頁、木内・前掲注（64）二六〇頁以下、丸山・前掲注（64）一九一頁、田邊光・前掲注（64）一九二頁以下、福瀧・前掲注（16）三四七頁以下、大塚ほか・前掲注（64）二一五頁〔林〕。Vgl. Baumbach/ Hefermehl/ Casper, a. a. O. (Fn. 35) WG Art. 17 Rdn. 61f; Bülow, a. a. O. (Fn. 52) WG Art. 17 Rdn. 53. 田邊光・前掲注（64）一九二頁以下および大塚ほか・前掲注（64）二一五頁〔林〕は、この場合に保護される取得者に無重過失を要すると解するのに対し、河本・前掲注（64）五三七頁は、この場合に「回収すべきものを回収しなかったという債務者側の事情を考慮して、ここでも取得者に重過失があってもこれを保護することになる」と述べる。同旨、田中昭・前掲注（64）三九四頁以下参照。他の見解は、取得者に重過失がある場合について触れていない。

(74)　川村・前掲注（54）一九六頁以下。

(75)　この二つの場合は、後発的な債務の消滅という点で手形の受戻しのない支払の場合と異ならず、その抗弁も、手形の受戻しのない支払の抗弁と同様の理論構成となる。

(76) Huber, Einwendungen des Bezogenen gegen Wechsel, Festscrift für Werner Flume zum 70. Geburstag, Bd. 2, 1978, S. 124f.

(77) Baumbach/Hefermehl/Casper, a. a. O. (Fn. 35) WG Art. 17 Rdn. 61.

(78) 最判昭三五・一〇・二五民集一四巻一二号二七二〇頁、大隅・河本・前掲注（15）二二五頁以下参照。

(79) 例えば約束手形の受取人から裏書を受けようとする者に対し手形振出の原因関係上の債務の存否、有効無効等に関する調査義務を課すことの不当性は明らかであろう。

(80) この抗弁は、期限後裏書を受けた被裏書人に対してはその者が善意・無重過失であっても対抗しうるものと解される（手二〇条一項。前掲注（62）京都地判昭四五・五・一、木内・前掲注（64）二六〇頁以下、田邊光・前掲注（64）一九三頁参照。Vgl. Baumbach/Hefermehl/ Casper, a. a. O. (Fn. 35) WG Art. 17 Rdn. 62; Bülow, a. a. O. (Fn. 52) WG Art. 17 Rdn. 53)。

(81) 納富義光『手形法に於ける基本理論』五四六頁以下（有斐閣、一九四〇）、伊澤孝・前掲注（64）一三四頁、今井宏「手形行為と手形の交付」鈴木竹雄・大隅健一郎編『手形法・小切手法講座第1巻』一二三頁以下（有斐閣、一九六四）、鴻常夫ほか編『演習商法（手形・小切手）〔新演習法律学講座11〕』九三頁〔喜多了祐〕（青林書院新社、一九八四）。Henrichs, Der Schutz des gutgläubigen Wechselerwerbers nach dem einheitlichen Wechselgesetz der Genfer Verträge unter besonderer Berücksichtigung der Rechtsentwicklung in den Vertragsstaaten, 1962, 209ff..

(82) 田邊光・前掲注（64）七一頁以下、大塚龍児「判批」矢沢惇ほか編『商法の判例（第三版）』一四六頁以下（有斐閣、一九七七）。

(83) 吉川義春「交付欠缺の抗弁——裁判実務からみた手形法の基礎理論——」判タ二九九号一四頁（一九七三）。Hueck/ Canaris, a. a. O. (Fn. 4) § 9 I 3b, II 4; Zöllner, Wertpapierrecht, 14. Aufl. 1987, § 14 VI 2, § 21 IV 2; Baumbach/ Hefermehl/ Casper, a. a. O. (Fn. 35) WG Art. 17 Rdn. 9f..

(84)　川村・前掲注（54）一八三頁以下。Jacobi, Wechsel-und Scheckrecht, 1955, S. 119ff..

(85)　このような解釈に対しては、「第一に、手形法一〇条は白地補充権の濫用に関して、一七条に対する特則をなす規定だからである。第二に、ジュネーブ統一手形法条約の中では、一〇条は留保事項に該当し、同条を国内立法化していない国々も多く、国際的統一法としての手形法の解釈論上極めて重要であり、かつ、広範囲な展開が考えられる交付欠缺の抗弁制限の実定法上の根拠をこの一〇条に求めることは不適切」だという批判もある（川村正幸『手形・小切手法（第四版）』五六頁以下（新世社、二〇一八））。しかし、第一の点については、そうだからといって類推の基礎を欠くとまでは言い切れないであろうし、第二の点については、手形法も国内法である以上、まずは国内法としての手形法において最も妥当な実定法上の根拠を求めるのが筋であろう。

(86)　河本・前掲注（64）五三七頁、田邊光・前掲注（64）一九三頁参照。

(87)　このような理解は、塚本・前掲注（63）八六七頁注（31）の示唆による。ドイツの学説も、手形の受戻しのない支払を有効なものと解しつつ、手形を受け戻さなかったことに関与していない遡求義務者の爾後の善意の取得者に対する責任を認めていることから、同様の理解に立っているように思われる。

(88)　田邊光・前掲注（64）一九三頁参照。

(89)　塚本・前掲注（63）八六二頁参照。

(90)　Vgl. Baumbach/ Hefermehl/ Casper, a. a. O. (Fn. 35) WG Art. 17 Rdn. 61f; Bülow, a. a. O. (Fn. 52) WG Art. 17 Rdn. 53.

(91)　Vgl. Baumbach/ Hefermehl/ Casper, a. a. O. (Fn. 35) WG Art. 17 Rdn. 63; Bülow, a. a. O. (Fn. 52) WG Art. 17 Rdn. 53.

(92)　山尾・前掲注（57）七三頁、河本・前掲注（67）一八六頁、田邊光・前掲注（64）一九三頁以下参照。なお、有効性の抗弁も無権利の抗弁も、期限後裏書を受けた被裏書人に対しては、その者が善意・無重過失であっても対抗しうるものと解される（手二〇条一項）。

(93)　権利復活説の法律構成について裏書により裏書人の権利が失われないと解することは、裏書人も被裏書人も権利者であることとなって理論的に不当であり、また、裏書により権利が遡求を解除条件として移転すると解することは、実態に反しよう（鈴木・前田・前掲注（29）二四八頁注（四）参照）。遡求義務者の再遡求権の取得の法律構成の詳細については、伊沢和平「手形の遡求における償還者の地位（一）」法協九四巻五号六〇七頁以下（一九七七）、同「手形の遡求における償還者の地位（二・完）」法協九五巻一〇号一六〇九頁以下（一九七八）参照。なお、林竧「手形の再取得と人的抗弁――償還による受戻の場合を中心として――」北法三六巻一・二合併号五〇八頁（一九八五）は、「受戻の場合における抗弁の対抗の視点からみた場合における、現在までのドイツの学説の動向は、裏書の効力の側面においては、債権譲渡を否定する権利回復説（条件説を含む）から債権譲渡説への展開、手形理論――抗弁切断の法律上の根拠を説明する理論――の側面においては、いわゆる申込説（Offertentheorie）から権利外観説への展開、受戻による権利取得の法律構成の側面においては、権利の『回復』から権利の『再取得』への展開の過程であると要約することができよう」と述べている。

（94）　Zöllner, a. a. O. (Fn. 4) § 17 IV 2は、「手形の逆流が本来的意味における『取引行為』ではありえない場合であっても、証券および裏書連続と結合する権利外観との関係で善意の手形当事者の保護の根拠は存在する。権利移転の自動性は、包括承継のように簡略化目的または完全化目的に奉仕するのではなく、支払う遡求義務者の保護に奉仕するのであるから、手形の再取得が自動的に生じるために譲渡行為の対象でないことは、取引保護の原則の介入に対立しない。このことは、その不利益になることを許さない」と述べる。

（95）　手形法四〇条三項の悪意とは、単に知っているだけではなく、容易に証明をして支払を拒みうるにもかかわず故意に支払を拒まないことを意味し、重過失とは、容易に証明をして支払を拒みうるにもかかわらずこれを拒まなかったことにつき重過失があることを意味するものと解されている（最判昭四四・九・一二判時五七二号六九頁等参照）。訴訟になった場合、手形においては、手形法一六条一項により裏書の連続する手形の所持人は、適法の所持人と推定され、債務者は、所持人の悪意を証明しないかぎり敗訴せざるをえないことを考慮するためである。

（96）　竹田・前掲注（64）五一頁以下参照。Vgl. Hueck/Canaris, a. a. O. (Fn. 4), § 12 IV 4. なお、この場合には、支払呈示期間経過後に遡求義務を履行した者についても、保護を認めるべきであろう。

（97）　倉沢康一郎「判批」金判二一九号二頁以下（一九七〇）、長谷川・前掲注（64）四九六頁以下、林・前掲注（93）五〇五頁、塚本・前掲注（63）八六九頁、川村・前掲注（54）二三〇頁参照。

（98）学説の多数も、その結論については概ね是認している（倉沢・前掲注（97）四頁、大隅・河本・前掲注（15）三五一頁、伊沢和・前掲注（93）法協九五巻一〇号一六二二頁注（28）、木内・前掲注（64）二七五頁、田中昭・前掲注（64）三九五頁、川村・前掲注（54）二二二頁以下、田邊光・前掲注（64）二一〇九頁以下参照）。なお、林・前掲注（93）五〇五頁以下は、通知を怠った連帯債務者の求償の制限について規定する民法四四三条二項の類推適用により支払済みの手形について善意で遡求義務を履行した者の再遡求権取得を認めるが、善意の意義について手形法四〇条三項の解釈を及ぼしうるかは疑問であろう。

三　手形の交付のない相殺

1　前　説

相殺は、当事者の一方から相手方に対する意思表示によってなされることから（民五〇六条一項）、手形の受戻しのない支払を有効と解する場合には、手形の交付のない相殺も有効と解することが理論的に自然であろう。しかし、大判大七・一〇・二民録二四輯一九四七頁は、手形債権者が手形債権を自働債権としてする相殺について手形の交付がなければ原則として無効と解しており、この理論は、同判決をリーディング・ケースとして判例上確立していると評される。[99]もっとも、手形債務者がその債権を自働債権とし、手形債権を受働債権としてする相殺については、手形の交付がなくても有効と解するのが多数説である。[100]そこで、ここでは、手形債務者が手形債権を受働債権としてする相殺と手形債権者が手形債権を自働債権としてする相殺とに分け、手形の交付のない相殺について考察する。[101]

2　手形債権を受働債権としてする手形の交付のない相殺

前述のように手形債務者がその債権を自働債権とし、手形債権を受働債権としてする相殺については、支払の場合と同様、手形の交付を受けなくても有効と解するのが多数説である。ただし、手形においては、所持人は、満期前に支払を受けることを要しないから（手四〇条一項・七七条一項三号）、上の理解が妥当するのは、満期後の相殺に限られる。多数説によると、主たる手形債務者が満期後に手形の交付を受けずにその債権を自働債権とし、手形債権を受働債権として相殺した場合、手形の主たる債務者の債権と裏書人等のすべての手形債務者の債務は消滅することとなる（民五〇五条一項）。また、主たる債務者ではなく、遡求義務者が満期後に手形の交付を受けずにその債権を自働債権とし、手形債権を受働債権として相殺した場合、相殺した遡求義務者、その後者およびそれらの手形保証人の債務のみが消滅し、手形上の権利は、再遡求権として相殺した遡求義務者に移転するが、相殺した遡求義務者は、形式的資格がないために再遡求権を行使しえない状況が生ずることとなろう。

多数説に対しては、「満期に相殺がなされて主たる義務者の手形債務が消滅した後、交付されなかった手形証券を拒絶証書作成期間経過前に善意で取得する者の保護をどうする気なのか。この場合、証券の受戻しがなされなかったことについて、手形債務者の帰責原因を問うことができない。証券の返還を求めたに関わらず、交付されなかったからである」という批判がある。[102] しかし、この場合において手形債務者に権利外観理論を適用するための有責性を手形に署名していることまたはさらに意思に基づいてその占有を移転していることに求める私見によると、「証券の返還を求めたに関わらず、交付されなかった」ことは権利外観理論を適用する要件とはならないから、「交付されなかった手形証券を拒絶証書作成期間経過前に善意で取得する者の保護」について問題は生じないであろう。

以上のことから、手形債務者がその債権を自働債権とし、手形債権を受働債権としてする相殺については、手形の交付がなくても有効と解すべきであり、その相殺の抗弁については、一2に述べた手形の受戻しのない支払の抗弁に関する理解がほぼ妥当すると考える。すなわち、主たる債務者による手形の交付のない相殺の抗弁については、主たる債務者のみならず遡求義務者のものも含めて権利外観理論により善意かつ無重過失の取得者に対抗しえない抗弁（有効性の抗弁）と構成され、また、遡求義務者による手形の交付のない相殺の抗弁については、相殺した遡求義務者、その後者およびそれらの手形保証人のものは、権利外観理論により善意かつ無重過失の取得者に対抗しえない抗弁（有効性の抗弁）と構成されるべきであるが[103]、依然として手形債務を負い続けている主たる債務者、相殺した遡求義務者の前者およびそれらの手形保証人のものは、善意取得（手一六条・七七条一項一号）により善意かつ無重過失の取得者に対抗しえない抗弁（無権利の抗弁）と構成される。

以上の点については、契約による手形債権の相殺にも妥当すると考えられる[104]。

3　手形債権を自働債権としてする手形の受戻しのない相殺

a　原　則

前掲大判大七・一〇・二において手形債権者が手形債権を自働債権としてする相殺について手形の交付がなければ原則として無効とされる理由は、「相殺ノ場合ニ於テモ手形債務ノ消滅スルコトハ支払ノ場合ニ於ケルト同一ナレハ手形債権者ノ単純ナル意思表示ノミニ依リテ相殺ノ効力ヲ生スルモノトセンカ手形債務者ハ相殺ヲ主張スル者カ果シテ手形債権者ナリヤ否ヤヲ明ニスルコトヲ得サルノミナラス二重払ノ危険アルコトハ支払ノ場合ニ於ケルト毫モ軒軽ナキモノナレハナリ」というものである。これは、手形の支払と同様の受戻証券性を理由とするものといえるが、支払については、前述のように手形の受戻しのない支払も有効であり、主たる手形債務者が手形を受戻さずに支払った場合、裏書人等のすべての手形債務者の債務は消滅すると解するのが通説・判例であることから、この判決の理由づけには、違和感を感じないではない[105]。この判決を踏襲する判例は多数あるが、例えば大阪地判昭三三・四・一一高民一一巻九号五七二頁は、「手形の交付の必要性は（イ）手形債務者に二重払の危険をさけさせるためと（ロ）手形債務者が遡求義務者の場合再遡求権行使に必要なために基く」と述べており、ここでは手形の支払における受戻証券性は触れられていない。

学説においては、相殺が本来意思表示のみによってなされることを考慮して手形債権者が手形債権を自働債権としてする相殺について手形の交付を相殺の効力発生要件と解することに反対しつつも、手形の交付を手形債務の抗弁と解し、自働債権に抗弁が附着している場合には相殺が認められないことから、[106]手形債権者は手形を交付しなければ手形債権を自働債権として相殺しえないと解する見解も有力である。[107]しかし、自働債権に抗弁が附着していないことは、相殺の効力発生要件ともいえるから、この見解と手形の交付を相殺の効力発生要件と解する見解とに大差はないであろう。[108]

河本一郎教授は、「手形債権を自働債権とする相殺と手形交付の要否」という論文の本文において「手形の交付がない以上相殺は無効だとすると、手形債権、反対債権共に有効に存在する。しかしこの場合にも手形が第三者に譲渡されると、反対債権存在の抗弁は切断されるか（呈示期間経過前の譲渡の場合）、あるいは切断されないまでも（呈示期間経過後の譲渡場合）、期限後裏書なることの立証責任を負担せしめられて、やはり債務者は支払を強いられる危険を負担するのである。要するに手形債務者が、もとの所持人に対してなら支払わなくてもよい手形債務を、第三取得者に対しては支払わなければならないという危険についていうならば、手形の交付が相殺の効力発生要件だといおうがいうまいが同じことだと思うのである。ただ違う点といえば、第三取得者に対する手形債務者の主張の内容が、一方ではすでに相殺によって手形債務が消滅したということになるに対し、他方ではこれから相殺するということになるの差にすぎない。それと、何れの場合にも手形債務者はもとの所持人に対して求償できるが、これが反対債権を行使することになるか（交付なしには相殺は効力を生じないとした場合）、あるいは不法行為による損害賠償請求権を行使することになるか（交付なしにも相殺は効力を生ずるとした場合）、の点で差を生ずるのみである」と述べつつも、[109]その補記において「相殺の効力発生に手形の交付を要しないとの立場に立った場合、相殺の意思表示がなされると、債務者は手形の返還を請求し得る。しかし相手が返還しない場合に、直ちに手形金相当額の損害賠償を請求し得るかは疑問である。けだし債務者側の損害は、債務者が手形の第三取得者に対し支払を強いられ、現実に支払がなされて初めて発生するものであるからである。これに反し手形の交付を要するとの立場に立てば、手形が第三者に譲渡されれば、手形債務者は、もとの所持人に対する反対債権を直ちに行使することができる。この点で手形の交付を要求するとしないとでは、実質的な差を生ずる。ことに、相手方に資力悪化の傾向があるときは、直ちに権利が行使できるのと、できないのとでは、前者のほうが手形債務者にとって有利なことはいうまでもない」と述べ、[110]「手形債権を自働債権とする相殺には手形の交付が必要であるとの立場に賛成しておくのが適当であろう」との結論に至っている。[111]

手形債権者が手形債権を自働債権としてする相殺する場合、手形債務者は、関与しない事実により手形債務を免れるとともに反対債権を確定的に喪失する。この場合に手形債務者を善意の第三者への手形の譲渡による手形債務の再発生の危険に晒すときは、手形債務者にその後の手形債権者に対する不法行為による損害賠償請求権の行使により回復されない損害をもたらす可能性がある。そうだとすると、この場合には、手形債務者を手形債務の再発生の危険から防衛する必要があり、手形債権者が手形債権を自働債権としてする相殺については、原則として手形の交付を要すると解するほかはないと考えられる。[112]他方、手形債権者が手形債権を自働債権として相殺したのが支払呈示期間経過後である場合には、その後の手形債権者から善意の第三者への譲渡は期限後裏書となり、手形債務は再発生しないから（手二〇条一項但書・七七条一項四号参照）、手形の受戻しがなくても、相殺は有効と解されるようにも思われる。しかし、「期限後裏書のときもその譲渡が期限後裏書であること及び相殺により債務が消滅していることの立証の困難さから事実上二重払を強いられる危険がある」という正当な指摘もあることから、[113]手形債権者が手形債権を自働債権としてする相殺については、支払呈示期間経過後の相殺の場合も含めて原則として手形の交付を要すると解しておきたい。[114]なお、前掲大阪地判昭三三・四・一一が挙げる「手形債務者が遡及義務者の場合再遡及権行使に必要」という理由づけについては、河本一郎教授が述べるように「遡求義務を自働債権とする相殺の効力発生に手形の交付を要件として要求してみたところで、当該遡求義務者の前者に対する求償が可能になるわけではなく、前者の資力のある間に再遡求し得るようにしようとすれば、自ら反対債権を自働債権として相殺し……、手形の引渡しを請求するほかない。このように考えると遡求義務者の前者への再遡求の可能性に関しては、相殺の効力発生に手形の交付が必要だとするのと必要でないとするのとで、結果的には何ら差が生じない」ことから、[115]妥当でないと考える。

手形債権者が手形を交付せずに手形債権を自働債権として相殺する意思表示をした場合、原則としてその相殺は無効であり、また、「単なる相殺適状は、債務者に抗弁を与えない」。[116]したがって、手形を交付せずに手形債権を自働債権として相殺する意思表示をした手形債権者が手形を裏書した場合には、手形債務者は、反対債権を失わないが、被裏書人である所持人がその事実を知っていたときでも原則としてその事実を所持人に対抗することはできないと解される。

b　例　外

例外の典型的な場合として、以下の場合を挙げることができる。

(ア) 手形債務者の承諾がある場合

前掲大判大七・一〇・二は、「手形債権者カ手形債権ニ付相殺ヲ主張セントスルニハ法律上特別ノ規定ナシト雖モ前掲ノ法理ヨリ推究スルトキハ手形債務者ノ承諾ナキ以上ハ手形債権者カ手形ヲ交付シテ相殺ノ意思表示ヲ為スニアラサレハ其効力ヲ生セサルモノト解セサルヘカラス」と述べており、手形債務者の承諾がある場合には、手形債権者が手形債権を自働債権としてする相殺についても、手形の交付を要しないと解される。[117] なお、この場合の相殺の抗弁については、(二)に述べたことが妥当する。

昭和三〇年代前半の金融機関には顧客との間で抽象的一般的に呈示または交付をしないで手形債権につき相殺をなすことを認める合意をとっており、当時の下級審判例にはそのような合意を無効と解するものがある。[118] しかし、昭和三七年に作成された銀行取引約定書ひな型には「貴行が手形上の債権によって……差引計算をされるときは、次の各場合(「貴行において私の所在が明らかでないとき」(一号)、「私が手形の支払場所を貴行にしているとき」(二号)、「手形の送付が困難と認められるとき」(三号)、「取立その他の理由によって呈示、交付の省略がやむをえないと認められるとき」(四号))にかぎり、手形の呈示または交付を要しません」という規定があり、銀行取引約定書ひな型廃止後の現在の各銀行取引約定書にもほぼ同様の内容が規定されている。少なくともこのような規定の下でなされる相殺については、手形の呈示および交付を要しないと解してよいであろう。[119]

(イ)手形債務者が交付の受領を拒否する場合等

手形債権を自働債権として相殺するために手形を交付しようとしても、手形債務者がその受領を拒み、またはこれを受領することができない場合には、手形債権者は、手形を供託し、手形債権を相殺してその債務を免れうると解すべきである。手形債務者が不明な場合も、同様であろう(以上につき民四九四条参照)。[120]

(ウ)手形債権の一部を相殺する場合

手形債権の一部を自働債権として相殺する場合、手形債権者は、残額について権利を行使するために手形を必要とするから、手形の交付を要しないと解される。[121]

ところで、手形金の一部支払をする者は、手形上の支払受領の記載および受取証書の交付を請求しうる(手三九条三項・七七条一項三号）。手形金の一部支払における手形上の支払受領の記載は、手形金の全部支払における手形の受戻しに相当するものといえよう。そうだとすると、手形債権者が手形債権の一部を自働債権としてする相殺については、手形上の支払受領の記載と手形債務者によるその確認（手形の呈示）を要すると解すべきである。これに対し、判例は、上の場合に手形の呈示のみを要すると解しているが[122]、重要なのは手形上の受領の記載であり、「呈示するだけでよいのならば、呈示に対し債務者が一部消滅の記載を要求したが、それに応ぜず、所持人がそのまま持ち帰っ」た場合を考慮すると、妥当でない[123]。

手形上に受領の記載をせずに手形債権の一部を自働債権として相殺する意思表示をした手形債権者が手形を裏書した場合には、手形債務者は、被裏書人である所持人がその事実を知っていたときでも原則としてその事実を所持人に対抗することはできないと解される。

（エ）訴訟上の相殺の場合

訴訟において手形債権者が手形債権を自働債権としてする相殺について手形の交付を要するか否かは、訴訟上の相殺の性質論とも絡んで争いがある。

右の問題を積極に解する判例もあるが[124]、多数の判例は、右の問題を消極に解しており[125]、例えば東京地判昭四二・四・二五下民一八巻三・四号四二八頁は、「かかる場合における手形の呈示、交付の要否については、手形債権による訴訟上の相殺の場合手形の呈示、交付を要するとすると、予備的に相殺の抗弁を提出したところが、審理の結果受働債権の不存在が確定され相殺が不要だった場合、任意に手形の返還を受けえないときは手形債権者は不測の損害を蒙ることとなる。これに対し、手形の呈示、交付を要しないとしても、判決の確定前には相殺の効力は確定的に生じないため、手形債務者は一部支払の記載を求めることも遡求をすることもできないので利益を害されるおそれはなく、また、判決書により相殺による債務消滅の証明が容易で二重払の危険も防止できる上、手形債権者であるかどうかは審理の対象そのものであって、裁判において自ら明らかになる。したがって、訴訟上の相殺の場合には手形の呈示は要しないと解すべきである」と述べている。

「訴訟上相殺が行われる場合は、期限後である」[126]ことからすると、この場合に手形債務者が二重払の危険に晒されるのは、相殺による債務消滅の証明ができないときに限られる。さらに判決書により相殺による債務消滅の証明が容易であるとすると、債務者は、二重払の危険からほぼ免れることとなろう。そうだとすると、この場合の手形の交付については、これを要しないと解しても差し支えないであろう[127]。

(99)　古瀬村邦夫「判批」鈴木竹雄ほか編『手形小切手判例百選（新版・増補）』二四六頁（有斐閣、一九七六）参照。この判決を踏襲する判例として、大判昭四・一二・一六裁判例（三）民五四頁、最判昭三八・一・二九手形研究七巻四号一八頁ほか多数の下級審判例があるが、大阪地判昭三五・三・九下民一一巻三号五一三頁は、これに反対する。なお、大判昭七・二・五民集一一巻七〇頁は、「手形ノ所持人カ手形債権ヲ自働債権トシテ相殺ヲ為スニハ其相殺ニ依リ手形債権ノ全部カ消滅スヘキ場合ニ限リ相殺ノ意思表示以外ニ手形ヲ相手方ニ交付スルコトヲ必要トスヘキモ其ノ手形債権ノ金額カ受働債権ノ金額ヲ超過シ従テ之カ相殺アルモ手形債権ハ対当額タル一部ノミ消滅スヘキ場合ニハ相殺ノ意思表示以外ニ手形ノ交付ヲ必要トスルモノニ非ス」と述べているが、手形金の一部相殺については、本節3b（ウ）参照。

(100)　平出慶道「判批」鈴木竹雄・竹内昭夫編『銀行取引判例百選（新版）』一九二頁（有斐閣、一九七二）、古瀬村・前掲注(99)二四六頁、大隅・河本・前掲注(15)三一〇頁以下、服部榮三『手形・小切手法（改訂版）』一四七頁（商事法務研究会、一九七一）、高窪利一『現代手形・小切手法三訂版』三三九頁以下（経済法令研究会、一九九七）。最判昭五一・六・一七民集三〇巻六号五九二頁も、このような理解を前提にしているといえる。

(101)　ドイツにおいてBaumbach/ Hefermehl/ Casper, a. a. O. (Fn. 35) WG Art. 17 Rdn. 66は、この問題に関し「単独の意思表示により（民法三八七条）それは満期後に（四〇条一項）無条件になされうる（民法三八八条二文）。手形債権をもってなされた相殺は、支払と等しい効力を有する」と述べるにすぎない。Bülow, a. a. O. (Fn. 74) WG Art. 17 Rdn. 54 も、同様である。

(102) 長谷川・前掲注(86)五一一頁。

(103) Vgl. Baumbach/ Hefermehl/ Casper, a. a. O. (Fn. 35) WG Art. 17 Rdn. 63; Bülow, a. a. O. (Fn. 52) WG Art. 17 Rdn. 53.

(104) 大判昭六・一〇・一〇新聞三三二六号九頁、最判昭四三・四・二三金判一一一号五頁参照。ただし、本節3b参照。

(105) 平出・前掲注(100)一九一頁参照。

(106) 大判昭五・一〇・二四民集九巻一〇四九頁、大判昭一五・一一・二六民集一九巻二〇八八頁、最判昭三一・二・二二民集一〇巻二号三五〇頁等参照。

(107) 松本烝治『商法判例批評録』五三七頁以下（巖松堂書店、一九二三）、平出・前掲注(100)一九二頁参照。

(108) ただし、本節四2b参照。

(109) 河本一郎「手形債権を自働債権とする相殺と手形交付の要否」民商三九巻一・二・三合併号三〇四頁以下（一九五九）。

(110) 河本・前掲注(109)三一二頁補記(一)。もっとも、相殺の効力発生に手形の交付を要しないという立場に立っても、手形債権者が手形を第三者に譲渡した場合には、実際問題としてその者は通常は相殺の抗弁を主張しないであろうから、手形債務者がその者に対する反対債権を直ちに行使しうる可能性はある。しかし、この場合にその者が相殺の抗弁を主張をしたときは、手形債務者は、不法行為による損害賠償を請求するほかはない。

(111) 河本・前掲注(109)三一三頁補記(七)。

(112) 手形の支払や手形債権を受働債権としてする相殺において手形の受戻しのない場合にも、手形債務者にその後の手形債権者に対する不法行為による損害賠償請求権の行使によっては回復されない損害をもたらす可能性があること同様であるが、これらの場合には、手形債権を自働債権としてする相殺において手形が受け戻されないことにつき手形債務者の承諾がある場合と同様に考えてよい。

(113) 古瀬村邦夫「判批」鈴木竹雄編『手形小切手判例百選』一〇三頁（有斐閣、一九六三）。

(114) 手形債権者が手形債権を自働債権として相殺する場合、手形の交付は効力発生要件であるから、その存否の立証責任は、手形債権者にあるものと解される（前掲注（106）最判昭三八・一・二九参照）。
(115) 河本・前掲注（109）三〇七頁以下。
(116) Baumbach/ Hefermehl/ Casper, a. a. O. (Fn. 35) WG Art. 17 Rdn. 66.
(117) 東京高判昭四三・五・二九金判一一五号一五頁参照。
(118) 東京高判昭三三・四・三〇下民九巻四号七五七頁。
(119) 同旨、平出・前掲注（100）一九二頁。これに対し、手形貸付債権または手形買戻請求権については、この規定は適用されない。そのため、銀行取引約定書ひな型作成後においても、金融機関は、抽象的一般的な合意により手形を呈示または交付をしないでそれらを自働債権とする相殺を行ってきたようであるが、多くの判例は、そのような相殺を有効と解している（大阪高判昭三七・二・二八高民一五巻五号三〇九頁、東京地判昭三八・二・二六下民一四巻二号二八〇頁、大阪高判昭四一・四・一八判時四六三号五四頁、東京地判昭四三・九・六金法五二五号二四頁、東京地判昭五一・三・二九金法八〇二号三五頁。反対、京都地判昭三一・一二・一一下民八巻一二号二三〇二頁）。
(120) 河本・前掲注（109）三一三頁以下補記（七）参照。
(121) 前掲注（99）大判昭七・二・五参照。
(122) 前掲注（99）最判昭三八・一・二九参照。
(123) 河本・前掲注（109）三一四頁補記（八）。
(124) 大阪地判昭三三・一一・四下民九巻四号六三四頁参照。
(125) 東京高判昭二九・六・一四下民五巻六号八七二頁、大阪高判昭三三・一一・一〇高民一一巻九号五六五頁、東京地判昭四二・四・二五下民一八巻三・四号四二八頁参照。
(126) 河本・前掲注（109）三一五頁補記（一一）。
(127) 河本・前掲注（109）三一五頁補記（一一）、古瀬村・前掲注（49）二四七頁参照。

四　電子記録債権の支払等記録のない支払と相殺

1　電子記録債権の支払等記録のない支払

a　電子記録債権の支払等記録のない支払の効力

前述のように手形の支払においては、手形金の二重払をしなければならなくなるという危険を防止するために手形の受戻しを請求することが認められているが、電子記録債権の支払においても、同様の趣旨から「支払、相殺その他の債務の全部若しくは一部を消滅させる行為又は混同により消滅し、又は消滅することとなる電子記録名義人に対する債務を特定するために必要な事項」等（電子記録債権法二四条）の支払等記録を請求することが認められている。[128] 電子記録債権の支払等記録を行うのは、電子債権記録機関であるが（電子記録債権法三条）、当該支払等記録についての電子記録債権者等の電子記録義務者またはその一般承継人は、単独でその請求を行うことができ、電子記録債務者、支払等をした者またはそれらの一般承継人は、電子記録債権者等の承諾を得ればその請求を行うことができる（電子記録債権法二五条一項）。電子記録債権の支払がなされた場合には、電子記録債務者等は、電子記録債権者等に対し電子記録債権の支払等記録の承諾を請求することができ（電子記録債権法二五条二項）、電子記録債権等について支払をする者は、電子記録債権者等に対し支払と引換えに電子記録債権の支払等記録の承諾を請求することができる（電子記録債権法二五条三項）。

電子記録債権の支払は、支払期日に銀行等の口座間送金決済により行われることが想定されており、その場合、電子債権記録機関は、支払に関与した銀行等から通知を受けることにより支払等記録をしなければならず（電子記録債権法六三条二項）、これにより支払と支払等記録の同期的管理が実現される。しかし、電子記録債権については、手形と異なり、「満期前ニハ其支払ヲ受クルコトヲ要セズ」（手四〇条一項・七七条一項三号）という規定がないため、電子記録債務者が支払期日前に期限の利益を放棄して債権金額の全部を支払う場合も少なくない考えられ[129]、その場合には電子記録債権の支払等記録のない支払が生じうる。そこで、電子記録債権の支払等記録のない支払の効力が問題となるが、電子記録債権法が「この法律において「電子記録債権」とは、その発生又は譲渡についてこの法律の規定による電子記録（以下単に「電子記録」という。）を要件とする金銭債権をいう」と規定している上に（二条一項）、「電子記録債権（保証記録に係るもの及び電子記録保証をした者（以下「電子記録保証人」という。）が第三十五条第一項（同条第二項及び第三項において準用する場合を含む。）の規定により取得する電子記録債権（以下「特別求償権」という。）を除く。次条において同じ。）は、発生記録をすることによって生ずる」（一五条）、「電子記録債権の譲渡は、譲渡記録をしなければ、その効力を生じない」と規定している（一七条）にもかかわらず、電子記録債権の消滅については支払等記録を効力発生要件とする旨規定していないことから、支払等記録のない支払も有効であり、それにより電子記録債権が消滅することは疑いない[130]。

b　電子記録債権の支払等記録のない支払の抗弁

電子記録債権法の立案担当者は、個人的意見として「支払によって電子記録債権は消滅するが、当該支払による消滅は人的抗弁になるに過ぎないという取扱いをすれば、債務者が支払等記録をしない限り、支払済みの抗弁を当該電子記録を譲り受けた第三者に対抗することができない（二〇条一項）ので、当該第三者の取引の安全に欠けることにはならない」と述べている[131]。電子記録債権法二〇条一項は、手形法一七条と構造を同じくするものであるから、立案担当者の見解は、電子記録債権の支払等記録のない支払の抗弁を狭義の人的抗弁に相当する抗弁と解するものといえる。

ところで、電子記録債権法一二条一項は、電子記録債権について民法の意思表示の瑕疵に関する規定が適用されることを前提に「電子記録の請求における相手方に対する意思表示についての民法第九十五条第一項又は第九十六条第一項若しくは第二項の規定による取消しは、善意でかつ重大な過失がない第三者（同条第一項の規定による強迫による意思表示の取消しにあっては、取消し後の第三者に限る。）に対抗することができない」と規定している。その結果、例えば電子記録債務者が電子記録債権者の詐欺を理由に電子記録の請求を取り消した場合、電子記録債権は遡及的に無効となり、電子記録債務者と電子記録債権者は、電子記録の変更記録を行うことになるが（電子記録債権法二九条一項）、これを行わずに放置したときであっても、その後に電子記録債権を譲り受けた第三者は、重過失があれば保護されないこととなる。これに対し、手形法において判例・通説は、所持人に重大な過失がある場合にも人的抗弁の切断を認めていることから、立案担当者の見解によると、電子記録債務者が電子記録債権者に対し何らかの原因により支払等記録の承諾を請求することなく支払った場合であっても、電子記録債権は消滅するが、支払期日経過前に電子記録債権を譲り受けた第三者は、「当該電子記録債権者を害することを知って」いなければ（電子記録債権法二〇条一項但書）、重過失があっても保護されることとなる。しかし、このように電子記録債権が遡及的に無効となる場合と電子記録債権が後発的に消滅する場合とで第三者の保護に差異を設けることは、果たして妥当であろうか。電子記録債権の有効性については譲受人に注意義務があるが、その存在については注意義務がないと解することは、多少なりともバランスを欠くこととなろう。あるいは、電子記録の変更記録が当該変更記録につき電子記録上の利害関係を有する者全員がしなければならないものである（電子記録債権法二九条一項）のに対し、電子記録債権等について支払をする者が電子記録債権者等に対し支払と引換えに電子記録債権の支払等記録の承諾を請求することができる（電子記録債権法二五条三項）ことを考慮したものとも考えられなくはないが、このことが第三者の保護に差異を設けるほどの意味を有するとは考えられない。また、意思表示の瑕疵の場合との比較を除いても、電子記録債権の弁済として支払われたことが確実な場合に何らかの原因により支払等記録がなされなかったときに電子記録債務者よりも重過失により支払の事実を知らずに電子記録債権を譲り受けた第三者の保護を優先させる必要はないであろう。

電子記録債権の支払等記録のない支払は、電子記録債権の発生記録により作出された権利外観を消滅させない不完全な支払といえる。また、電子記録債権法一二条は、権利外観理論により民法の意思表示の瑕疵に関する規定を修正したものと考えられる。したがって、電子記録債権の支払等記録のない支払は、権利外観理論を基礎とする電子記録債権法一二条一項の類推適用により支払期日経過前に善意かつ無重過失で電子記録債権を譲り受けた第三者に対抗しえないものと解すべきである。

なお、電子記録債権においては、手形と異なり、遡求制度は存在しないが、手形保証と類似の電子記録保証制度が存在する。しかし、電子記録保証人が支払った場合には、手形の場合と異なり、電子記録債権自体が消滅し、電子記録債務者も、債務を免れる。[132]その結果、私見によると、電子記録保証人が電子記録債権者に対し支払等記録の承諾を請求することなく支払った場合にも、電子記録債務者は、支払期日経過前に善意かつ無重過失で電子記録債権を譲り受けた第三者に対しては抗弁を対抗しえないこととなる。また、電子記録債務者が電子記録債権者に対し支払等記録の承諾を請求することなく支払った後に電子記録保証人が電子記録債権者に対し支払等記録の承諾を請求して支払った場合には、電子記録債権法二一条を類推適用し、電子記録保証人は同条にいう「悪意又は重大なる過失」[133]のないかぎり、電子記録債務者に対し特別求償権（電子記録債権法三五条参照）を行使しうると解される。

2　電子記録債権の支払等記録のない相殺

a　電子記録債権を受働債権としてする支払等記録のない相殺

電子記録債務者または電子記録保証人が支払期日前に期限の利益を放棄して電子記録債権を受働債権として相殺することは、可能であろう。[134]この相殺については、支払等記録がなくても有効と解されるが、私見によると、電子記録債務者または電子記録保証人は、電子記録債権法一二条一項の類推適用により支払期日前に善意かつ無重過失で電子記録債権を譲り受けた第三者に対しては相殺済みの抗弁を対抗しえないこととなる。

b　電子記録債権を自働債権としてする支払等記録のない相殺

前述のように電子記録債権等について支払をする者は、電子記録債権者等に対し支払と引換えに電子記録債権の支払等記録の承諾を請求することができるが（電子記録債権法二五条三項）、学説においては、「法二五条三項は、二重払いの危険の防止の観点から、電子記録債務者に同時履行の抗弁権を認めた」ものと解し、「貸付人が電子記録債権を自働債権とし、借入人に対して負担している債権を受働債権とする相殺は、当該同時履行の抗弁権が存在する以上できないと解釈される」と述べる見解がある。(135)

ところで、手形債権者が手形債権を自働債権としてする相殺が手形の交付がなければ原則として無効と解されている理由は、①手形債権者が手形債権を自働債権としてする相殺が手形の交付がなくても有効と解する場合には、手形債務者は、反対債権を確定的に喪失するにもかかわらず、善意の第三者への手形の譲渡による手形債務の再発生の危険に晒され、その後の手形債権者に対する不法行為による損害賠償請求権の行使によっても回復されない損害を被る可能性があり、②「期限後裏書のときもその譲渡が期限後裏書であること及び相殺により債務が消滅していることの立証の困難さから事実上二重払を強いられる危険がある」というものである。しかし、電子記録債権者が電子記録債務者の承諾を得ずに電子記録債権を自働債権として相殺をすることが可能となるのは、支払期日以後に限られ（民五〇五条一項参照）、満期後も支払呈示期間経過後までは善意取得や人的抗弁の切断が認められる手形（手二〇条一項・七七条一項一号参照）と異なり、支払期日以後は、善意取得も人的抗弁の切断も認められない（電子記録債権法一九条二項二号・二〇条二項二号参照）。したがって、電子記録債権者が電子記録債務者の承諾を得ずに電子記録債権を自働債権として相殺をする場合には、善意の第三者への譲渡による電子記録債務の再発生はありえず、電子記録債務者の保護に関する考慮は不要と考えられ、①の理由は、電子記録債権については妥当しない。また、電子記録債権については、譲渡記録の年月日が明確となるため（電子記録債権法一八条一項四号参照）、②の理由も、電子記録債権については妥当しないであろう。そうだとすると、電子記録債権者が電子記録債務者の承諾を得ずに電子記録債権を自働債権としてする相殺も可能であり、それは支払等記録がなくても有効と解すべきである。もっとも、実務上は、支払期日になると、電子記録債務者の窓口金融機関は、電子記録債権者の窓口金融機関に対し金額を送金するから（株式会社全銀電子債権ネットワーク業務規程三九条二項・三項参照）、電子記録債権者が電子記録債務者の承諾を得ずに電子記録債権を自働債権としてする相殺はほぼありえないと考えられる。

電子記録債権者が支払期日前に電子記録債務者の承諾を得て電子記録債権を自働債権としてする相殺については、電子記録債務者がその債権を自働債権とし、電子記録債権を受働債権としてする相殺と同様に扱ってよいであろう。

(128) ただし、岩原紳作教授は、支払等記録の意義として「支払等記録がなされると、電子記録名義人は電子記録債権についての権利を有するものとの推定を受けられなくなる」点を重視するとともに、「……『支払等記録』には第三者対抗力が解釈上与えられているわけである。しかし解釈によりそこまでの効力が認められるか、議論がありうるかもしれない」と述べる（岩原紳作「電子記録債権の消滅」金融法務研究会『有価証券のペーパレス化等に伴う担保権など金融取引にかかる法的諸問題』九六頁（二〇一三））。なお、電子記録債権の支払等記録には、そのほかに法定代位を公示する機能（法二四条五号参照）、特別求償権を発生させる機能（法三五条）および質権についての権利関係を公示する機能がある（始関正光ほか「電子記録債権法の概説（三）」金法一八一四号二〇頁以下（二〇〇七）参照）。

(129) 株式会社全銀電子債権ネットワーク業務規程四〇条二項二号は、支払期日前の債権金額の一部の支払を禁じている。

(130) 始関ほか・前掲注（128）一九頁参照。

(131) 始関ほか・前掲注（128）一九頁。同旨、始関・高橋編著・前掲注（2）一〇一頁。

(132) もっとも、この場合、電子記録保証人の電子記録債務者に対する特別求償権は、支払等記録がなければ発生しない（電子記録債権法三五条一項参照）。
(133) 電子記録債権法二一条但書にいう「悪意又は重大なる過失」は、手形法四〇条三項におけると同様に解されるべきである（始関ほか・前掲注(128)一九頁参照）。
(134) 大判昭八・五・三〇民集一二巻一三八一頁参照。
(135) 樋口孝夫ほか「電子記録債権と手形債権の相違からくる実務上の問題点（下）」金法一九四七号六七頁（二〇一二）。

五　むすび

手形の受戻しのない支払も有効であり、主たる手形債務者が手形を受戻さずに支払った場合、裏書人等のすべての手形債務者の債務は消滅するという通説・判例の立場は、支持されてよい。そして、「単なる原因債権の担保または消滅としてではなく、手形債務の弁済として支払われたことが確実な場合」に何らかの原因により手形の受戻しがなされなかったときに手形債務者よりも重過失により支払の事実を知らずに手形を取得した第三者の保護を優先させる必要はない。したがって、手形の受戻しのない支払の抗弁については、手形法一七条の人的抗弁ではなく、権利外観理論により善意かつ無重過失の取得者に対抗しえない抗弁（有効性の抗弁）と構成した上で、権利の存在に関わり、第三者の主観的保護要件を善意かつ無重過失とする手形法一〇条を類推適用するのが妥当である。また、手形の受戻しのない支払の抗弁について権利外観理論を適用するための有責性については、支払時に手形を受け戻さなかったことではなく、手形に署名していることまたはさらに意思に基づいてその占有を移転していることに求める余地もある。このような立場によると、主たる手形債務者が手形を受戻さずに支払った場合、支払を有効と解しつつ、遡求義務者も、権利外観理論により善意かつ無重過失の取得者に対抗しえないと解しうる。なお、支払済みの手形について遡求義務を履行した者は、支払い済みの手形を裏書により取得した者と同様、善意・無重過失の場合には権利外観理論により主たる債務者、遡求義務者の前者およびそれらの手形保証人に対する再遡求権を取得しうると解されるが、ここでは手形法四〇条三項が類推適用されるべきである。

手形債務者がその債権を自働債権とし、手形債権を受働債権としてする相殺については、手形の交付がなくても有効と解すべきであり、その相殺の抗弁については、手形の受戻しのない支払の抗弁に関する理解が妥当する。これに対し、手形債権者が手形債権を自働債権としてする相殺については、①手形の交付がなくても有効と解する場合には、手形債務者は、反対債権を確定的に喪失するにもかかわらず、善意の第三者への手形の譲渡による手形債務の再発生の危険に晒され、その後の手形債権者に対する不法行為による損害賠償請求権の行使によっても回復されない損害を被る可能性があり、また、②「期限後裏書のときもその譲渡が期限後裏書であること及び相殺により債務が消滅していることの立証の困難さから事実上二重払を強いられる危険がある」ことから、支払呈示期間経過後の相殺の場合も含めて原則として手形の交付を要すると解さざるをえない。

電子記録債権については、支払等記録のない支払も有効であり、それにより電子記録債権が消滅することは疑いない。ところで、例えば電子記録債務者が電子記録債権者の詐欺を理由に電子記録の請求を取り消した場合、電子記録債権は遡及的に無効となり、電子記録の変更記録を行われなかったときであっても、電子記録債権を譲り受けた第三者は、重過失があれば保護されない（電子記録債権法一二条一項参照）。このことのバランスからすると、電子記録債権の支払等記録のない支払の抗弁は、狭義の人的抗弁の切断を規定する電子記録債権法二〇条一項の適用ではなく、権利外観理論から意思表示の無効または取消しの特則を規定する電子記録債権法一二条一項の類推適用により支払期日経過前に善意かつ無重過失で電子記録債権を譲り受けた第三者に対抗しえない抗弁と解するのが妥当である。また、電子記録債務者がその債権を自働債権とし、電子記録債権を受働債権としてする相殺については、支払等記録がなくても有効と解されるが、電子記録債務者は、電子記録債権法一二条一項の類推適用により支払期日前に善意かつ無重過失で電子記録債権を譲り受けた第三者に対しては相殺済みの抗弁を対抗しえないと解すべきである。他方、電子記録債権者が電子記録債務者の承諾を得ずに電子記録債権を自働債権として相殺をする場合には、善意の第三者への譲渡による電子記録債務の再発生はありえず、また、電子記録債権については譲渡記録の年月日が明確となるため、支払等記録がなくても有効と解すべきである。

第三節　河本フォーミュラ検証

一　はじめに

電子記録債権法は、二〇〇七年に成立したが、二〇〇六年八月に公表された「電子登録債権法制に関する中間試案」において電子記録債権は、「電子登録債権」と称されていた[136]。その試案においては、債権流通の核となる抗弁の問題について「電子登録債権に係る債務の債権者は、原則として、譲渡人に対する人的関係に基づく抗弁をもって譲受人に対抗することができないもの」とされ、その例外として、A案では「譲受人が債務者を害することを知って電子登録債権を取得したときは、債務者は、当該抗弁をもって譲受人に対抗することできるもの」とされ、B案では「譲受人の主観にかかわらず、登録原簿に登録がされている抗弁に限り譲受人に対抗することができるもの」とされていた[137]。

右の例外の点については、A案が採用される結果となり[138]、電子記録債権法二〇条一項は、「発生記録における債務者又は電子記録保証人（以下「電子記録債務者」という。）は、電子記録債権の債権者に当該電子記録債権を譲渡した者に対する人的関係に基づく抗弁をもって当該債権者に対抗することができない。ただし、当該債権者が、当該電子記録債務者を害することを知って当該電子記録債権を取得したときは、この限りでない」と規定するに至っている。手形法一七条は、「為替手形ニ依リ請求ヲ受ケタル者ハ振出人其ノ他所持人ノ前者ニ対スル人的関係ニ基ク抗弁ヲ以テ所持人ニ対抗スルコトヲ得ズ但シ所持人ガ其ノ債務者ヲ害スルコトヲ知リテ手形ヲ取得シタルトキハ此ノ限ニ在ラズ」と規定していることから、電子記録債権における人的抗弁の切断は、手形におけるそれと同様の構造のものとなる。その意味で、手形法一七条は、有価証券的支払決済制度の抗弁に関する基本規定として極めて重要な地位を占めている。

いかなる抗弁が手形法一七条本文により切断される人的抗弁に該当するかという問題については、前節でみたように旧抗弁論と新抗弁論との争いを中心とする議論があるが、最低限、原因関係に取消事由・解除事由があるがまだ取消権・解除権が行使されていない場合がこれに該当するものと解する点については一致している。他方、同条但書が適用される場合の抗弁は、通常の信義則（民一条二項）違反に基づく一般悪意の抗弁（exceptio doli generalis）と区別され、特に悪意の抗弁（exceptiodoli）と称され[139]、その「債務者ヲ害スルコトヲ知リテ」という要件については、「手形を取得するにあたり、手形の満期において、手形債務者が所持人の直接の前者に対し、抗弁を主張して手形の支払を拒むことは確実であるという認識をもっていた」という河本フォーミュラ[140]がわが国における現在の通説的見解にあるものといわれる[141]。しかしながら、同フォーミュラに対する批判は、かねてから存在し[142]、最近においても、「この基準は、牧歌的手形取引時代の判例がとった価値判断に立脚しているものであるから、第三者となる者が圧倒的に金融機関に傾斜し、金融プロによる抗弁切断の悪用を警戒しなければならない現代手形取引社会（昭和四〇年以降）においては、すでにその役割を終えたものと考えなければならない」といわれている[143]。そして、前述の試案においても、「債務者を害することを知って」とは、「電子登録債権の支払期日において債務者がある特定の抗弁を主張することが確実であることを認識して」という意味で用いられており[144]、同フォーミュラが微妙に変容されていることに気がつく。

悪意の抗弁については、ジュネーブ手形条約以前より認識説（了知説）と共謀説との争いを中心とする対立があったが[145]、本節においては、主としてわが国における現在の通説的見解である河本フォーミュラに焦点を当て、その問題点について考察する。そこで、以下においては、同フォーミュラが提唱された論稿の概要をできる限り詳細に紹介することから出発し、電子登録債権における悪意の抗弁も考慮に入れ、同フォーミュラに関し、それが①債務者の抗弁主張の確実性を問題にする点および②所持人の直接の前者に対する抗弁の認識の有無を問題にする点について検討する。この二つの点は、同フォーミュラの最も特徴的な点と考えられるため、この二つの点の検討により、同フォーミュラの問題点は、相当程度浮き彫りとなろう。

(136)　法制審議会電子債権法部会「電子登録債権法制に関する中間試案」一頁（https://search.e-gov.go.jp/servlet/PcmFileDownload?seqNo=0000014512）。

(137)　法制審議会電子債権法部会・前掲注（136）一三頁以下参照。本文中のA案とB案との比較については、法務省民事局参事官室「電子登録債権法制に関する中間試案の補足説明」五〇頁以下（https://search.e-gov.go.jp/servlet/PcmFileDownload?seqNo=0000014513）参照。

(138)　二〇〇四年四月に産業構造審議会産業金融部会の金融システム化に関する検討小委員会がまとめた「金融システム化に関する検討小委員会報告書（案）――電子債権について――」（http://www.meti.go.jp/kohosys/press/0005188）においては、「手形法一七条の適用さえ否定する、手形以上に原因関係との切断を強く意識した制度設計が考えられている」といわれた（座談会『電子債権法』の立法化に向けた理論的課題」ジュリ一二七六号一三頁（二〇〇四）〔岩原紳作発言〕）。しかし、二〇〇五年一二月に法務省電子債権研究会が公表した「電子債権に関する私法上の論点整理」

(http://www.moj.go.jp/MINJI/minji100.pdf) においては、人的抗弁切断の例外として「手形法一七条と同様に、債務者を害することを知っていたことを要件とすべきであろう」とされ（同四三頁）、「『電子登録債権に関する中間試案』に関する意見募集の結果について」においても、「例外として抗弁が承継される場合の要件……については、譲受人が債務者を害することを知って電子登録債権を取得したときは、譲受人に対して抗弁を対抗することができるとするA案に賛成する意見が大多数であった」とされ（search.e-gov.go.jp/servlet/PcmFileDownload?seqNo=0000014515）、二〇〇九年二月に法制審議会電子債権法部会がまとめた「電子登録債権法制の私法的側面に関する要綱」においては、A案を採用することが明確となっていた（www.moj.go.jp/content/000071524.pdf）。

(139) 山口幸五郎「悪意の抗弁」鈴木竹雄・大隅健一郎『手形法・小切手法講座第3巻』二一一頁以下（有斐閣、一九六五）参照。

(140) 河本・前掲注（64）五〇七頁。

(141) 田邊光・前掲注（64）一四五頁等参照。また、「債務者ヲ害スルコトヲ知リテ」という要件について「満期日において、債務者が取得者の前者に対して手形金の支払を拒みうることが確実であり、かつ拒むことが確実だと予測されるような事情が存在する場合に、このような事情を知って手形を取得した者は、債務者を害することを知って手形を取得した者として、悪意の抗弁の対抗を受ける」ものと解する有力な見解もあるが（前田・前掲注（29）二〇六頁）、これは河本フォーミュラをより正確に表現したものといえよう（前田・前掲注（29）四四九頁以下（有斐閣、一九九九）参照）。なお、同フォーミュラと判例との関係については、「多数説は、判例を右の河本フォーミュラに合致すると分析しているが、しかし、明確に一般論としてこの河本フォーミュラに依拠している判例はわずかであり、判例を先入観なしにみる場合には、多数説の主張とは全く異なる点を認めうる」と述べる見解もあり（川村・前掲注（54）五四頁以下）、明確なことはいいがたい。

(142) 高窪利一「手形法上いわゆる悪意の抗弁——グスタフ・シュタンツルの所論を基点として——」私法二〇号一〇七頁以下（一九五八）、川村・前掲注（54）六二頁以下等参照。

(143) 関・前掲注（26）一〇五頁以下。

(144) 法制審議会電子債権法部会・前掲注(136)一四頁。
(145) 高窪・前掲注(100)三八〇頁参照。

二　河本一郎「手形法における悪意の抗弁」(一九五八)の概要

1　前説

河本一郎教授が河本フォーミュラを提唱した「手形法における悪意の抗弁」は、一九五八年に民商法雑誌三六巻四号五〇四頁以下に判例総合研究として掲載された三九頁の論稿であり、「1　はしがき」、「2　手形法の下における判例」、「3　旧法の下における判例―認識説の検討」、「4　ドイツ旧法の下における判例――共謀説の検討」、「5　悪意取得者の態様の分類――手形法の立場」、「6　融通手形の抗弁と悪意の抗弁」、「7　悪意の抗弁と重過失」という七つのセクションからなるものである。以下、「2　手形法の下における判例」から「7　悪意の抗弁と重過失」までを順に紹介する。

2　手形法の下における判例

ここでは、最判昭三〇・五・三一民集九巻六号八一一頁[146]が紹介され、「私は右の判決の中には、悪意の抗弁に関するその他の一連の判例の趣旨を、統一的に説明し得る一般的表式が蔵されていると考える」とされ、「債務者ヲ害スルコトヲ知リテ」という要件について「手形を取得するにあたり、手形の満期において、手形債務者が所持人の直接の前者に対し、抗弁を主張して手形の支払を拒むことは確実であるという認識をもっていた」というフォーミュラが引き出される。[147] そして、「抗弁事由は現実には種々なる態様を有している故に、ある場合には単なる一事実の認識を持って右の確実性についての認識を形成するに十分である場合もある。あるいはこれに対して複雑な事実の認識が総合されなければならない場合もある」と述べられて七件の判例が紹介され、いずれについてもこのフォーミュラが妥当し、「ただ、その確実性についての認識を形成せしめるのに、単純な事実の認識で足るか、それともさらに複雑な事情の認識が附加されねばならないか、の差異が存するのみ」であるとされる(148)。

3　旧法の下における判例——認識説の検討

ここでは、「旧法下におけるわが判例は、『悪意の内容を最も広く解釈するものであって、抗弁存在の事実を知るをもって足る』とする立場であり、それは現行手形法とは異なる立場である」という理解に対し、「旧法下における判例の事案のほとんどが、……単に手形交付の原因たる事実の認識のみで、債務者が満期において抗弁を主張することは確実だ、という認識をいだかしめるに足る性質のものであった」と反論される(149)。

4　ドイツ旧法の下における判例——共謀説の検討

ここでは、「単純認識説の立場に立つといわれた旧法下の判例と新法下のそれとの間には、そこに現われた限りの事案では、実質的な差は存しない」が(150)、「わが判例の立場が、満期における債務者による抗弁主張の確実性についての認識の存否を取引観念を基にして判定し、この認識の存在が認められれば、それだけで悪意の抗弁の主張を許そうとするのに対し、ドイツ大審院の立場は、それ以上にはるかに厳しい要件を要求する」ものとされる(151)。

5　悪意取得者の態様の分類——手形法の立場

ここでは、前者に対する抗弁についての取得者の認識の程度に「(1)一般的取引観念を基に判断して、満期において債務者が抗弁を主張する可能性について認識していた場合」、「(2)一般的取引観念を基に判断して、満期において債務者が抗弁を主張することは確実だとの認識を有していた場合」および「(3)一般的取引観念を基に判断して、満期において債務者が抗弁を主張することは確実だとの認識を有していた上に、その抗弁を切断することを目的として取得する場合」があるとされ、「悪意の抗弁の成立のためには(2)の段階に達するをもって足り、それ以上の段階に進む必要はない」ものと主張される(152)。そして、「手形債務者は、手形証券に対し所有権を取得するものに対し、受領を必要としない一方的な債務負担の意思表示をするのであり、各取得者は証券の所有権を取得することの結果、それぞれ債務者に対し独立の権利を取得する」という債権原始取得説の立場からは、「前者の権利とは独立の手形上の権利を、手形債務者に対し取得するに至ったその態様に、信義誠実の原則に反すると認められるものがある場合に、その行使を許さない、という理論構成になる」ものとされ[153]、注釈において「ドイツで悪意の抗弁の成立につき共謀説が支配的であったのは、本文にのべたような創造説的手形理論が有力であったことがその原因ではなかったかと憶測する」と述べられる[154]。これに対し、「裏書の本質を手形債権の譲渡と見る立場（通説）」（債権譲渡説）からは、「本来附着して移転して行くべき抗弁を、手形の流通確保のために、ある条件を備えた取得者のために、特に切断するという理論構成になる」ものとされ[155]、（1）の段階においては、「取得者側に保護に値する信頼が残っている」が、（2）の段階においては、「もはや取得者は、満期において文言どおりの金額の履行を受けられるとの信頼は、全くこれを有していなかった」とされる[156]。さらに「取得者としては、取得当時、満期における債務者による抗弁主張の可能性を認識していた点では同じであっても、その可能性が相当強度である場合、しかしまだ確実だという程度には達しない場合を、いかに法的に評価するか」と問題が提起され、「仮に刑法の概念を借りるならば、この場合は、認識ある過失と直接故意との間に位する未必故意の場合にあたる」とされ、「裁判官の事実認定の結果によって左右される余地をできる限り少なくするために、一般取引観念よりして、満期において債務者が抗弁を主張するのは、必然の成り行きである、確実であると判断される場合にのみ悪意の抗弁の主張を許すべきである」と主張される[157]。

6　融通手形の抗弁と悪意の抗弁

ここでは、「その他の人的抗弁は、原因関係から生じたものであれ、手形債権そのものについて生じたものであれ、裏書の本質を債権譲渡と考える限り、本来は、債権と共に移転して行くべき性質のものであるのに対し、融通手形の抗弁は、本来が、ある特定人との関係においてのみ成立するという、いわば生来的に人的な抗弁である」とされ[158]、大判昭八・四・二五民集一二巻九四一頁[159]は第三取得者に対する融通手形の抗弁の主張を認めたものではなく、一般悪意の抗弁の理論を適用したものとされる[160]。

7　悪意の抗弁と重過失

ここでは、「(手形法――筆者) 一七条の適用を受ける人的抗弁とは、手形債権そのものの存在を前提として、それの行使を抑制する種類のものに限るべきである」と主張され[161]、一七条の適用を受けない人的抗弁（手形意思表示の瑕疵、交付契約欠缺の抗弁等）の切断において善意の第三者に重過失がないことが要求される場合があること等が指摘される。

8　まとめ

以上の概要から、①河本フォーミュラは、基本的に判例の分析から出てきたものであること、②同フォーミュラは、旧法下の単純認識説（了知説）と必ずしも対立的なものではないが、ドイツ旧法下の共謀説とは対立的なものであること、③同フォーミュラは、手形の譲渡を債権譲渡と解する債権譲渡説（通説）からの帰結であり、手形の譲渡を証券所有権の譲渡と解する所有権説＝債権原始取得説とは相容れないこと、④取得者の「未必の故意」は、同フォーミュラに該当しないこと、⑤融通手形の抗弁は、生来的人的抗弁であること、⑥一七条の適用範囲は、手形債権の有効性を前提とすること、が理解される。

(146)　同判決の事案は、次のようなものである。Yは、Aから木材を買い受ける契約を結び、Aの求めにより本件約束手形を同売買契約を確証する意味を含めて振り出し、代金は現物の受渡しと同時に現金で支払うものとして本件手形の裏書を禁ずる旨を断った。Aは、本件手形をほかから割引してもらうことをXに依頼し、その際、本件手形の振り出された趣旨およびA

がYに対する債務の履行として引き渡すべき木材がその売主に現金を送らなければ入手できないのでその入手資金につき本件手形を割り引いてもらって金融を得るほかに方法がないという事情を述べた。しかし、Xは、結局、自己のAに対する債権の弁済を受けるために本件手形を裏書により取得した。最高裁判所は、YのXに対する抗弁の成立を認めた原審を支持した。

(147) 河本・前掲注（64）五〇七頁。
(148) 河本・前掲注（64）五一四頁。
(149) 河本・前掲注（64）五一四頁以下。
(150) 河本・前掲注（64）五二〇頁。
(151) 河本・前掲注（64）五二三頁。
(152) 河本・前掲注（64）五二四頁以下。
(153) 河本・前掲注（64）五二五頁以下。
(154) 河本・前掲注（64）五二八頁注（1）。
(155) 河本・前掲注（64）五二五頁。
(156) 河本・前掲注（64）五二六頁以下。
(157) 河本・前掲注（64）五二七頁以下。
(158) 河本・前掲注（64）五三〇頁。
(159) 同判決の事案は、次のようなものである。A銀行の取締役Bは、その法定代理人として本件手形の白地引受をしてCに交付した。その際、Cは、この手形用紙をBのために金員の融通を受ける目的以外に使用できないものとされた。その後、Aの休業等の理由により該手形用紙により金融を受けることができなくなったため、Cは、これをBに返還しAに手形債務を負担させないようにする義務があるにもかかわらず、Cは、Xに対する債務弁済のためXを受取人として該用紙に補充し、これを振り出した。Xは、このような事情を知りながら、Cのため金融をする意思なくしてこれを受け取った。大審院は、

「為替手形ノ振出前ニ受取人ノ記載ナキ手形用紙ニ支払人カ先ツ白地引受ヲ為シテ之ヲ振出人ニ交付シタル処手形カ尚其ノ手中ニ存スル際ニ予テ引受人トノ間ニ存スル契約ニ依レハ振出人ニ於テ手形ヲ流通ニ置キ以テ引受人ヲシテ手形債務ヲ負担セシムルカ如キコトハ之ヲ為スヲ得サル義務ヲ負フニ至リタル場合ニ於テ振出人カ第三者ヲ受取人トシテ補充シ該手形ヲ交付シタルトキハ其受取人ハ手形ノ所持人ト為ルニハ相違ナキト共ニ振出人引受人間ニ存セシ右ノ事実ヲ知悉シテ手形ノ交付ヲ受ケタル以上引受人ニ対スル手形支払ノ請求ハ之ヲ許スヘキニ非ス蓋若シ之ヲ許サンカ手形ノ交付ハ振出人トシテハ其ノ引受人ニ対スル義務違反ノ行為ニシテ之カ為引受人ノ窮地ニ立ツヘキコトヲ知リナカラ敢テ手形ヲ取得シタル受取人ハ即チ恬然トシテ引受人ニ対シ手形ノ支払ヲ請求シ得ルコトト為リ著シク公正ノ観念ニ反スル結果ヲ生スレハナリ」と判示した。

(160)　河本・前掲注（64）五三一頁。

(161)　河本・前掲注（64）五三七頁。

三　債務者の抗弁主張の確実性を問題にする点について

1　川村正幸教授の批判

河本フォーミュラは、債務者の抗弁主張の確実性を問題にするものであるが、川村正幸教授は、この点について、①「ジュネーヴ手形法会議の議論に照らせば、手形法一七条但書の立法趣旨は、信義誠実に反する手形取得を排除しようとすることにあり、そうであれば、原則的にまずもって抗弁の存在を認識するだけで、信義誠実に反すると考えるべきであろう」、②「抗弁制限の原則の理論的根拠を権利外観理論に求めるのであれば、一七条は手形上の権利に瑕疵の付着していないことを信頼する者を保護するのであって、実際に債務者を害する（実際に抗弁の切断が発生する）ことがないことを信頼する者を保護しているのではないと考えるべきである。取得者の信頼の面において河本フォーミュラは不自然である」、③「満期においても抗弁が存在することを知っているが、債務者がそれを主張するか否かについては知らない取得者を、この説がこの場合には抗弁の主張があるのは自明の事柄であるとして、悪意者と認定するのであれば、この河本フォーミュラにあっても、手形取得時における満期の時点での抗弁の存在の予見が決定的なものということになり、結局、抗弁の存在の認識の問題に還元されて、『満期においての抗弁主張の確実性の認識』という表式は実質的意義を欠いたものとなってしまう」と批判する。(162)

右の批判は、表面的には、河本フォーミュラが手形取得者の認識の対象として「抗弁の存在」ではなく、「債務者の主張」に焦点を当てる点に向けられているものであるが、この点は、単なる表現方法の問題とも考えられる。前述のように河本教授は、同フォーミュラを単純認識説と必ずしも対立的にとらえておらず、例えば「原因関係について取消権が成立していることを知っておれば、それで悪意たるに充分であり、それ以上、債務者が取消の意思を有していたことまで知る必要はない」とも述べている。(163)そもそも「抗弁」とは「債務者の主張」にほかならず、その意味で、同フォーミュラは、例えば「手形を取得するにあたり、手形の満期において手形債務者が所持人の前者に対して有するであろう抗弁の存在についての確実な認識をもっていた」と言い換えてもその実質的意味は変わらないものであろう。すなわち、手形法一七条本文は、「手形債務者が所持人の直接の前者に対し、抗弁を主張して手形の支払を拒むこと」ができない旨を規定しているため、その例外を規定する同フォーミュラにおいては、「抗弁の存在」の具体的意味が「債務者の主張」という表現に置き換えられているにすぎないものとも考えられる。そうだとすると、河本フォーミュラが「結局、抗弁の存在の認識の問題に還元され」うることは、決して不自然なことではない。

ところで、川村教授は、手形法一七条但書に関する世界各国の学説について、「損害の認識」を要求することで一致しているものとし、これを具体的認識説と抽象的認識説に分類し、さらに具体的認識説を「(A) 実体的損害の発生の認識を要求するもの」と河本フォーミュラのように「(B) 抗弁主張の確実性の認識を要求するもの」とに分類する。(164)この(B)説が抽象的認識説ではなく、具体的認識説に分類されるのは、債務者の抗弁主張の「確実性」を問題にするからであろう。川村教授は、――必ずしも明確ではないが――抽象的認識説を支持しているようであり、右の批判の核心も、実はこの点に存在するものと考えられる。

2　蓋然性説について

川村教授は、ドイツにおける議論を参考にして、手形法一七条但書の適用のためには「抗弁の存在の確実性の認識は不要であろう。抗弁の存在の蓋然性が高いことを認識していること（いわゆる未必の悪意）で十分である」と述べており[165]、また、関俊彦教授も、はじめに紹介したように河本フォーミュラについて「すでにその役割を終えたもの」と述べ、手形法一七条但書の趣旨を「現実に抗弁が主張されることを認識している者のみならず、より広く不誠実な取得者を保護しない」点に求め、「手形の債務者を害する蓋然性が高いことの認識が取得時にあれば害意がある」と解している[166]（以下、悪意の抗弁の成立には蓋然性が高いことの認識で足りるものと解する見解をさしあたり「蓋然性説」と呼ぶ。）。

河本教授自身も、右のような蓋然性説を相当意識している。すなわち、河本教授は、「手形法における悪意の抗弁」においては、最判昭二九・一一・一八民集八巻一一号二〇五二頁[167]が悪意の抗弁の成立を認めなかった結論に賛成していたが[168]、その後の論文においては、一転これに反対し、「このように結論を変えるとなると、それとともに、このような事案を依然として未必の故意の範疇にとどめておくか、それとも直接故意の範疇に移すか、前者の立場に立てば、未必の故意をもって、悪意の抗弁を成立せしめるに充分であるということにしなければならない」と述べている[169]。そして、河本教授は、「未必の故意と認識ある過失の区別については、刑法学では蓋然性説と認容説の争があることは周知のところである。しかしわれわれが、手形法の悪意の抗弁に関連して未必の故意と認識ある過失の限界を考える際には、蓋然性説の立場に立つのが妥当であろうと思う。けだしここでは個人の刑事責任の追求が目的ではなく、手形取引の安全と債務者の保護との調和点をどこに求めるかが中心問題である。したがって客観的一般的に判断された、結果発生の可能性（満期において債務者が抗弁を主張するであろうことの可能性）の程度の大きさ如何を区別の標準とすべきが妥当であろうと思われるからである」と述べつつも、[170]「このような事案の場合には悪意の抗弁の成立を認めるのであるということさえ決まっておれば、これを直接故意とよぼうと、未必の故意とよぼうと、それは後からの概念ずけの問題にすぎないから、どうでもよいといえる」と述べ、[171]さらに悪意の抗弁の成立について未必の悪意を認定した東京地判昭三二・一一・三〇下民八巻二二六六頁[172]について、「本件の具体的事案を見るにつけても、やはり未必の故意は悪意の抗弁を成立せしめるに充分でないと解すべきであろうと思う。それは、本件にも見られるように未必の故意の判定も、結局は状況証拠によってされる裁判官の認定に委されているのであるから、悪意の抗弁の成否は、裁判官の微妙な事実認定によって左右されることになる。このことは手形取引の安全のためには必ずしも適当とは思えない」と述べて従来の立場を維持する。[173]

近時においては、取引の安全のみならず責任を負担する者の意思や具体的な帰責性にも配慮しつつ当事者の利害を妥当に調整しようとする最近の民法学の発展を手形小切手法学に反映させるべきものとの主張があるが、[174]筆者も、手形小切手法学における第三者保護は、私法の枠組においても過保護にすぎ、少なくとも電子記録債権法に河本フォーミュラをそのままのかたちで持ち込むことは妥当でないものと考える。電子記録債権の譲渡は、譲渡記録により行われ（電子債権一七条）、手形のように人が実際に対面して行われることが予定されていないため、電子記録債権の譲受人が譲渡人に対する抗弁について確定的悪意を有する状況、すなわち「債権を譲り受けるにあたり、履行期において、債務者が譲渡人に対し、抗弁を主張して債務の履行を拒むことは確実であるという認識をもっていた」という状況は、手形の場合よりもさらにまれなものとなると考えられるからである。それにもかかわらず電子記録債権について河本フォーミュラをそのままのかたちで持ち込み、未必の悪意を有する譲受人を保護することは、電子記録債権について人的抗弁切断の例外を認める意義を希薄なものとしかねない。もっとも、河本教授は、前述のように「直接故意とよぼうと、未必の故意とよぼうと、それは後からの概念ずけの問題にすぎない」と述べており、「確実性」と「高い蓋然性」も微妙な差異であろうから、河本フォーミュラにおける「確実性」を「高い蓋然性」と言い換えても、実際の裁判における事案の解決には顕著な差異は生じないようにも思われる。しかし、前掲最判昭二九・一一・一八の事案については、「(河本――筆者）フォーミュラを厳密に適用するときは、……抗弁成立を否定せざるをえない」との評価もあり[175]、少なくとも電子記録債権については、河本フォーミュラに代えて蓋然性説を採用する意義はあるのではなかろうか[176]。

3　認容説の提唱

現在のドイツの通説的見解は、「取得者は、その結果を引き起こすことを欲しようと、生じうる結果を認容しようと (die mögliche Folge mit in Kauf nahm)、債務者を抗弁の喪失により害し、その結果が彼の意思に受容されることについて明白に認識していなければならない」というフォーミュラを採用している[177]。このフォーミュラは、河本教授が触れる刑法学における認容説を彷彿させる。ここで刑法学における未必の故意と認識ある過失の区別に関する議論に立ち入るつもりはないが、手形においても電子記録債権においても警戒される「抗弁切断の悪用」に対しては、この見解のほうが譲受人の主観面を重視しうるという点において蓋然性説よりも有効であるように思われる。また、河本教授は、私法において「認容」を問題にすることについて否定的な口吻を漏らしているが、わが国においても、例えば不法行為における故意の意義について「一定の結果の発生すべきことを意図し、または少なくともそうした結果の発生すべきことを認識ないしは予見しながら、それを容認して行為をする、という心理状態をいう」ものと解する見解もあり[178]、私法において「認容」ないし「容認」という心理状態を問題にすることが不当であるとは必ずしもいえないであろう。そうだとすると、少なくとも電子記録については、河本フォーミュラを例えば「債権を譲り受けるにあたり、履行期において、債務者が譲渡人に対し、抗弁を主張して債務の履行を拒むことを認容していた」と言い換えることも、一考に値するのではなかろうか。

(162) 川村・前掲注（54）六二頁。
(163) 河本・前掲注（64）五二七頁。
(164) 川村・前掲注（54）五〇頁。なお、抽象的認識説とは、「債務者の損害は前者に対する抗弁の切断（前者に対しては免れるべき支払を強制されること）によって発生するから、抗弁の存在の認識は原則的に損害の認識を生ずる」と解するものとされる（川村・前掲注（54）四六頁参照）。
(165) 川村・前掲注（54）五九頁。ドイツにおける現在の通説的見解も、「人的抗弁が認められるのは、手形を取得する際に債務者の瑕疵を知っていた取得者に対してである（手一七条後段）。……抗弁の存在に関する取得者の単なる了知も、十分ではない。さらに債務者を害する意識が加わらなければならない。……『意識』は、『故意』少なくとも『未必の故意』を意味する」(Baumbach/ Hefermehl/ Casper, a. a. O. (Fn. 35) WG Art. 17 Rdn. 116)、「人的抗弁については、手形法一七条により債務者の損害に関する故意的取引のみが妨げとなる。そのため、取得者は、当該抗弁に関する実際的知識を有するか少なくとも未必の故意をもって行動することを要する」(Hueck/ Canaris, a. a. O. (Fn. 4) §9 II 5) と解している。
(166) 関・前掲注（26）一〇五頁以下。
(167) 同判決の事案は、次のようなものである。Y_1は、A銀行から金銭を借り入れるにあたり、その内金二〇〇万円については、Y_2の名義において借り受けることとし、Y_2振出、Aあて、金額二〇〇万円の約束手形をY_2から借り受けた。その際、Y_1は、Y_2にあて、これと同一金額同一満期の約束手形を振り出し、Y_2社長Bは、これを他に使用しないことを約した。Y_2振出Aあての約束手形及びY_1振出、Y_2あての約束手形は、それぞれ満期に順次数回同一記載要件で書き替えられ、Y_1振出、Y_2あての最後の書替手形が本件手形である。Y_2は、本件手形をXに裏書譲渡し、Xが現にその所持人である。Xは、この手形を満期に支払場所に呈示したが、支払を拒絶された。Xは、Y_1およびY_2に対し訴えを提起し、第一審は、Xの請求を認容し、第二審も、Y_1およびY_2の控訴を棄却した（東京高判昭二六・七・九民集八巻一一号二〇六九頁）。Y_1は、本件手形がY_2がY_1に貸した手形の代りに領つたものであることをXが認識していた事実を指摘して上告したが、最高裁は、上告を棄却した。

(168) 河本・前掲注(64)五一一頁以下。

(169) 河本一郎「手形法一七条但書に該当するとされた一事案——未必の悪意」神戸八巻四号六三三頁(一九五九)。

(170) 河本・前掲注(169)六三二頁。

(171) 河本・前掲注(169)六三四頁。

(172) 同判決の事案は、次のようなものである。AおよびY_1は、共同してY_2に本件手形を振り出し、Y_2は、これを取立のためにBに白地式で裏書し、Bは、これをXに交付した。Xは、Aに対しBの弟Cを通じて為した貸金があり、A振出の約束手形の交付を受けていたが、この手形が不渡となっていたので、Xは、Y_1とAとの共同振出でありかつY_2の裏書のある本件手形をC方においてBより取得したものである。したがって、Xは本件手形の取得に対し対価を払ったものではなく、Bの特別の恩恵行為であり、その際、BがY_2より本件手形の裏書を受けた理由については全く話されなかった。Xは、Y_1およびY_2に対し手形金の支払を請求したが。判決は、Y_1に対する請求については認容したが、Y_2に対する請求については、未必の悪意を認定して棄却した。

(173) 河本・前掲注(169)六三八頁。

(174) 森本滋「手形小切手法の理論と実務」法教一八一号八九頁以下(一九九六)参照。

(175) 山口・前掲注(139)二二四頁。

(176) ただし、「蓋然性」という概念は、「可能性」と「確実性」との間に位置する概念であるため、「蓋然性説」による場合には、河本教授が危惧するように裁判官の事実認定に左右される余地は広くなろう。仮に「蓋然性」を「可能性」に近づけて考える場合には、重過失との境界が不明確なものとなるおそれがあるが、とくに電子債権研究会・前掲注(136)四二頁以下においては、「重過失を要件とすると、多くの事由を登録した方が重過失が認定しやすくなってしま」うという点が指摘されており、「蓋然性」を過度に「可能性」に近づけて考えることも妥当でなかろう。なお、前掲注(78)最判昭三五・一〇・二五も、手形法一七条について手形所持人の重過失を問わないものと解している。

（177）Baumbach/ Hefermehl/ Casper, a. a. O. (Fn. 35) WG Art. 17 Rdn. 116.
（178）幾代通・徳本伸一『不法行為法』二六頁（有斐閣、一九九三）。

四　所持人の直接の前者に対する抗弁の認識の有無を問題にする点について

1　問題とされる三つの場合

河本フォーミュラが所持人の直接の前者に対する抗弁の認識の有無を問題にする点に関しては、「確かに巧みな定式ではあるが、細かく見るとうまく適用できるかよくわからないケースもありそうである」とされ、その例として、①譲渡禁止特約の存在を知って手形を譲り受けた場合、②手形割引の依頼を受けて手形を預かった者から割引依頼の趣旨に反することを知って手形を譲受けた場合および③融通手形の抗弁を第三者に対して主張しうる場合が挙げられる[179]。そこで、以下においては、さしあたりこの三つの場合について検討する。

2　譲渡禁止特約の存在を知って手形を譲り受けた場合

河本教授は、「手形法における悪意の抗弁」においては、この場合について触れていないが、その一年後に執筆された「手形法一七条但書に該当するとされた一事案――未必の悪意」においては、「……手形外になされた裏書禁止の特約を知って譲受けた者に対しては、債務者は抗弁の対抗をなしうるかの問題である。この場合にも、かかる特約のみの認識からは、成立し得べき具体的な抗弁についての認識を取得者は持ち得ない。しかしその場合にも、債務者はかかる取得者に対して悪意の抗弁を対抗し得るであろうかという問題については、私はこれを肯定し得べきものと思う」と述べている[180]。

手形の譲渡の本質については、これを債権譲渡と解する債権譲渡説と証券所有権の譲渡と解する所有権説＝債権原始取得説との争いがあるが、証券はそれが表章する権利と離れては無価値なものであることから、債権譲渡説を妥当なものと解すべきである。[181] 債権譲渡説に従う場合には、この場合について民法四六六条二項を適用することも考えられないではない。しかし、平成二八年改正後の民法四六六条三項は、最判昭四八・七・一九民集二七巻七号八二三頁に従って譲受人保護の主観的要件として善意無重過失を要求していることから、この場合に同項を適用することは、手形の流通性を害し、妥当でない。ちなみに「電子債権に関する私法上の論点整理」においても、「電子債権の債務者が電子債権の譲渡を禁止することを認めるか」という問題について、「（平成二八年改正前——筆者）民法四六六条二項の解釈上重過失が要件とされ、さらには調査義務まで要求する下級審裁判例もある現状のもと、電子債権について同様の議論が持ち込まれると電子債権の流通性を阻害することになるのではないか」という懸念が示されていた。[182]

この場合に手形法一七条但書を適用する場合には、河本フォーミュラは、妥当しないものといわざるをえないであろう。しかし、問題は、この場合に手形法一七条但書を適用するのが妥当か否かである。債権譲渡説に従う場合には、手形法一七条においては、債権譲渡とともに所持人の直接の前者に対する債務者の抗弁が承継されるか否かが問題とされるが、[183] この場合においては、所持人の直接の前者の手形金支払請求は否定されず、所持人の直接の前者に対する債務者の抗弁は、そもそも存在しない。したがって、この場合に手形法一七条但書を適用することは、必ずしも自然でなく、この場合は、譲受人について信義則（民一条二項）違反が認められ、譲受人の請求は、権利の濫用（民一条三項）となり、債務者は、譲受人に対し一般悪意の抗弁を対抗しうるものと解するのが妥当ではなかろうか。[184]

3　手形割引の依頼を受けて手形を預かった者から割引依頼の趣旨に反することを知って手形を譲り受けた場合

この場合に手形を預かった者を無権利者と解するときは、その者から割引依頼の趣旨に反することを知って手形を取得した者に対しては、悪意の抗弁ではなく、無権利の抗弁または有効性の抗弁を対抗しうるものと解するのが論理的である。しかし、判例においては、この場合に手形を預かった者に対しては、無権利の抗弁を対抗しうると解するものが多いが、その者から割引依頼の趣旨に反することを知って手形を取得した者に対しては、悪意の抗弁を対抗しうると解するものが多いといわれる。[185] この場合に手形を預かった者を権利者と解すべきか無権利者と解すべきかは、難問であるが、隠れた取立委任裏書を受けた者を権利者と解する現在の通説的見解（信託裏書説）[186]からは、これを権利者と解することもあながち不当ではなく、したがって、その者から手形を取得した者に対し悪意の抗弁を対抗しうるものと解することも不当ではあるまい。

河本フォーミュラが所持人の直接の前者に対する抗弁の認識を問題にする点に関し、この場合が「うまく適用できるかよくわからないケース」とされるのは、「割引依頼の趣旨に反すること」が所持人の直接の前者に対する抗弁とは考えにくいためであろう。しかし、割引依頼の趣旨に反することを知って手形を取得した者に対して悪意の抗弁を対抗しうるものと解する判例としては、東京高判昭三八・五・三〇東高時報（民事）一四巻五号一五一頁、東京高判昭四四・三・一三金法五四五号二六頁、名古屋高判昭五一・一一・三〇判タ三四七号二〇三頁、大阪高判昭五二・八・九判時八七六号一一八頁、東京高判昭五八・一・一八金判六八一号一一頁等が挙げられるが、いずれにおいても所持人の認識対象として「割引依頼の趣旨に反すること」自体が問題とされているわけではない。

例えば大阪高判昭五二・八・九の事案は、以下のようなものである。

Y_1およびY_2は、共同経営しているうどん店の支店を新設する資金を調達するため、Aに対し、A自らが割り引くか、他で割り引いて割引金を渡してほしい旨依頼して、Y_1振出の本件手形を交付し、Y_2が個人保証の趣旨で本件手形に裏書をした。Aは、XからXのAに対する債権があるから本件手形の割引金でその決済をするようにいわれ、本件手形はY_1らから割引方の依頼を受けて預かっているものであるからこれでAの個人的債務を決済することは困る旨告げて一旦はこれを断ったが、結局、これを承諾し、本件手形をXに交付した。Xは、現実に本件手形の割引金をAに交付することなく、Aの債務の返済にあてることにした。判決は、「Aは、Y_2、およびY_2を通じてY_1から、Y_1振出にかかる本件手形をA自らが割り引くか他で割り引いてその割引金をY_1らに交付してほしい旨の依頼を受けてその交付を受け、これにY_1の裏書をえたものであるから、Aが右割引金をY_1らに交付しない以上、Aからの手形金請求に対しY_1らが人的抗弁をもって支払を拒絶できることは明らかである。そこで、Y_1が右人的抗弁をXに対抗できるかどうかについてみると、……XがAに割引金を交付することなく本件手形を取得するにおいては、本件手形の割引金相当額がAからY_1らに交付される見込みは全くないのであって、Xとしてはこのことも当然に知っていたものと認めることができる。したがって、Xは、本件手形を取得した際本件手形の前者であるAに対しY_1らが前記抗弁を主張することは確実であるとの認識を有していたものといえるから、Xは、本件手形債務者であるY_1らを害することを知って本件手形を取得した者ということができる」と判示した。

右の判決において所持人Xの認識対象として問題とされているのは、「割引依頼の趣旨に反すること」ではなく、「本件手形の割引金相当額がAからY_1らに交付される見込みは全くない」ことである。これは、要するに割引金の未交付ということであり、他の判例においてもこのような点が所持人の認識対象として問題とされており、妥当であろう。そして、割引金の未交付は、所持人の直接の前者に対する抗弁にほかならないから、この場合に河本フォーミュラを適用することについて特に問題はないものと考える。

4　融通手形の抗弁を第三者に対して主張しうる場合

融通手形の抗弁について河本教授は、前述のように「ある特定人との関係においてのみ成立するという、いわば生来的に人的な抗弁」と解している（以下この見解を「生来的人的抗弁説」という。）[187]。判例も、「被融通者をして該手形を利用して金銭を得もしくは得たと同一の効果を受けさせるためのものであるから、該手形を振出したものは、被融通者から直接請求のあった場合に当事者間の合意の趣旨にしたがい支払いを拒絶することができるのは格別、その手形が利用されて被融通者以外の人の手に渡り、その者が手形所持人として支払いを求めてきた場合には、手形振出人として手形上の責任を負わなければならないこと当然であり、融通手形であるの故をもって、支払いを拒絶することはできない」ものと解し、生来的人的抗弁説と同様の結論をとる。(188)

生来的人的抗弁説は、一時期は通説的見解であったが、現在においては、手形が融通手形であることを知っていただけでは悪意の抗弁の対抗が認められず、例えば被融通者が手形の満期までに融通者に支払資金を提供しえないことが確実であるという付加的事情までを知っていてはじめて悪意の抗弁の対抗が認められるものと解し、融通手形の抗弁を通常の人的抗弁と解する山口幸五郎教授の見解(189)が多数説となっている。この見解に対しては、「それが基本的に手形法一七条の悪意の意味内容を河本フォーミュラに求めるため、それでは融通手形の抗弁は振出人にとり被融通者に対しては常に対抗が確実なものとなって、第三取得者が融通手形である旨知っていれば、悪意の抗弁が成立してしまう」との批判もある。(190)たしかに、融通手形の抗弁を通常の人的抗弁と解しつつ河本フォーミュラを適用すると、手形が融通手形であることを知っていただけで悪意の抗弁の対抗が認められることとなるはずであるが、山口教授は、――意識的にか無意識的にか――「満期において、手形債務者が所持人の直接の前者に対し、抗弁を主張して手形の支払を拒むことは確実であるという認識をもっていた」という同フォーミュラを「満期または権利行使のときにおいて融通者なる手形債務者が抗弁を主張することは確実であると手形取得のときに認識して」というように変容させ(191)、そのような結論を避けている。しかし、前述のように、債権譲渡説に従う場合には、手形法一七条においては、債権譲渡とともに所持人の直接の前者に対する債務者の抗弁が承継されるか否かが問題とされることとなり、同条但書により債務者が所持人に対抗しうる悪意の抗弁は、所持人の直接の前者に対する抗弁そのものとなるものと解されるが、山口教授の見解において手形法一七条但書により債務者が所持人に対抗しうる抗弁は、所持人の直接の前者に対する抗弁とは異なる、所持人自身に対するものとなってしまう。そうだとすると、山口教授の見解は、債権譲渡説と理論的に整合しないこととなる(192)。

他方、木内宜彦教授は、融通手形の抗弁の内容を被融通者の融通契約違反に求め、手形が融通手形であることを知っていただけで悪意の抗弁の対抗が認められないのは、「その譲渡の時点で原則として承継されるべき被融通者に対する抗弁事由がそもそも存在しないからである」と解している(193)。そして、近時、融通手形が振り出される場合には、「A振出の手形でもってBがAの信用を利用し第三者（C）から金銭の融通を受けることを目的とする手形交付の合意がAB間でなされる」と解して木内教授の見解と同様の理論構成をする見解もある(194)。これらの見解によると、融通手形当事者間において融通契約違反が生ずるのは、融通契約に違反する態様において被融通者が手形を譲渡した場合に限られ、そのような態様の譲渡がなされるまでは「被融通者に対する抗弁事由がそもそも存在しない」と解されることとなるが、それにもかかわらず、なぜ「該手形を振出したものは、被融通者から直接請求のあった場合に当事者問の合意の趣旨にしたがい支払いを拒絶することができる」のか説明に窮するであろう。

生来的人的抗弁説に対しては、例えば「融通手形の抗弁の場合に限って手形債権とともに承継されないと構成するのは理論的一貫性を欠き、また、融通契約の多様性を無視して一律に生来的人的抗弁と把握する点に問題がある上、一般の人的抗弁と生来的人的抗弁を区別する基準が明確でない」との批判もある(195)。しかし、多様な融通契約においても、融通者である手形行為者が被融通者に対し手形債務を負担する売買契約等の原因が欠けているという原因関係における抗弁を共通に有することは否定しえない(196)。そのうえで悪意の抗弁を「所持人の直接の前者に対する抗弁」と解する場合には、融通手形の抗弁は、悪意の抗弁とはなりえない特殊な生来的人的抗弁と解さざるをえないであろう。そして、融通手形の抗弁を特殊な生来的人的抗弁とするものは、融通者である手形行為者の意思と解される。このように解することは、私的自治を原則とする私法の解釈として決して不自然ではあるまい。生来的人的抗弁説によると、被融通者が手形の満期までに融通者に支払資金を提供しえないことが確実であるという付加的事情や被融通者の融通契約違反を知って被融通者から手形を取得した者に対しては、被融通者である手形行為者は、信義則（民一条二項）違反（一般悪意の抗弁）を対抗しうると解される[197]。

なお、現在のドイツにおいても、「融通合意は、一七条の範疇に含まれない。それは、抗弁の新たな範疇の重要な場合、すなわち排除を要しない抗弁（nichtausshlußbedütigen Einwendungen）を示す」と述べ、この抗弁の特徴は、「手形所持人と債務者との合意により手形の割引が抗弁にかかわらず許容される」点にあり、「手形所持人が裏書を利用するか債権譲渡を利用するかは、融通署名者にとって重要でない」ことから、「この命題は、とくに債権譲渡の場合に確証される」ものと解する有力な見解があり[198]、この見解は、理論構造において生来的人的抗弁説と合致する。

5　まとめ

所持人の直接の前者に対する抗弁についての認識の有無を問題にする河本フォーミュラが「うまく適用できるかよくわからないケース」として挙げられる三つの場合、すなわち①譲渡禁止特約の存在を知って手形を譲り受けた場合、②手形割引の依頼を受けて手形を預かった者から割引依頼の趣旨に反することを知って手形を譲受けた場合および③融通手形の抗弁を第三者に対して主張しうる場合のうち、②の場合については、同フォーミュラを適用することができ、①および②の場合については、同フォーミュラを「うまく適用できるかよくわからないケース」というよりも「適用することが妥当でないケース」というべきではないかと考える。

河本フォーミュラが「うまく適用できるかよくわからないケース」は、上記の場合に尽きるものではなかろうが、債権譲渡説に従う場合には、手形法一七条においては、債権譲渡とともに所持人の直接の前者に対する抗弁が承継されるか否かが問題とされることとなり、同条但書により債務者が所持人に対抗しうる悪意の抗弁は、所持人の直接の前者に対する抗弁そのものとなるものと解されることから、その悪意の解釈としては、――必然的とまではいえないにせよ――所持人の直接の前者に対する抗弁についての認識の有無を問題にすることが理論的に自然であろう[199]。前述のように現在のドイツの通説的見解は、「取得者は、その結果を引き起こすことを欲しようと、生じうる結果を認容しようと、債務者を抗弁の喪失により害し、その結果が彼の意思に受容されることについて明白に認識していなければならない」というフォーミュラを採用しているが、「債務者を抗弁の喪失により害する」という結果の認識は、所持人の直接の前者に対する抗弁についての認識とほぼ重なり合う。以上のことから、同フォーミュラが所持人の直接の前者に対する抗弁についての認識の有無を問題にする点は、維持されるべきであり、直接の前者に対する抗弁以外の事柄に関する認識を有することにより手形所持人の権利行使を否定するのが妥当な場合については、一般悪意の抗弁の適用により処理するのが妥当である。河本教授自身は、「所持人がその手形を正当に処分する権限を持っていないことを知りながら取得したことをもって、害意の内容とすべきではないかという気もする」と述べており[200]、一般悪意の抗弁というやや曖昧な抗弁の適用を最小限度のものにしたいという意図とも考えられるが、悪意の抗弁と一般悪意の抗弁の無理な一元化は、人的抗弁に関する理論的混乱を招くであろう。

(179)　藤田友敬「判批」鴻常夫ほか編『手形小切手判例百選〔第五版〕』五七頁（有斐閣、一九九七）。
(180)　河本・前掲注（169）六三七頁。
(181)　拙著・前掲注（48）一五二頁以下参照。
(182)　電子債権研究会・前掲注（136）三九頁。
(183)　ただし、債権譲渡説をとりつつも、「手形債権は、手形行為が有効に行われたかぎり、文言によって確定された内容の権利として無因的に発生し、手形の裏書によって移転するのは、手形債権であって、手形外の人的抗弁は被裏書人に承継されない。したがって、手形債務者が、裏書人に対し主張できる何らかの人的抗弁があっても、それをもって被裏書人に対抗できないのは当然である」と解する見解もある（属人性説。田邊光・前掲注（64）一四四頁）。この見解によると、債権譲渡とともに所持人の直接の前者に対する債務者の抗弁が承継される余地はないこととなる。しかし、人的抗弁は、「人に付着する」ものであるが、同時に原則として「手形上の権利に付着する」ことを認めなければ、手形上の権利が債権譲渡の効力により譲渡される場合において人的抗弁が切断されないことの説明が困難となる（弥永真生『リーガルマインド手形法・小切手法（第二版補訂二版）』一六〇頁以下注（7）（有斐閣、二〇〇七）参照）。したがって、手形債務負担行為の無因性は、人的抗弁の切断の「前提」にすぎないものと解すべきであり、人的抗弁が「手形上の権利に付着する」ことを否定する限りにおいて属人性説には賛成しえない。

(184) 山口・前掲注（139）二二四頁参照。

(185) 神田秀樹「判批」ジュリ七五九号一四九頁（一九八二）参照。

(186) 前田・前掲注（29）三八〇頁以下等参照。

(187) 河本・前掲注（64）五三〇頁。

(188) 最判昭三四・七・一四民集一三巻七号九七八頁。

(189) 山口幸五郎「いわゆる融通手形の抗弁について――融通手抗弁の多様性と悪意抗弁の成否――」ジュリ三七四号九三頁（一九六七）参照。

(190) 川村・前掲注（54）二一八頁。

(191) 山口・前掲注（189）九三頁。法制審議会電子債権法部会・前掲注（136）一四頁も、同様に河本フォーミュラを変容させている。

(192) 前掲注（183）参照。

(193) 木内・前掲注（64）二二四頁以下。

(194) 菊池・前掲注（10）二四〇頁。

(195) 高橋英治「判批」神田秀樹・神作裕之編『手形小切手判例百選（第七版）』五五頁（有斐閣、二〇一四）。

(196) ただし、交付合意論（第二章第一節参照）をとる場合には、融通契約が原因となる。交付合意論をとる場合の融通手形の抗弁に関する詳細については、菊地和彦「交付の合意と融通手形の抗弁」私法五八号二三八頁以下（一九九六）参照。
(197)　最判昭四二・四・二七民集二一巻三号七二八頁、河本・前掲注（86）五三二頁以下等参照。
(198)　Hueck/Canaris, a. a. O. (Fn. 4) §9I4.
(199)　これに対し、所有権説に従う場合には、悪意の抗弁の理論構成は、河本・前掲注（64）五二五頁以下が述べるように「前者の権利とは独立の手形上の権利を、手形債務者に対し取得するに至ったその態様に、信義誠実の原則に反すると認められるものがある場合に、その行使を許さない」というものになるため、その悪意の解釈として所持人の直接の前者に対する抗弁についての認識の有無を問題にすることは、必ずしも自然ではない。
(200)　河本・前掲注（169）六三三頁。

五　むすび

一九五八年に「手形法における悪意の抗弁」において河本フォーミュラを提唱した河本教授がその一年後の「手形法一七条但書に該当するとされた一事案——未必の悪意」の発表以降においても同フォーミュラを自説として維持しているのか否かは、必ずしも定かではない。しかし、同フォーミュラは、今日、同教授自身の手を離れ、わが国の手形小切手法学界の共有財産となっているといえよう。

本稿は、河本フォーミュラの特徴的な二つの点、すなわちそれが債務者の抗弁主張の確実性を問題にする点および所持人の直接の前者に対する抗弁についての認識の有無を問題にする点について考察を加えたものである。後者の点については、手形の譲渡を債権譲渡と解する債権譲渡説と理論的に整合する考え方として妥当なものと考えるが、前者の点については、動的安全の保護に傾きすぎている嫌いがあり、問題なしとしない。とくに人が実際に対面して行われることが予定されていない電子記録債権の譲渡に未必の悪意を有する譲受人を保護する結果をもたらす同フォーミュラをそのままのかたちで持ち込むことは、債務者の静的安全を軽視するものとして妥当でない。そこで、筆者は、とくに譲受人の主観面を重視し、同フォーミュラを「債権を譲り受けるにあたり、履行期において、債務者が譲渡人に対し、抗弁を主張して債務の履行を拒むことを認容していた」と言い換えて緩和し、手形および電子記録債権における静的安全と動的安全との均衡を図ることがさしあたり妥当なものと考えている。

第四章　物品証券の法理

第一節　船荷証券に関する債権的効力

一　はじめに

「商法及び国際海上物品運商法の一部を改正する法律」（平成三〇年法律第二九号）は、二〇一八年五月一八日に成立し、同年五月二五日に公布された[1]。同法は、船荷証券等の物品証券について大きな改正を行っているが、改正以前に「貨物引換証ヲ作リタルトキハ運送ニ関スル事項ハ運送人ト所持人トノ間ニ於テハ貨物引換証ノ定ムル所ニ依ル」と規定していた商法五七二条は、船荷証券に準用され（改正前商七七六条）、同様の規定が倉庫証券についても存在していた（改正前商六〇二条・六二七条二項参照）。改正前商法五七二条等が規定していた効力は、一般に債権的効力と呼ばれ、主として空券および品違いの場合の取扱いが議論されてきた。

物品証券の債権的効力についてかつては、物品証券の要因性を理由としてこれに一応の証拠力（prima facie evidence）しか認めず、文言性を認めない見解[2]や運送賃等の軽微な事項についてのみそのような文言性を認める見解[3]も有力であった。これらの見解によると、空券の場合には、証券は無効であるため、運送人等に物品返還義務はなく、また、品違いの場合には、運送人等は実際に受け取った物品を返還すれば足りることとなり[4]、これらの場合には、運送人等に不法行為責任が認められる余地があるとしても、物品証券の流通性が多少なりとも損なわれることとなる。そのため、学説の多くは、要因性の意味を証券に原因の記載を要するということと解したり（証券権利説）[5]、あるいは物品証券に無因性を部分的に認めるなどの理論構成により空券等の場合に文言性を認めようとしてきたが[6]、近年においては、空券等の場合に運送人等に対し文言性による無過失責任ではなく契約締結上の過失に基づく責任を負わせることを妥当と解する見解も有力となっている[7]。

筆者は、旧著において民法上の指図債権に関する抗弁制限について規定する改正前民法四七二条の意義について考察し、物品証券の債権的効力にも触れたが[8]、物品証券の債権的効力自体の考察としては少々不十分なものであった。他方、かつて「船荷証券に事実と異なる記載がされた場合には、運送人は、その記載につき注意が尽されたことを証明しなければ、その記載が事実と異なることをもつて善意の船荷証券所持人に対抗することができない」と規定していた改正前国際海上物品運送法九条は、周知のように一九九二年に「運送人は、船荷証券の記載が事実と異なることをもって善意の船荷証券所持人に対抗することができない」と改正された[9]。この改正については、立法論的疑問も呈されていたが[10]、国際海上物品運送法上の船荷証券（以下「国際船荷証券」という。）の債権的効力として一定範囲で運送人の無過失責任を導く文言性ないし記載事項に関する抗弁制限が認められることについては、異論の少ないところであった。そして、二〇一八年改正法は、貨物引換証を消滅させるとともに、船荷証券について規定を整備する中で改正前国際海上物品運商法九条と全く同じ文言の規定を置き（商法七六〇条。同条は、商法七六九条により複合運送証券にも準用されている。）、国際船荷証券については、商法上の船荷証券に関する規定を適用し（国際海運一五条）、倉荷証券についても、同様の規定を置いた（商法六〇四条）。その意味では、商法上の物品証券の債権的効力を考察する上でも、国際船荷証券のそれに関する研究は一層重要なものとなった[11]。

最近では物品証券に関する法律関係に対して権利外観理論を適用する見解が支持者を増やしつつあるが[12]、物品証券に関する法律関係に対して権利外観理論を適用するためには、これを設権証券と解することが前提となる[13]。そこで、本節においては、――以前の考察とかなりの部分で重複するが――物品証券に関する文言性と抗弁制限の関係およびその設権性について考察したうえで、改正前国際海上物品運送法九条の成立と改正の経緯を概観し、船荷証券における抗弁制限に関する諸問題とその要因・無因性と理論的相剋について考察したい。

（1）この法律の施行期日は、平成三一年四月一日とされている（商法及び国際海上物品運商法の一部を改正する法律の施行期日を定める政令（平成三〇年政令第三三八号）参照）。
（2）大橋光雄「船荷証券の要因性」『船荷証券及船舶担保法の研究』二八一頁以下（有斐閣、一九四一）参照。
（3）松本烝治『商行為法』二四一頁以下（中央大学、第三二版、一九二九）参照。
（4）松本・前掲注（2）二四二頁、大橋・前掲注（1）二八四頁参照。
（5）竹田省『商法の理論と解釈』四五九頁以下（有斐閣、一九五九）、田中誠二『海商法詳論増補第版』四〇一頁（勁草書房、一九八五）、大隅健一郎『商行為法』一五六頁以下（青林書院、一九五八）参照。
（6）鈴木竹雄・前田庸『手形法・小切手法（新版）』一三頁（有斐閣、一九九二）、藤原雄三「貨物引換証の債権的効力」長谷川雄一教授還暦記念論文集『有因証券法の研究』一六一頁以下（成文堂、一九八九）、前田庸『手形法・小切手法』七七頁（有斐閣、一九九九）参照。平出慶道『商行為法（第二版）』五四四頁（青林書院、一九八九）も、この見解に近い。
（7）鴻常夫「倉庫証券の債権的効力」鈴木竹雄・大隅健一郎編『商法演習Ⅱ』八四頁（有斐閣、一九六〇）、落合誠一『運送法の課題と展開』二五五頁以下（弘文堂、一九三四）、江頭憲治郎『商取引法（第八版）』三九〇頁以下注（1）（弘文堂、二〇一八）参照。
（8）拙著『有価証券と権利の結合法理』二一三頁以下（成文堂、二〇〇四）参照。本節の考察は、旧著における考察の「追完」というべきものである。
（9）国際海上物品運送法は、原則として船舶による物品運送で船積港または陸揚港が本邦外にあるものについて適用されることから（同法一条）、国際船荷証券は、船積港または陸揚港が本邦外にあるものについて発行され、国内法上の船荷証券は、船積港および陸揚港が本邦内にあるものについて発行される。

(10)　江頭・前掲注（7）三一二頁注（10）参照。

(11)　もっとも、業界関係者によると、「国内海上運送の船荷証券は、一九七〇年代に沖縄航路で利用していた記憶があるが、現在では、利用していない」とのことであり、「国内海上運送の船荷証券の発行を求められた場合には、実務上拒むことになる」とされる（運送法制研究会「運送法制研究会報告書」四九頁（http://www.shojihomu.or.jp/unsohosei/unsohosei.pdf））。

(12)　戸田修三ほか編『総合判例研究叢書商法（9）』一五五頁〔小島孝〕（有斐閣、一九六三）、藤原・前掲注（5）一五二頁以下、田邊光政『商法総則・商行為法（第三版）』二九二頁以下（新世社、二〇〇六）、新里慶一「船荷証券の債権的効力の再構成」中京四六巻三・四号一二三頁以下（二〇一二）、浅木愼一『手形法・小切手法入門（第二版）』四二頁以下（中央経済社、二〇一三）参照。

(13)　Zöllner, Wertpapierrecht, 14. Aufl. 1987, §6 VI は、「権利外観理論は、ほぼ一般に是認されている見解によると、権利が表章より以前に発生する有価証券（非設権的有価証券）にも適用されない」と述べている。

二　物品証券に関する文言性と抗弁制限

竹田省教授は、有価証券に関する文言性と抗弁制限の関係について「ドイツの学説に於ては、証券の文言的効力を抗弁制限から導き出すものが頗る多い」として「卑見も、証券の文言的効力の根拠は、これを抗弁制限法則に求むべきであると信ずる」と述べつつも、「つきつめて考えれば、抗弁制限法則は、文言的効力の存在を前提するに過ぎないのであって、この法則自体が文言的効力を定めたものだとすることは正しくない。若しこの法則が即ち文言的効力を定めたものだとすると、文言的効力を有する債権とは、債務者が証券の記載に基づかざる人的抗弁を以て善意の取得者に対抗し得ざる証券だといふことになり、文言的効力は取得者の善意なると悪意なるとにより、有ったり無かったりすることになる。しかし、これでは、この効力を以て証券そのものに付着する性質とすることとは相容れない」と述べる。[14] この見解は、――必ずしも理解が容易ではないが――抗弁制限は文言性の根拠になりうるが、善意者保護制度である抗弁制限と証券に付着する文言性とは本質を異にすると解するものといえようか。

他方、谷川久教授は、自己の立場を「船荷証券の文言的効力の基礎を法定の抗弁制限に求める立場」と規定しつつ、文言性を「証券そのものに付着する性質」と解する竹田教授の見解について「手形の如き抽象的証券を基礎として有価証券一般理論を導くことから生じた結論」にすぎないと批判したうえで、「船荷証券等は本来、原因関係上の権利関係によって証券上の権利関係も命運を共にすべき性質の証券であるのであるから、むしろ、善意の証券取得者に対して抗弁が制限され、その結果として証券所持人は文言に従った権利を行使しうることになるに過ぎないものと理解されるべきであり、その意味では、船荷証券が、それにより権利の内容が決定されるという趣旨で文言的効力を有するというのは、法定の抗弁制限の結果の、善意取得者に与えられる効果の側面よりする表現」であると述べる。[15]

右の二つの見解は、文言性のとらえ方については対立するが、文言性の理論的な根拠ないし基礎を抗弁制限に求める点については一致する。これに対し、最近、新里慶一教授は、「抗弁制限は、船荷証券取引の安全・善意の船荷証券取得者の信頼保護という目的のために設けられた（改正前――筆者）七七六条・五七二条を適用したことによる効果を表現したものである」という理由から「（文言性の根拠を抗弁制限に求める――筆者）抗弁制限説は、（文言性の――筆者）法理論的基礎になりえない」と解する。[16]

文言性が「証券そのものに付着する」性質だとしても、その証券の性質が善意者に対してのみ及び、悪意者に対しては及ばないものと解することは不可能ではあるまい。また、そもそも文言性が「証券そのものに付着する」ということは、比喩にすぎない。そうだとすると、物品証券に関する限りにおいては、文言性と記載事項に関する抗弁制限とは、本質的に同じものに関する異なる表現と解してよいであろう。そして、同じものに関する一方の表現が他方の表現の理論的根拠ないし基礎となりうると解することはできない。したがって、物品証券の債権的効力としての文言性と記載事項に関する抗弁制限とは、互いに理論的な根拠ないし基礎となりうるものではないと考える。

(14) 竹田・前掲注(4)四八五頁。平出・前掲注(5)五四〇頁も、この見解を支持する。
(15) 谷川久「船荷証券記載の効力」法雑九巻一号六三頁以下(一九六二)。
(16) 新里・前掲注(12)一六八頁。

三　物品証券の設権証券性

1　設権証券性の意義

一般に設権証券とは、証券に表章される権利が発生するためにその証券の作成等の証券的行為が必要な証券であり、手形を典型とし、非設権証券とは、証券の発生前にすでに発生している権利を表章する証券であり、株券を典型とするものと解されている[17]。他方、有価証券はすべて設権証券と理解することも可能だとする見解もあり、例えば「有価証券にあっては、その所持人は、最初の受取人を含めて、発行者が証券を作成・発行したことを主張・立証するだけで権利行使ができるということでもあるから、行使される権利は証券の発行によって創られたと見ることもでき、有価証券は全て設権証券であるという理解も成り立つ」といわれる[18]。有価証券における設権証券性の問題は、基本的には、証券の発行によってそれ以前に存在する権利が同一性を保ちつつ変容するものと解するのが自然か、証券の発行によってそれ以前に存在する権利とは同一性のない新たな権利が発生するものと解するのが自然かという法律構成の自然性に関する問題といえる。

ところで、手形については、特定の債務の支払のために作成された手形がその債権者への交付前に流通に置かれて善意の所持人に対する権利外観理論または創造説の適用による債務が発生した場合にも、その債権者は権利を失わないものと解される。[19]このことは、手形の交付欠缺の場合に権利外観理論等の適用によりそれ以前に存在する権利とは同一性のない新たな権利が発生することを意味するであろう。そうだとすると、手形については、交付欠缺等の場合に限らず、正常な発行の場合においても、証券の発行以前に存在する権利とは同一性のない新たな権利が発生する設権証券と法律構成することが自然である。これに対し、株券については、交付欠缺の場合に、株券の効力発生による株式の発生を認めつつ、本来の株主も権利を失わないと解することは不当なものと解されている。[20]そうだとすると、株券については、証券の発行によりそれ以前に存在する権利が同一性を保ちつつ変容する非設権証券と法律構成することが自然である。[21]

手形と株券について右のような相違が生ずる理由のひとつは、手形が排他性（ある権利が存在すると、それと相容れない内容の権利が同時に成立しえないこと）のない純粋な金銭債権を表章するものであるのに対し、株券が会社に対する割合的な支配権を含むという点で排他性がないとはいい切れない株式を表章するものであるという点に求められると考える。すなわち、債権を典型とする排他性がない権利を表章する有価証券については、証券の発行によりそれ以前に存在する権利を消滅させずにその権利と同一内容の新たな権利の発生を認めることが理論上可能であり、証券の流通性を高めるためにそのように解することが妥当な有価証券については、設権証券として法律構成することが自然である。手形は、そのような有価証券といえる。これに対し、株券のように排他性がある権利を表章する有価証券については、仮に権利外観理論による権利の発生を認めれば、それ以前に存在する権利を消滅させざるをえないことから、権利外観理論による権利の発生を認めないか、権利外観理論による権利の発生にはそれにより消滅する権利を有する者の承諾を要すると解すべきものと考えられる。もっとも、その承諾は、交付契約の締結という形でなされる必要はなく、すでに証券作成前になされていると解しうる場合もあろうが、そのような有価証券については、証券の発行以前に存在する権利が同一性を保ちつつ変容する非設権証券として法律構成することが自然であろう(22)。

2　物品証券の設権証券性

前述のように手形は設権証券、株券は非設権証券と法律構成することが自然である。そして、通説によると、手形は設権・無因証券、株券は非設権・要因（有因）証券と解されている。無因証券は、原因関係の存否、有効無効の影響を受けないことから、設権証券としか解しようがなく、非設権・無因証券という組合せの法律構成は、論理的に矛盾する。したがって、国際船荷証券を無因証券と解する場合、それが設権証券であることは当然の前提となる。これに対し、設権・要因証券という組合せの法律構成は、――前述のように株券については妥当でないとしても――排他性のない債権を表章する有価証券については論理的に矛盾するとはいえない(23)。したがって、物品証券を要因証券と解する場合にも、これを設権証券と解する余地はある(24)。そして、物品証券を設権証券と解する場合には、理論的にその法律関係に対して権利外観理論を適用する可能性も出てこよう。

(17)　平出慶道『手形法小切手法』九頁（有斐閣、一九九〇）参照。

(18)　大塚龍児ほか『商法Ⅲ手形・小切手〔第五版〕』三〇七頁〔大塚龍児〕（有斐閣、二〇一八）。同旨、小橋一郎『手形法・小切手法』一三頁（成文堂、一九九五）、高窪利一『現代手形・小切手法三訂版』二五頁、三〇頁❺（経済法令研究会、一九九七）。

(19)　最判昭四六・一一・一六民集二五巻号一七三頁は、「手形の流通証券としての特質にかんがみれば、流通におく意思で約束手形に振出人としての署名または記名押印をした者は、たまたま右手形が盗難・紛失等のため、その者の意思によらずに流通におかれた場合でも、連続した裏書のある右手形の所持人に対しては、悪意または重大な過失によって同人がこれを取得したことを主張・立証しないかぎり、振出人としての手形債務を負うものと解するのが相当である」と判示しているが、この判決がいかなる手形理論によったものかは明らかでない。

(20) このような見解として、松田二郎『株式会社法の理論』一〇二頁以下（岩波書店、一九六二）参照。Vgl. Hueck/Canaris, Recht der Wertpapier, 12. Aufl. 1986, § 25 III 2b.

(21) 竹内昭夫＝弥永真生『株式会社法講義』二一二頁以下（有斐閣、二〇〇一）は、松田・前掲注（20）一〇一頁に対し、「この説は、株券の有因証券性・非設権証券性に反する点で根本的におかしい。しかし、そのような基本的な問題に遡るまでもなく、極く手近な実務上の問題として、例えば登記との関係を考えても甚だ妙なことになる。というのは、会社は、発行済株式総数の増加後二週間内に登記変更をしなければならないが……、盗まれた株券が善意取得されたために発行済株式数が増加した旨の変更登記をどういう方法で申請するのか。一体、どういう証明書類を添付させて、株券の紛失とその善意取得の成立を証明させるつもりか（商登八二条以下参照）。会社は誰が何時善意取得しているか分からないのに、二週間という登記期間をいつから起算するのか。起算日も決まらないのに登記懈怠の罰則……をかけうるのか。登記ひとつを考えても、こういう説はたちまち破綻してしまうのである」と批判する。

(22) 以上の点について、拙著・前掲注（8）一〇六頁以下参照。

(23) 大塚ほか・前掲注（18）三一三頁以下〔大塚龍児〕参照。

(24) 永井和之「船荷証券の有価証券としての特質」高窪利一先生還暦記念『現代企業法の理論と実務』六六四頁、六六六頁（経済法令研究会、一九九三）参照。

四　改正前国際海上物品運送法九条の成立と一九九二年改正

1　改正前国際海上物品運送法九条の成立

国際海上物品運送法は、一九二四年に署名された「船荷証券に関するある規則の統一のための国際条約」（以下、「ヘーグ・ルール」という。）の批准に伴って一九五七年に制定されたものである。ヘーグ・ルールにおいて運送人等は、船荷証券に「(a) 物品の識別のため必要な主要記号」、「(b) 荷送人が書面で通告した包もしくは個品の数、容積または重量」および「(c) 外部から認められる物品の状態」という三事項を記載しなければならないものとされ（三条三項）、「このような船荷証券は、反証がない限り、(a)、(b) および (c) の規定に従って当該証券に記載されているとおりの物品を運送人が受け取ったことを推定する証拠となる」ものとされる（三条四項）。このようにヘーグ・ルール三条四項は、船荷証券に事項に関する「一応の証拠力」を認めるにすぎないが、同項の審議において各国間に対立があり、その対立を緩和するため、同項に関する解釈原則として「船主が不注意または過誤により留保を付さずに実際に受領するよりも多くのものについて船荷証券を発行する場合、船主は、誤っている船荷証券のすべての善意の有償所持人に対しその証券のとおりの容積等につき絶対的に責任を負う」という点が議事録に書き留められた[25]。この解釈原則は、禁反言則に基づくものと考えられるが、「各国法により違って解せられるおそれ」も指摘されている[26]。ともあれ、この解釈原則は、二〇一八年改正前国際海上物品運送法九条の立法および解釈に相当の影響を与えることとなる。

一九九二年改正前国際海上物品運送法九条は、「船荷証券に事実と異なる記載がされた場合には、運送人は、その記載につき注意が尽されたことを証明しなければ、その記載が事実と異なることをもって善意の船荷証券所持人に対抗することができない」と規定してヘーグ・ルールにおける三事項を超えて不実事項の記載を規制する。この点については、「わが国の新法の制定に当っては、条約第三条第四項の定める三事項以外の事項については、条約の拘束を受けないので、わが国内法で自由に定め得るところで、これについては、（改正前——筆者）商法第五七二条の準用を認めることもできないことではなかった。しかし、そうすると、新法上の船荷証券の債権的効力は、その記載事項によって、違った効力を有することとなり、複雑となると共に、船荷証券の主要点の記載事項の方が、それ以外の部分の記載事項よりも効力が薄弱になるということになるので、これは、均衡を失し奇妙なことになるから、新法では、新法上の船荷証券の債権的効力は、一律に第九条のような効力を生ずることとした」という説明がなされている。(27)

以上のような事情により、学説においては、一九九二年改正前国際海上物品運送法九条の解釈として国際船荷証券のすべての記載事項に「一応の証拠力」があることを前提に禁反言則による対抗力の制限を認めたものと解するのが一般であったが、(28)「この規定によっては要因性及び文言性の問題には直接的解決が与えられていない」として「文言証券性の面からその責任につき緩和する立場を示している」と解する見解も主張されていた。(29)

2　改正前国際海上物品運送法九条の一九九二年改正

ヘーグ・ルールは、一九六八年議定書（以下、「ヴィスビー・ルール」という。）により改正され（以下、ヴィスビー・ルールにより改正されたヘーグ・ルールを「ヘーグ・ヴィスビー・ルール」という。）、ヴィスビー・ルール一条一項は、流通証券の一般原則からヘーグ・ルール三条四項に「但し、反対の証明は、船荷証券が誠実に行為する第三者に移転されているときは、許容されないものとする」という条項を付加した。この改正については、日本代表団の一員が「原案に示された修正は、わが国際海上物品運送法第九条の趣旨と全く同一のものであることから、わが国は、原案に賛成の態度をもって会議に臨んだ」と述べ、(30)「運送人が無過失のときは反証を許す」と解したうえで「本条により国際海上物品運送法の改正は要しない」と述べていた。(31)ヘーグ・ヴィスビー・ルールは、さらに一九七九年議定書により改正され、わが国は、これを批准したことによりヴィスビー・ルールの批准の効力を受けることとなった（一九七九年議定書六条二項参照）。

右のようにヴィスビー・ルールが制定された当時は、ヘーグ・ヴィスビー・ルール三条四項による国際海上物品運送法九条の改正を要しないという見解があったが、法制審議会商法部会国際海上物品運送法小委員会においては、改正を前提に議論が行われ、「運送人は、過失の有無を問わず、船荷証券の記載事項のいかんにかかわらず、その記載が事実と異なることをもって善意の船荷証券所持人に対抗できないものとする――甲案」、「運送人は、船荷証券の記載事項のうち、運送品の容積若しくは重量又は包若しくは個品の数及び運送品の記号並びに外部から認められる運送人の状態（第七条第一項第二号号及び第三号）については、過失の有無を問わず、その記載が事実と異なることをもって善意の船荷証券所持人に対抗することができないものとし、その余の記載事項の効力については、現行どおりとする――乙案」および「運送人は、船荷証券の記載事項のうち、運送品の容積若しくは重量又は包若しくは個品の数及び運送品の記号並びに外部から認められる運送人の状態（第七条第一項第二号及び第三号）については、過失の有無を問わず、その記載が事実と異なることをもって善意の船荷証券所持人に対抗することができないものとし、その余の記載事項については、規定を設けないものとする――丙案」の案が激しく対立した模様である。[32] そして、三案のうち、結果的に甲案が採用され、年改正前国際海上物品運送法九条は、「運送人は、船荷証券の記載が事実と異なることをもつて善意の船荷証券所持人に対抗することができない」と改正されるに至ったが、甲案が採用された理由については、「改定議定書で、運送人の過失の有無を問わず決定的証拠力を認めたのは、そうしないと流通証券たる船荷証券の流通性が害されるためであり、これは記載事項の如何を問わずあてはまること、運送品の種類の記載に関して実務上の支障が出るのではないかとの指摘に対しては運送人は（改正前――筆者）国際海上物品運送法八条により不知文言を挿入できるので支障はないと考えられること、一通の船荷証券の中で記載事項の如何によりその効力に差を設けることの理論的根拠が不明であること、各国法でも、英国を除き記載事項の如何により差を設けていないこと」が指摘されている。[33]

(25) Documents and proces-verbaux of the sessions, Held from 17 tp 26 October 1922, in Sturley, *The Legislative History of*

the Carriage of Goods by Sea Act and the Travaux Préparatoires of the Hauge Rules, vol. 1, 1990, pp. 395 et 396.

（26）　田中誠二「国際海上物品運送法による船荷証券の債権的効力についての考察」加藤由作博士還暦記念『保険学論集』三九七頁（春秋社、一九五七）。

（27）　田中誠・前掲注（26）三九八頁。同旨、石井照久「国際船荷証券について」小町谷操三先生古稀記念『商法学論集』四九七頁（有斐閣、一九六四）。

（28）　田中誠・前掲注（26）三八九頁、戸田修三「無留保船荷証券と保障状の効力——解釈論と政策論の紛淆に対する反省——」海法会誌復刊六号一五頁（一九五八）、石井照・前掲注（26）四九七頁、鈴木竹雄『新版商行為法・保険法・海商法全訂第一版』一五〇頁注（6）（弘文堂、一九七八）参照。

（29）　谷川久「国際海上物品運送法について（四）」財経詳報一〇七号一三頁以下（一九五七）。谷川久「国際海上物品運送法における船荷証券の債権的効力について」法時三〇巻八号一八頁頁以下（一九五八）参照。山戸嘉一『国際海上物品運送法』一三九頁（海文堂、一九五八）も、「船荷証券の要因性乃至文言性の問題は、殆ど、新法上の解決を見ることが出来なかったといわざるをえない」と述べる。

（30）　谷川久「船荷証券条約及び海難救助条約の改正——第一二回海事法外交会議報告——」海法会誌復刊一三号三〇頁（一九六八）。

（31）　谷川・前掲注（30）三一頁。

（32）　鴻常夫「国際海上物品運送法の改正について」海法会誌復刊三六号九頁（一九九四）。

（33）　山下友信「船荷証券の記載の効力」海法会誌復刊三六号四二頁（一九九四）。

五　船荷証券における抗弁制限に関する諸問題

1　前　説

一九九二年改正前国際海上物品運送法九条は、「船荷証券に事実と異なる記載がされた場合には、運送人は、その記載につき注意が尽されたことを証明しなければ、その記載が事実と異なることをもつて善意の船荷証券所持人に対抗することができない」と規定しており、同条を反対解釈すれば、「船荷証券に事実と異なる記載がされた場合にも、運送人は、その記載につき注意が尽されたことを証明すれば、その記載が事実と異なることをもつて善意の船荷証券所持人に対抗することができる」ということとなる。その意味で、すべての記載事項に「一応の証拠力」があることを前提に禁反言則による対抗力の制限を認めたものという同条に関する一般的な解釈における「禁反言則による対抗力の制限」は、運送人の無過失責任を導く抗弁制限ではなかったと考えられ、一九九二年改正前の国際船荷証券についてそのような意味での抗弁制限は、一般的には認められていなかったといえる。[34]

現行船荷証券については、「運送人は、船荷証券の記載が事実と異なることをもつて善意の船荷証券所持人に対抗することができない」と規定する改正商法七六〇条の文理からも改正前国際海上物品運送法九条の改正経緯からも、「一応の証拠力」を超えた運送人の無過失責任を導く抗弁制限が一定範囲で認められることは、ほぼ疑いないであろう。[35]もっとも、その無過失責任の性質、抗弁制限の範囲および証券取得者保護の主観的態様については、問題が残る。

2　抗弁制限から導かれる無過失責任の性質

船荷証券における抗弁制限から導かれる無過失責任を契約締結上の過失責任と解することは、言葉の矛盾になってしまう。したがって、これは債務不履行責任と解すべきこととなるが、[36]「(「運送人ハ自己若クハ運送取扱人又ハ其使用人其他運送ノ為メ使用シタル者カ運送品ノ受取、引渡、保管及ヒ運送ニ関シ注意ヲ怠ラサリシコトヲ証明スルニ非サレハ運送品ノ滅失、毀損又ハ延著ニ付キ損害賠償ノ責ヲ免ルルコトヲ得ス」と規定していた、改正前――筆者）商法五七七条等の規定が責任発生原因規定であると解するのであれば、過失は要件となる」と解されていたことから、[37]その無過失責任に関する発生原因規定は、改正前商法五七七条と同質の規定に求めることはできない。そのように解する場合には、さらに「証券の記載に従って決定される債務（設権的なものにしろ、非設権的なものにしろ）の性質は、運送契約または倉庫寄託契約であると解していることとの関係」および「（改正前――筆者）国際海上物品運送法九条などが、いかなる根拠によって責任発生原因規定と解しうるかについての十分な理由づけ」が問われるが[38]、これらの問題は、本節六において船荷証券の性質を考察する際に自ずと明らかとなろう。

3　抗弁制限の範囲

改正前国際海上物品運送法九条については、「六八年議定書三条四項の規定と異なる内容を定めたものではないと考えられるので、改正法九条の規定の解釈にあたっては、六八年議定書によって改正された二四年条約三条四項の規定の解釈が重要な意味をもってくる」といわれるが[39]、前述のようにヘーグ・ヴィスビー・ルール三条四項は、「（a）物品の識別のため必要な主要記号」、「（b）荷送人が書面で通告した包もしくは個品の数、容積または重量」および「（c）外部から認められる物品の状態」という三事項のみについて規制するものである[40]。そのため、学説においては、抜取り検査しかできない通常の運送人に対しこの事項を超えて運送品の種類（商法七五八一項一号）についてまで有価証券的抗弁制限による無過失責任を認めることを疑問とする見解もある[41]。しかし、前述のように一九九二年改正前の国際船荷証券については、意識的に「債権的効力は、一律に（改正前――筆者）第九条のような効力を生ずる」こととされていたのであり[42]、現行国際船荷証券において上記三事項のみについて抗弁制限が認められると解するためには、例えば商法部会国際海上物品運送法小委員会において検討された乙案の「運送人は、船荷証券の記載事項のうち、運送品の容積若しくは重量又は包若しくは個品の数及び運送品の記号並びに外部から認められる運送人の状態（第七条第一項第二号及び第三号）については、過失の有無を問わず、その記載が事実と異なることをもって善意の船荷証券所持人に対抗することができないものとし、その余の記載事項の効力については、現行どおりとする」というようなかたちで改正がなされる必要があったように思われる。

学説においては、「条約がわざわざ限定的にしか文言性を認めていない」事項について文言性を拡大することは条約違反であるとして「国際上物品運送法における船荷証券の文言的効力の拡大（とりわけ運送品の種類に関する情報）について、条約との関係で問題がないと言い切れるかは、実はそう自明ではない」と述べる見解もある。(43) 確かにヘーグ・ヴィスビー・ルール三条四項の趣旨は、必ずしも明確でない。商法部会国際海上物品運送法小委員会において激しい意見の対立があったのも、そのためであろう。ただし、同委員会において前述の甲案が採用された理由——とくに「運送品の種類の記載に関して実務上の支障が出るのではないかとの指摘に対しては運送人は（改正前——筆者）国際海上物品運送法八条により不知文言を挿入できるので支障はないと考えられること」——からすると、現行船荷証券の解釈としては、その債権的効力として改正商法七五八条一項の記載事項以外の任意的記載事項を含めたすべての記載事項について抗弁制限が認められると解するほかはないであろう。(44)

船荷証券における運送品の種類について抗弁制限が認められるということは、少なくとも品違いの場合に抗弁制限が認められることを意味するが、「品違いの場合であっても証券所持人からすれば実質的には空券の場合と等しい場合がいくらもある」(45) ことを考慮すると、空券の場合にも同様に解してよいと考える。(46) 問題は、運送契約の不存在、無効、取消等の場合に抗弁制限が認められるか否かであるが、この問題も、本節六において考察する船荷証券の性質に関わってこよう。(47)

4　運送契約に関する規定から生ずる抗弁

船荷証券が発行された場合にも、例えば責任の消滅に関する改正商法五八五条＝国際海上物品運送法一五条等の運送契約に関する規定は原則として適用される。(48) したがって、船荷証券が発行された場合にも、運送人は、原則としてこれらの規定から生ずる抗弁を主張しうる。

国際海上物品運送法四条二項は、運送人は「次の事実があつたこと及び運送品に関する損害がその事実により通常生ずべきものであることを証明したとき」は原則として運送品に関する損害賠償責任を免れると規定し、「海上その他可航水域に特有の危険」（一号）、「天災」（二号）、「戦争、暴動又は内乱」（三号）、「海賊行為その他これに準ずる行為」（四号）、「裁判上の差押、検疫上の制限その他公権力による処分」（五号）、「荷送人若しくは運送品の所有者又はその使用する者の行為」（六号）、「同盟罷業、怠業、作業所閉鎖その他の争議行為」（七号）、「海上における人命若しくは財産の救助行為又はそのためにする離路若しくはその他の正当な理由に基く離路」（八号）、「運送品の特殊な性質又は隠れた欠陥」（九号）、「運送品の荷造又は記号の表示の不完全」（一〇号）、「起重機その他これに準ずる施設の隠れた欠陥」（一一号）を列挙するが、同法四条三項は、「前項の規定は、商法第七六〇条の規定の適用を妨げない」と規定しているため、船荷証券に不実記載をした運送人は、運送品に関する同条二項六号、九号および一〇号の事由を証明をしても損害賠償責任を免れないこととなる。(49)

国際海上物品運送における運送人の責任の限度について規定する改正国際海上物品運送法九条も、船荷証券が発行されている場合にも原則として適用されると解されるが、「運送品がコンテナー、パレットその他これらに類する輸送用器具（以下この項において「コンテナー等」という。）を用いて運送される場合における第一項の規定の適用」に関し「コンテナー等の数を包又は単位の数とみなす」ことについては、「運送品の包若しくは個品の数又は容積若しくは重量が船荷証券又は海上運送状に記載されているとき」が除かれ（三項）、また、「運送品の種類及び価額が、運送の委託の際荷送人により通告され、かつ、船荷証券が交付されるときは、船荷証券に記載されている場合」には、同条の責任制限は適用されないこととなろう（五項）。(50)

5　改正商法七六〇条の「善意」

改正商法七六〇条と同文の改正前国際海上物品運送法九条の「善意」の意義については、「文字どおりの知らないことを意味し、過失ないし重過失を問題にしないでよいかは問題がないわけではない」といわれ、(51)「善意の所持人に重過失が認められる場合は、保護されない」と解する見解もあった。[52] この問題も、本節六において考察する船荷証券の性質に関わってこよう。

(34) 永井・前掲注(24)六五〇頁以下参照。
(35) 菊池洋一『改正国際海上物品運送法』六〇頁以下(商事法務研究会、一九九二)、山下・前掲注(33))四四頁参照。
(36) 戸田修三・中村眞澄編『注解国際海上物品運送法』一八七頁〔永井和之〕(青林書院、一九九七)参照。
(37) 落合・前掲注(7)二一三頁。
(38) 落合・前掲注(7)二一四頁。
(39) 鴻・前掲注(32)九頁。
(40) この三事項は、国際海上物品運送法七条一項二号・三号に規定されている。
(41) 江頭・前掲注(7)三一二頁注(10)参照。
(42) 前掲注(27)参照。
(43) 藤田友敬「統一条約の受容と国内的変容――国際海上物品運送法を例として――」関俊彦先生古稀記念『変革期の企業法』三九七頁(商事法務、二〇一一)。
(44) 菊池・前掲注(35)五九頁以下、山下・前掲注(33)四四頁以下、落合・前掲注(6)八一頁、戸田・中村編・前掲注(36)一八二頁以下〔永井〕、落合誠一ほか編『海法体系』三五九頁〔相原隆〕(商事法務、二〇〇三)、中村眞澄・箱井崇史『海商法(第二版)』一九四頁(成文堂、二〇一三)参照。
(45) 落合・前掲注(7)二四九頁。
(46) 山下・前掲注(33)四四頁、戸田・中村編・前掲注(36)一八六頁〔永井〕参照。反対、中村・箱井・前掲注(44)二〇〇頁以下。
(47) 菊池・前掲注(35)六〇頁注(13)は、「運送契約が不存在なり無効の場合などの船荷証券の効力をどうみるかという問題」について「今回の（改正前――筆者）九条の改正はこの議論に決着をつけるものではなく、この点は、なお、解釈に委ねられている」と述べる。

(48)　山下・前掲注（33）四六頁以下参照。

(49)　戸田・中村編・前掲注（36）一一八頁以下〔清河雅孝〕、中村・箱井・前掲注（44）二七〇頁参照。

(50)　中村・箱井・前掲注（44）二〇三頁参照。山下・前掲注（33）四六頁は、反対か。なお、戸田・中村編・前掲注（36）一八六頁以下〔永井〕参照。

(51)　山下・前掲注（33）四五頁。

(52)　戸田・中村編・前掲注（36）一八〇頁以下〔永井〕。

六　船荷証券の要因・無因性と理論的相剋

1　問題の所在

物品証券である倉荷証券に関し、これを要因証券と解することを前提に空券および品違いの場合の証券発行者の責任について「要件は倉庫営業者に無過失の証明責任が課された過失責任、効果は証券所持人の信頼利益の賠償（責任の性質は契約締結上の過失）と解するのが正しい」と述べる見解がある。[53] 改正前商法上の物品証券に関しては、改正前商法五七二条等の解釈としても、この見解を是認する余地は十分に残されていた。[54] しかし、国際船荷証券に関しては、改正前国際海上物品運送法九条の解釈として任意的記載事項を含めたすべての記載事項について運送人の無過失債務不履行責任を導く抗弁制限が認められることはほぼ疑いないところであり、改正前国際海上物品運送法九条と全く同じ文言を採用した改正商法七六〇条の下では、商法上の船荷証券に関しても同様の抗弁を認めるべきであろう。他方、船荷証券が発行された場合にも、運送人は、原則として運送契約に関する規定から生ずる抗弁を主張しうる。

船荷証券のすべての記載事項について抗弁制限を認めることは、船荷証券を無因証券と解する場合には問題なく是認されようが、「要因証券とは、……証券に表彰された権利が証券外の事実によって左右される証券の意である」[55]ともいわれるようにこれを要因証券と解する場合には理論的相剋を生ぜしめる。他方、運送人が原則として運送契約に関する規定から生ずる抗弁を主張しうることは、船荷証券を要因証券と解する場合には問題なく是認されようが、これを無因証券と解する場合には理論的相剋を生ぜしめる。このように船荷証券の債権的効力については、これを要因証券と解そうが無因証券と解そうが、理論的相剋がつきまとう。

物品証券については、「本来要因証券たるものが権利の流通性を高める必要から部分的に無因証券化されたもの」と解する見解[56]や「現実に存在する有価証券の中には、典型的な要因証券でも典型的な無因証券でもなく、中間的なものがあ」り、「倉庫証券・船荷証券のような引渡証券はかかる中間的なものであ」ると解する見解[57]も有力であるが、これらの見解によると、物品証券の要因性と無因性の妥当範囲を明確に確定しえないという問題が生ずる。すなわち、これらの見解によると、例えば運送契約の不存在、無効、取消等の場合にその要因性の効果が及ぶのかその無因性の効果が及ぶのかを明確に確定しえなくなるが、その原因は、要因性と無因性とが対立概念であるからにほかならない。その意味で、筆者は、物品証券の債権的効力については、物品証券が要因証券であるか無因証券であるかを一応明確にした上で、それぞれの理論的相剋を克服することが妥当と考える。

2　船荷証券を要因証券と解する場合における理論的相剋

船荷証券を要因証券と解する場合には、任意的記載事項を含めたすべての記載事項さらには空券の場合について抗弁制限を認めることに関する理論的相剋を克服することが課題となる。

物品証券を要因証券と解する見解の多くは、物品証券の要因性の意味を証券に原因の記載を要すると解する証券権利説を採用するが[58]、国際船荷証券に関しても同様であろう[59]。しかし、証券権利説における要因性の理解は、有価証券法における一般的な要因性の理解とかけ離れており、有価証券法の体系を破壊するものとして是認しえない。(60)さらに証券権利説自体は、物品証券において抗弁制限を認める理論的根拠を積極的に提示するものではない。また、物品証券に関する文言性を禁反言則により説明する見解も有力であるが(61)、禁反言則による対抗力の制限は、一九九二年改正前国際海上物品運送法九条の解釈として運送人等の無過失責任を導く抗弁制限ではないと考えられていたのであり、改正商法七六〇条の解釈として船荷証券に関する文言性を禁反言則により説明することは適切でない。(62)

船荷証券を要因証券と解することを前提に自己の立場を「船荷証券の文言的効力の基礎を法定の抗弁制限に求める立場」と規定する谷川教授は、「法定の抗弁」を「法が特に、いわば政策として、善意取得者保護のために設けた技術的な抗弁制限」と解し、その態様は「立法者の立法政策的価値判断」により決定され、その範囲は「具体的な法規の解釈の問題に属し、その解釈は、立法者制限意図の探求を通じて、合目的的客観的になされなければならない」と述べる。(63)この見解によると、船荷証券に関する理論的相剋の克服は、「立法者の立法政策的価値判断」に委ねられることとなる。仮に船荷証券の債権的効力に関するすべての問題について「立法者の立法政策的価値判断」が明確であれば、それでも構わないであろう。しかし、少なくとも船荷証券の原因関係である運送契約の不存在、無効、取消等の場合に抗弁制限を認めるか否かという問題に関する「立法者の立法政策的価値判断」は明確ではない。(64)

最近においては、船荷証券を設権・要因証券と解してその文言性（抗弁制限）の理論的根拠を権利外観理論に求める見解が有力である。(65)手形法における権利外観理論は、手形債務を負担したような外観を有責的に作り出した者はその外観を重過失なく信頼した者に対して手形小切手債務を負担しなければならないというものであり、物品証券における権利外観理論も、これと別異に解する理由はないと考えられる。この見解が船荷証券を要因証券と解する場合における理論的相剋を克服するためには最も適切であると考える。

なお、物品証券を要因証券と解しつつ、原因契約の不存在、無効、取消等の場合に抗弁制限を認めることは[66]、物品証券を要因証券と解する意味を失わせることから、妥当であるまい。

3　船荷証券を無因証券と解する場合における理論的相剋

船荷証券を無因証券と解する場合には、運送人が原則として運送契約に関する規定から生ずる抗弁を主張しうることに関する理論的相剋を克服することが課題となる。

船荷証券を無因証券と解する竹井廉教授は、「船荷証券の抽象債権説の受けたる非難は、抽象債権と見るときは、不可抗力に因る貨物の滅失の場合に於ても、証券債務者は其債務より免れ得ず、……総じて抽象証券債権に付ては、運送法規定の適用なきに至ることであった。……が、ひとたび船荷証券債務の本質を顧るならば、それは証券上に於てなさるゝとはいへ、貨物受取による引渡及び輸送給付の約束である。そのレセプツムによる引渡といひ、輸送給付といひ、給付行為の実質に於ては運送契約の運送と異ならざるのみならず、また船荷証券に関する規定の商法上の位置から考へても、船荷証券債務に対し先ず第一に類推適用さるべきものは運送法規定である」と述べている[67]。

右の見解に対しては、冷淡な反応もあった[68]。しかし、その後、民法学の立場から無因性概念の歴史的形成過程を辿った原島重義教授は、無因性の中には原因関係からの開放とその原因関係たる法律関係が有する特定のTypusからの開放とが含まれており、ドイツ民法制定にあたっては「義務負担原因を表示しない債務約束」と「たんに一般的にしかそれを表示しない債務約束」との区別が明確に意識されていたと述べ、後者の特殊性を債務者の義務が一定の関係では法規範によって判断されるという点に求めてこれを「制限的無因性」という用語で呼び、物品証券の性質を「制限無因」的なものと解し、運送契約の無効・消滅等につき抗弁制限を認めたうえで、「証券上の権利は運送法上・(倉庫)寄託法上の権利を表彰するものであるから——『制限的無因性』——たとえば運送品の過失によらざる滅失……、運送人・受託人の責任の短期消滅要件の充足……、運送・受託責任の短期消滅時効の完成……等、運送法・倉庫寄託法にもとづく抗弁は、なお『其証書ノ性質ヨリ当然生スル結果』(民四七二条)(『その証券の性質から当然に生ずる結果』現行民法五二〇条の六——筆者)としていかなる所持人に対しても対抗しうる」ものと解している。(69)

ドイツに目を転ずると、カナリスは、以下のように物品証券に関する「無因性」と「非類型性」との区別を強調している。

「表章される権利の運送契約に対する独立性(Selbstandigkeit)は、無因性(Abstraktheit)と呼ばれるべきである。この概念の多義性に混乱してはならない。これは内容的な『無色性』(Farblosigkeit)や『非類型性』(Typuslosigkeit)という意味で使用されてはならず、他の契約に対する独立性、すなわち、非付従性(Nichtakzessorietat)という意味で使用されるべきである。……したがって、船荷証券と貨物引換証は、表章される権利が内容と効力において基礎にある運送契約から独立しているという意味で原則として無因であるが、無因の債務約束のような法的に『無色な』(farblos)給付ではなく、運送契約の法律的類型によって類型化された給付が債務化されているという意味では類型的である。この類型性(Typusbezogenheit)は、決して表章される権利の具体的な運送契約に対する独立性に通じるものではない。なぜなら、類型的抗弁は、運送契約から生ずる原因債権に対置されうるものであり、他方、表章される権利は、運送法的性質を有するために運送法上の引渡請求権の法律的な前提と制約に結合されることから、類型的抗弁は、表章される権利に影響を及ぼすものではないからである。すなわち、表章される権利に対置される運送契約から生ずる抗弁の問題なのではなく、運送法的性質を有する船荷証券または貨物引換証それ自体から生ずる抗弁の問題なのである」、と。(70)

カナリスの見解は、物品証券を無因証券と解しつつ、本来の無因性に属する「原因関係たる法律関係が有する特定のTypusからの開放」を「非類型性」として無因性に属さないものと解すると同時に「運送契約の法律的類型によって類型化された給付が債務化されている」という物品証券自体の「類型性」を認めるものである。カナリスの見解に対しては、「抗弁の問題において、『無因性』の分裂を招来し、『非類型性』の追加を要請するが、そのような区別を示す専門用語の形成は疑わしい。なぜなら、それは単に物品証券における特殊な法的状況を説明するという目的を達成するにすぎず、私法における統一的かつ明瞭な体系・概念形成の妨げとなるからである」という批判がある。(71) この批判は、必ずしも的外れではあるまいが、物品証券の債権的効力という難題を解決するためには、多少の概念の修正等をすることはやむをえないところであり、この見解における概念の修正と追加は、証券権利説における要因性概念の修正ほど著しいものではない。そして、この見解には、物品証券における抗弁制限の範囲を明確に確定しうるという利点がある。すなわち、この見解によると、物品証券は無因証券であることから、すべての記載事項についてのほか原因契約の不存在、無効、取消等の場合について抗弁制限が認められるが、他方、物品証券は「類型性」を有することから、運送人は原則として運送契約に関する規定から生ずる抗弁を主張しうることとなる。この見解が船荷証券を無因証券と解する場合における右の理論的相剋を克服するために最も適切であると考える。

なお、船荷証券を無因証券と解する場合に改正商法七六〇条の「善意」について重過失を問題とすることは、妥当でない。

4　小　括

船荷証券を要因証券と解する場合における理論的相剋を克服するためには、船荷証券を設権証券と解して抗弁制限の理論的根拠を権利外観理論に求めることが最も適切であり、船荷証券を無因証券と解する場合における理論的相剋を克服するためには、本来の無因性に属する「原因関係たる法律関係が有する特定の Typus からの開放」を「非類型性」として無因性に属さないものと解すると同時に「運送契約の法律的類型によって類型化された給付が債務化されている」という物品証券自体の「類型性」を認めることが最も適切なものといえる。

(53) 江頭・前掲注（7）三九〇頁注（1）。落合・前掲注（7）二五五頁以下参照。
(54) 「今回の改正（一九九二年国際海上物品運送法改正——筆者）によって、国際海上物品運送法上の船荷証券の効力と商法上の船荷証券の効力とは、ほとんど差がなくなったといえる」（菊池・前掲注（35）六一頁）、「商法の適用がある船荷証券（いわゆる内航船の場合）との証券記載の効力の相違は、（改正前国際海上物品運送法——筆者）……九条のもとでは解消した」（落合・前掲注（7）八一頁）という見方もあるが、「（改正前国際海上物品運送法——筆者）……九条は、商法以上に文言性が強化され」たという見方（山下・前掲注（33）四一頁）が正鵠を射るものと考える。
(55) 大橋・前掲注（2）二八三頁。
(56) 鈴木・前田・前掲注（6）二三頁。同旨、藤原・前掲注（6）一六一頁、前田・前掲注（6）七七頁。
(57) 平出・前掲注（6）五四四頁。
(58) 竹田・前掲注（5）四五九頁以下、田中誠・前掲注（5）四〇一頁、大隅・前掲注（5）一五六頁以下参照。
(59) 山下・前掲注（33）四四頁参照。
(60) 永井・前掲注（24）六六二頁、新里・前掲注（12）一五八頁参照。
(61) 戸田ほか・前掲注（12）一五五頁〔小島〕、西原寛一『商行為法』三二一頁（有斐閣、一九六〇）、菅原菊志「貨物引換証の要因性と文言性」ジュリ三〇〇号二二一頁（一九六四）、中村眞澄『海商法』一六九頁以下（成文堂、一九九〇）参照。
(62) 山下・前掲注（33）四三頁参照。
(63) 谷川・前掲注（15）六三頁以下。同旨、中村・箱井・前掲注（44）一九八頁。
(64) 山下・前掲注（33）四六頁は、「詐欺・錯誤等の運送契約の瑕疵についても所持人に対抗しうるように思われるが、あるいはこの点は検討の余地があろう」と述べる。

(65)　新里・前掲注（12）一六八頁参照。

(66)　谷川・前掲注（15）七一頁、浅木・前掲注（12）四四頁以下参照。

(67)　竹井廉「船荷証券の本質」京城法学会論集第八冊『判例と理論』五一九頁（刀江書院、一九三五）。

(68)　大橋・前掲注（2）三二〇頁参照。

(69)　原島重義「引渡証券のいわゆる『要因性』について」法政二五巻二～四号三〇一頁以下（一九五九）。

(70)　Canaris, Groskommentar zum HGB, III/2, 3. Aufl. 1978. § 363 Anm. 44.

(71)　Schnauder, Sachenrechtliche und wertpapierrechtliche Wirkungen der kaufmannischen Traditionspapiere, NJW 1991, S. 1645.

七　むすび

物品証券の債権的効力としての文言性とその記載事項に関する抗弁制限とは、本質的に同じものに関する異なる表現であり、互いに理論的な根拠ないし基礎となりうるものではない。また、物品証券を無因証券と解する場合、それが設権証券であることは当然の前提となるが、物品証券を要因証券と解する場合にも、これを設権証券と解する余地はある。

船荷証券に関しては、国際海上物品運送法の改正経緯から、その債権的効力として任意的記載事項を含めたすべての記載事項について運送人等の無過失債務不履行責任を導く抗弁制限が認められると解される。他方、船荷証券が発行された場合にも、運送人は、原則として運送契約に関する規定から生ずる抗弁を主張しうる。

船荷証券の債権的効力については、これを要因証券と解そうが無因証券と解そうが、多少の理論的相剋がつきまとう。船荷証券を要因証券と解する場合における理論的相剋を克服するためには、船荷証券を設権証券と解して抗弁制限の理論的根拠を権利外観理論に求めることが最も適切であり、船荷証券を無因証券と解する場合における理論的相剋を克服するためには、本来の無因性に属する「原因関係たる法律関係が有する特定の Typus からの開放」を「非類型性」として無因性に属さないものと解すると同時に「運送契約の法律的類型によって類型化された給付が債務化されている」という物品証券自体の「類型性」を認めることが最も適切である。

それでは、右の二つの考えのいずれが妥当であろうか。右の二つの考えにおいて結論を異にする点は、①運送契約の不存在、無効、取消等の場合に抗弁制限を認めるか否か、②商法七六〇条の条の「善意」について重過失を問題とするかという二点である。これらの点は、直ちに決しがたいが、あえて結論を出すとすれば、一九九二年国際海上物品運送法改正により国際船荷証券の流通証券としての性格が明確にされたことを重視し、商法上の船荷証券についても、運送契約の不存在、無効、取消等の場合に抗弁制限を認め、商法七六〇条の「善意」について重過失を問題とせず、船荷証券を無因証券と解することが妥当といえようか。

第二節　物権的効力に関する新しい法律構成

一　はじめに

浦和地判平一二・一・二八金判一〇九三号三五頁は、売主が買主に対して売主を荷送人、買主を荷受人とする船荷証券を引き渡したが、当該船荷証券に不知文言が記載されていた場合[72]における債務不履行責任の帰すうについて判示したものであるが、船荷証券の物権的効力に関し、①「売主は、買主に対して船荷証券を引き渡せば、目的物の引渡債務を履行したものとして、債務不履行責任を免れるのが原則」と解した点および②「不知文言の記載された船荷証券には、……船荷証券一般に認められている物権的効力を認めることはできない」と解した点において

「珍しい見解」と評されている。[73]

右の①の点については、「売主タル上告人Ｘカ目的物件ニ付貨物引換証ヲ発行セシメ之ヲ買主タル被上告人Ｙニ送付シタリトスルモ被上告人Ｙニ於テ貨物引換証ニ依リ目的物ノ受領ヲ承諾シ右引換証ノ引渡ヲ受クルニ非サレハ之ヲ以テ直ニ契約品ノ引渡アルタルモノト謂フヲ得サル」と判示した大判昭六・六・二六新聞三三〇二号一四頁に反するとされる。[74]しかし、同判決も、買主が貨物引換証の引渡しを受ける場合に目的物の受領を承諾したときは契約品の引渡しがあったものと解されることまでは否定していないのであるから、運送品に瑕疵があったような場合を例外とする文字どおりの「原則」を述べているにすぎないとも解され、この点をことさらに問題とする必要はないとも考えられる。[75]これに対し、②の点は、「この点にふれた学説・判例も見当たらない」といわれるが、[76]物品証券の物権的効力の法律構成に関わる問題のように思われる。

物品証券の物権的効力とは、要するに証券の引渡しが物品の引渡しと同一の効力を有するということであるが（商六〇四条・七六〇条・七六九条・国際海運一五条参照）、その法律構成については、ドイツの学説に倣って、[77]証券の引渡しが債務者の直接占有下にある物品の間接占有を移転する効力を有するものと解する相対説と、証券の引渡しが民法上の占有移転方法と無関係に物品の引渡しと同一の効力を有するものと解する絶対説とが大きく対立し、相対説は、さらに民法の指図による占有移転（民一八四条）の手続を具備する場合に限って証券の引渡しが物品の間接占有を移転する効力を有するものと解する厳正相対説と、証券が物品を代表するために証券の引渡しが直接占有移転の法則により物品の間接占有を移転する効力を有するものと解する代表説とに分かれる。船荷証券に不知文言が記載された場合にも、それにより運送人が運送品を直接占有していること自体は否定されないであろうから、運送品の占有を指図により移転することは可能であり、厳正相対説によるときは、不知文言が記載された船荷証券にも物権的効力は認められよう。これに対し、運送人が運送品の直接占有を失った場合にも物権的効力を認める絶対説によるときは、不知文言が記載されて運送品の内容が証券から明らかにならない「不完全な」船荷証券にはそのような特別な効力は認められないと解する余地が出てこよう。

わが国においては、厳正相対説をとる見解は見当たらず、かつては代表説が通説であり[78]、古い判例も、代表説によっているが[79]、最近の学説においては、絶対説がむしろ有力になっている[80]。しかし、近年、国際貿易において、技術革新に伴う船舶の高速化等により、運送品が船荷証券よりも早く陸揚港に到着し、運送品の引渡しのために無用な時間が空費されるという状況（「船荷証券の危機」）が発生している。そのため、さまざまなレベルにおいて船荷証券の電子化の試みが進められているが[81]、物品の引渡しを証券の引渡しに代用させる代表説や絶対説の法律構成は、必ずしも電子化された船荷証券になじむものではなく、物権的効力の代替手段として指図による占有移転が検討されているようである[82]。しかしながら、果たしてそのような純粋な物権法への回帰が唯一の途であろうか。わが国においては、独自の物権的効力否定説も唱えられており[83]、近年のドイツにおいては、有価証券法理により物品の引渡しを証券の引渡しに代用させずに物権的効力を説明しようとする新しい見解が有力に主張され[84]、それに沿った法改正がなされている。そこで、本節においては、わが国における物品証券の物権的効力の法律構成に関する議論の状況を整理したうえで、ドイツの新しい見解を紹介し、物品証券の電子化を睨みつつ、その物権的効力に関する新たな法律構成の可能性を探りたい。

(72)　東京地判平一〇・七・一三判時一六六五号八九頁は、国際海上物品運送法八条二項が規定する「通告が正確でないと信ずべき正当な理由がある場合及び通告が正確であることを確認する適当な方法がない場合」に船荷証券に記載された不知文言の有効性を認めており、学説も、これを支持している（山下友信「判批」ジュリ一二一二号一一三頁（二〇〇一）参照）。

(73)　小島孝「判批」リマークス二二号九四頁（二〇〇一）。

(74) 小島・前掲注（73）九六頁、島田志帆「判批」法研七五巻七号一〇一頁（二〇〇二）。

(75) 本節二2参照。

(76) 小島・前掲注（73）九四頁。島田・前掲注（74）一〇六頁参照。

(77) 船荷証券の物権的効力に関する諸外国の制度と学説については、谷川久「船荷証券の物権的効力理論に関する反省」海法会誌復刊五号六四頁以下（一九五七）参照。

(78) 竹田・前掲注（5）五二一頁以下、松本・前掲注（3）二三九頁以下、小町谷操三『商行為法論』三四八頁以下（有斐閣、一九四三）、大隅・前掲注（5）一六一頁以下、西原・前掲注（61）三二三頁以下、戸田ほか編・前掲注（12）二一一頁〔小島〕、石井吉也「貨物引換証の物権的効力」鴻常夫ほか編『演習商法（総則・商行為）』二九六頁以下（青林書院新社、一九八四）等。

(79) 大判明四一・六・四民録一四輯六五八頁、大判大四・五・一四民録二一輯七六四頁等。最近において代表説を支持する見解として、中村・箱井・前掲注（44）二一〇頁。

(80) 田中誠二『新訂海商法提要』三八五頁以下（有斐閣、一九四八）、我妻榮『近代法における債権の優越的地位』一二八頁以下（有斐閣、一九五三）、石井照久『商行為法・海商法・保険法』九八頁以下（勁草書房、一九七一）、鈴木竹雄『新版商行為法・保険法・海商法全訂第二版』五三頁注（4）（弘文堂、一九九三）、平出・前掲注（6）五五三頁以下、浅木愼一「貨物引換証の物権的効力に関する掌論――絶対説支持の立場から――」神院二四巻三・四号三頁以下（一九九四）、江頭・前掲注（7）三一三頁注（11）等。

(81) 例えばヨーロッパで進められているボレロ（BOLERO/ Bill Of Lading Electronic Register Organization）・プロジェクト、日本で経済産業省が主導し、日本の銀行・商社等が進めている貿易金融ＥＤＩ（TEDI/ Trade Electronic Data Interchange）などがある。なお、二〇〇八年に国連総会において採択され、二〇一三年に発効しているロッテルダム・ルールズは、電子的な船荷証券について紙の船荷証券と同様の扱いを認めている（八条）。ロッテルダム・ルールズについては、さしあたり藤田友敬「新しい国連国際海上物品運送に関する条約案について」ソフトロー研究一三号五七頁以下（商事法務、二〇〇九）、藤田友敬編『アジア太平洋地域におけるロッテルダム・ルールズ』（商事法務、二〇一四）参照。

（82）　間宮順「貿易取引の電子化の実態――船荷証券の電子化を中心として」ジュリ一一八三号一三〇頁、一三二頁（二〇〇〇）、西道彦『貿易取引の電子化』六二頁、九二頁、二四九頁以下（同文館出版、二〇〇三）参照。

（83）　谷川・前掲注（77）六一頁以下。もっとも、谷川教授は、「物権的効力といわれているものは船荷証券の債権的効力の反射にすぎないとした債権説の立場、及び、証券による物の引渡なる観念は虚構的引渡（tradition feinte）であると攻撃し、物の引渡は常に具体的でなければならぬと強調したEmérigonの立場を想起せざるをえない。この論稿は、これらの先覚者のエスプリを近代法的に構成し直したものにすぎないのかも知れぬ」と述べている（谷川・前掲注（77）一〇三頁以下）。

（84）　Vgl. Hueck/ Canaris, a. a. O. (Fn. 20) § 23 II; Zöllner, a. a.O. (Fn. 13) § 25 IV; Karsten Schmidt, Handelsrecht, 6. Aufl. 2014 § 24 III; Schnauder, a. a. O. (Fn. 71) S. 1645. ff.

二　わが国におけるこれまでの議論の状況

1　代表説と絶対説の対立

わが国において物品証券の物権的効力の法律構成に関する議論は、代表説と絶対説の対立を軸として繰り広げられてきたが、代表説に立つ竹田教授は、絶対説に対し「物品が船長に引渡さるるに非ざれば証券の引渡は物の引渡と同一の効力を有することなきは独法の明定する所にして、我商法上には明文の規定なしと雖も尚ほ同一に解すべきは疑を容れず。而して絶対説に依れば、証券発行の後に於ては船長が物の占有を失ふも証券は其物権的効力を失はざること前に述べたる所の如し。船長が占有を失ふも証券が尚ほ物権的効力を有すとせば何が故に物が船長に引渡され船長之を占有するに非ざれば其物権的効力を生ぜざるやは之を解するを得ず」と批判し[85]、また、松本烝治教授は、絶対説に対し「貨物引換証ノ引渡カ運送品ノ引渡ト同一ノ効力ヲ有スルハ其運送品トシテ運送人ノ直接占有ノ下ニ在ルコトヲ前提トセザルヘカラス然ラサレハ其物品ハ運送品ト云フヲ得サルヤ明白ナリ」と批判する[86]。

これに対し、絶対説に立つ田中誠二教授は、「絶対説に依らないと証券の物権的効力は証券所持人の不知の間に消滅する機会が多くなり、所持人の地位は不安定となり、其の流通力を阻害する虞れが大となり、殊に海上運送人が一時運送品の占有を失った場合又は海上運送人の占有が第三者の悪意の占有に因り代られたときに証券の物権的効力は消滅し不都合なる結果を生ずるに至る」と反論する。[87] 他方、我妻榮教授は、「運送中の商品といふが如く、一定の状態に置きその同一性を明らかにせられた動産について、特殊の証券が発達し、その動産に対する完全な支配力が化現せられた場合には、これをもって、動産物権の変動において占有に対立する、而して占有より完全な、要件なりとすることは、決して現行法の体系を破るものではない、と私は確信する。いな、私は、更に進んで、運送中の商品の上の支配力を証券に化現せしめた近代経済界の需要は、かくして、動産物権の変動においては占有の移転を絶対的要件となすといふ民法の原則を破りつつあると解することこそ、この近代法における特殊なる制度に対して近代法の体系における真に適当な地位を与へるものであると信ずる」と述べて絶対説を支持する。[88]

右の議論からも明らかなように代表説と絶対説の対立は、証券債務者が物品の直接占有を失った場合にも物品証券の物権的効力が認められるか否かという点に集約的に現われており、代表説は、この点を論理的観点から否定するのに対し、[89] 絶対説は、この点を実際的観点から肯定する。そして、最近においては、運送品が船荷証券よりも早く陸揚港に到着貨物の流れに船荷証券の到着するという「船荷証券の危機」を背景に証券債務者が相当の担保を取って物品証券と引き換えでなく物品を引き渡すという「保証渡し」が増加しており、そのような場合における証券所持人の権利保護の観点から絶対説が支持されている。[90] この点について、とくに「将来において、次のような問題が顕在化する可能性が高い」として、「甲地にある売主Aが、乙地にある買主Bとの間で物品の売買契約を締結したと仮定しよう。Aは、この契約を履行するため、運送人Cに乙地への物品の運送を依頼し、物品をCに引き渡すとともに、Cから貨物引換証の交付を受けた。ところが、物品の運送中に、AB間で何らかの紛争が生じ、Aは

Bとの間の売買契約を解除してしまった。それにもかかわらず、Bは、乙地において、Cに対する保証状の差入れという欺罔的手段を用いて、Cから物品の引渡しを受けてしまった。一方、Aは、乙地における新たな転売先を求め、Dとの間で改めて売買契約を締結するとともに、同人に貨物引換証を交付した。しかし、この交付は、Cが物品の占有を喪失した後に生じたものであった。上記の事情を知ったCは、Bに対して物品の返還の交渉を開始したものの、Bはかたくなにこれを拒んでいる」という事例を設定し、「動産の引渡しは、民法上単なる対抗要件にすぎないとはいえ、とりわけ売主が買主に物品を受領させるべく運送人との間で運送契約を締結したような場合は、一般的に、物品の買主への引渡しが完了するまでは、所有権の移転も完成しないものと意識されていると見るのが通常」であることから、代表説によると、「Dは、Aの債権者として、AのBに対する返還請求権を代位行使しうる」にすぎないのに対し、絶対説によると、「Dは貨物引換証の所持人として、自ら直接Bに対して、所有権に基づく物品返還請求訴訟を提起すればよい」と解する見解もある。[91]

なお、第三者が民法一九二条により物品を即時取得した場合に物権的効力が喪失することについては、判例の認めるところであり、この点は、絶対説も是認している。[92]

2　物権的効力否定説

以上のような代表説と絶対説の対立の中、谷川教授は、諸外国における制度および学説とわが国の学説および判例を詳細に検討したうえで、わが国における物品証券の物権法的効力の必要性について以下のように解している。

まず、貨物の所有権の譲渡については、ドイツと異なり、物権変動について意思主義をとるわが国においては、「貨物の所有権の譲渡について船荷証券の交付を動産物権の変動と関連せしめて、その占有の移転と必然に結合しなければならない実益は、譲渡については単に第三者に対する所有権移転の対抗要件としての意味においてのみ存する」。しかし、「貨物を譲り受けた船荷証券の所持人が、その貨物の所有権につき対抗要件を具備せんとするときは、船荷証券と引換に貨物の現実の占有を取得すれば足りる」。また、「他に、その貨物の上に権利を主張する者があるとしても、その者が船荷証券を所持せざる限り、貨物の現実の占有を取得することをえないこととなるから、その者に貨物の所有権についての対抗要件を具備せられることもない」、と。[93]

次に、貨物に対する質権の設定については、「船荷証券を担保のために質権者に引渡すときは、それによって質権者は終局的には貨物の引渡を請求し、その貨物から弁済を受けうるのであって、貨物の上の質権と解しなくても、船荷証券自体が質入せられたと解するならば、同一の担保的効果を期待」できる。「船荷証券の質入は、この船荷証券に化体せられた運送品引渡請求権の質入」であり、「船荷証券の処分証券性・受戻証券性と陸揚港における貨物の受取及びその留置の可能性とが相俟って、船荷証券上の債務の質入を貨物自体の質入と結果的、終局的には同一の効果あるものとして機能せしめることとなる」、と。[94]

以上のことから、谷川教授は、「船荷証券による貨物の流通確保については、その所有権譲渡の面からも、また、その担保化の面からも、船荷証券の移転と貨物の占有権の移転とを必然に結合せしめて構成する物権的効力の観念自体が、その存在の必然を有しない」と結論づけ、「(改正前――筆者) 商法第七七六条に準用される (改正前――筆者) 第五七五条 (改正商法七六〇条――筆者) の『運送品の引渡と同一の効力を有す』るということは、専ら当事者間の問題として船荷証券を引渡したときは、売主は完全に売買契約につき履行を了したことになるとの趣旨」であるとし、また、「船荷証券所持人が他に存在することを知りながら、善意ではなくして、運送人の占有下より貨物を離脱せしめた者がある場合には、一応、運送人又は船長は、船荷証券所持人の貨物の引渡請求に応じえないこととなり、証券所持人は、自己の権利につき対抗要件を具備しえないこととなるのであるが、運送人又は船長が占有訴権により (民二〇〇条)、その貨物の占有を回収するときは、これを船荷証券所持人に引渡すことをうべく、これによって証券所持人は対抗要件を具備しうるにいたる。したがって、運送人又は船長が、現実に貨物を引渡しえなくなったときにのみ、貨物の引渡請求権は、引渡不能による損害賠償請求権に変」り、「保証渡をなしたことによって運送人が引渡不能となり、船荷証券所持人に損害賠償をなしたときは、運送人はその保証に基づき求償しうることとなるから結果的には何等の不都合も生じないなる」と述べる。[95]

しかし、以上のような物権的効力否定説に対しては、多くの批判がある。

まず、物権的効力否定説が商法七六〇条の「『運送品の引渡と同一の効力を有す』るということは、専ら当事者間の問題として船荷証券を引渡したときは、売主は完全に売買契約につき履行を了したことになるとの趣旨」と解する点については、「規定の位置・表現および遠隔から見て、解釈論としてのその限界を越え」ており、[96]「運送証券が空券である場合・数量不足の場合・品物違いである場合若くは運送品が途中で滅失・毀損した場合等を考えると、……当然に右の如く解することができるかどうかについても問題がある」[97]という批判がある。もっとも、この点については、はじめに前掲浦和地判平一二・一・二八に対する批判に関して述べたように、運送品に瑕疵があったような場合を例外とする文字どおりの原則を述べたにすぎないものとも解され、この点をことさらに問題とする必要はないと考える。[98]

次に、物権的効力否定説が「貨物を譲り受けた船荷証券の所持人が、その貨物の所有権につき対抗要件を具備せんとするときは、船荷証券と引換に貨物の現実の占有を取得すれば足りる」と解する点については、「証券を善意取得した者が運送品自体の所有権を善意取得するのは、証券取得の時ではなく現品の引渡を受けた時と解せざるをえないが、そうすると証券取得の時に善意無過失であっても、現品引渡の時に善意無過失でないならば、証券の善意取得者は運送品自体の善意取得をなしえない」という批判がある。[99]

また、物権的効力否定説が「船荷証券所持人が他に存在することを知りながら、善意ではなくして、運送人の占有下より貨物を離脱せしめた者がある場合には、……貨物の引渡請求権は、引渡不能による損害賠償請求権に変」

り、「保証渡をなしたことによって運送人が引渡不能となり、船荷証券所持人に損害賠償をなしたときは、運送人はその保証に基づき求償しうることとなるから結果的には何等の不都合も生じない」と解する点については、「運送品を譲受けて貨物引換証の引渡を受けた者は、その運送品の二重譲渡を受けて運送人から仮渡を受けた運送品の取得者に対して、その取得者が貨物引換証が発行されていることについて悪意であれば直接所有権に基づく返還請求をなしうべきものであって、かかる場合に運送人がその返還を受けて引渡さない限り、運送人に対する損害賠償請求をなすか、運送人の債権者として運送人の返還請求権を代位行使しうるにとどまると解すべきではない」という批判がある。[100]また、これと類似の批判として、甲が乙に物品を売却し、乙が丙に物品を転売したが、丙が物品を受け取らない間に甲が乙の債務不履行を理由に売買契約を解除した場合に「丙が物権的効力のある書類の引渡しをすでに受けておれば、たとい甲が受寄者から物品の引渡しを受けても、丙は、物品に対する占有取得を理由に、直接甲に対して物品の返還を請求できる」と解すべき点を指摘する見解もある。[101]

以上のような批判があることから、物権的効力否定説は、必ずしも有力説にはなりえず、少数説にとどまっている。

(85) 竹田・前掲注（5）五二三頁。
(86) 松本・前掲注（3）二三九頁。
(87) 田中誠・前掲注（80）三八五頁。
(88) 我妻・前掲注（80）一二九頁。
(89) ただし、代表説においても、この点は、欠点とも意識されており、例えば小町谷操三教授は、この点の修正を意図して「運送人が運送品の直接占有をしなくても、その間接占有を有し（寄託の場合の如し）、若くは占有回収の訴権を有する限り

（盗人の占有にある場合の如し）、運送人は再び運送品の直接占有をなして、この証券の所持人に、運送品の引渡をなしうるのであるから、この証券の物権的効力を認むることに、何等の支障もない」と弾力的に解している（小町谷・前掲注（78）三四九頁。同旨、大隅・前掲注（5）一六二頁、西原・前掲注（61）三二三頁）。しかし、このような見解に対しては、「占有訴権があるときをも運送人の占有と同様に解することは無理であり、また、かくては実質的には絶対説と大差がない」という批判がある（石井照・前掲注（80）九九頁）。また、「運送人が欺罔されて自ら占有を移転したような場合には、占有侵奪は存在しないのである。そうとすれば、弾力化された代表説によろうとも、この場合には証券の物権的効力は否定される」という指摘もある（浅木・前掲注（80）六頁）。

(90)　浅木・前掲注（80）九頁、江頭・前掲注（7）三一三頁以下注（11）参照。

(91)　浅木・前掲注（80）六頁以下。

(92)　大判昭七・二・二三民集一一巻一四八頁、石井照・前掲注（80）九九頁、鈴木・前掲注（80）五三頁注（4）、浅木・前掲注（80）一八五頁、江頭・前掲注（7）三一三頁以下注（11）参照。

(93)　谷川・前掲注（77）九一頁以下。

(94)　谷川・前掲注（77）九四頁以下。

(95)　谷川・前掲注（77）九五頁、九八頁以下。

(96)　西原・前掲注（61）三二四頁。

(97)　小島孝「処分証券について」彦根論叢九三～九六号二九三頁注②（一九六三）。同旨、平出・前掲注（6）五五五頁。

(98)　この点について、谷川教授自身も、日本私法学会第二五回大会シンポジウム「動産売買における所有権移転の時期」において「(改正前——筆者）第五七五条をもっと思い切って、こういう規定は要らなかったのだといってしまってもいいと思わないわけではありません。ただ意味を持たせるとすればその程度の意味を持ちうるのではないかと考えたわけであります」と述べている（傍点筆者。私法二四号七一頁（一九六二））。

(99)　小島・前掲注（97）二九三頁。

(100) 平出・前掲注（6）五五五頁以下。
(101) 江頭・前掲注（7）三一三頁以下注（11）。なお、同書一八頁以下注（3）参照。

三　ドイツの新しい見解

1　前　説

かつて「貨物引換証により物品の受領について資格づけられた者への貨物引換証の引渡し（Übergabe）は、物品が運送人により受け取られたときは、物品に関する権利の取得について物品の引渡し（Übergabe）と同一の効力を有する」と規定していたドイツ商法四四八条は、近年「貨物引換証に記載された荷受人に対する貨物引換証の交付（Begebung）は、運送人が物品を占有する限りにおいて、物品に対する権利の取得に関して物品の引渡し（Übergabe）と同じ効力を有する。第三者に対する貨物引換証の譲渡に関しても同様である」と改められた。倉庫証券および船荷証券についても、同様の改正がなされている（ドイツ商法四七五G条・五二四条参照）。改正前のドイツ商法の規定は、わが商法上の物権的効力に関する規定と同様の趣旨と解されたが[102]、現行ドイツ商法の規定も、「運送人が物品を占有する限りにおいて」という限定により絶対説を排斥したことを除けば、わが商法の規定とほぼ同様の趣旨を有するものといえよう。

もっとも、ドイツ民法は、わが民法と異なり、九二九条一文において「動産所有権の譲渡には、所有者が物を取得者に引き渡し、双方が所有権の移転について合意することを要する」と規定して動産物権変動について形式主義を採っているため、わが国のように動産物権変動における「対抗問題」は生じない。また、ドイツ民法は、八七〇条において「間接占有は、物の返還請求権の譲渡により譲渡されうる」と規定し、九三一条において「第三者が現に物の占有を有する場合においては、引渡しは、所有者が取得者に物の返還請求権を譲渡することにより代用されうる」と規定して物の返還請求権の譲渡を引渡しの代用とするとともに、九三四条において「第九三一条により譲り渡された物が譲渡人に帰属しない場合、取得者は、譲渡人が物の間接占有を有するときは請求権の譲渡と同時に、そうでないときには取得者が物の占有を第三者から取得したときに所有者となる、ただし、取得者が債権譲渡または占有取得の当時に善意でないときはこの限りでない」と規定して物の返還請求権の譲渡による善意取得を認めている。その結果、ドイツにおける物権的効力に関する学説においては、例えば「相対説によると、証券の引渡しは、民法九三一条・八七〇条・三九八条に従った返還請求権の債権譲渡以外の何ものでもない」といわれるように、わが国の学説と若干相違する点が存することに注意する必要がある。[104][103]

ドイツにおいては、現在においても代表説が通説であり、(厳正)相対説は少数説にとどまっているが、カナリスは、相対説を基礎とする「有価証券法的修正相対説(wertpapierrechtlich fortgebildete und modifizierterelative Theorie)」と呼ばれる新しい見解を主張し、また、ツェルナーらは、結論的にはカナリスの見解を支持しつつも、さらにそれを有価証券法理により理論的に推し進めた注目すべき見解を主張している。[105][106][107][108]

そこで、ここでは、まず、カナリスの見解を紹介したうえで、ツェルナーらの見解を紹介する。

2　カナリスの見解——「有価証券法的修正相対説」

カナリスの見解は、一九八六年当時のものであり、当時のドイツにおいては、商法四二四条・四五〇条・六五〇条が物品証券の物権的効力を規定していたが、カナリスは、「学説の争いに対する態度決定には、個別的な問題が検討されなければならない」ことを強調したうえで、民法の関係規定を出発点として「それとの比較が商法四二四条・四五〇条・六五〇条に独自の内容が帰属するか否か、また、どの程度帰属するかを示す」と述べ、商法四二四条・四五〇条・六五〇条にとっての間接占有の意義について以下のように解する。[109]

「返還債務者が自主占有者となることにより証券所持人の間接占有が消滅する場合にも、引渡証券による善意取得は認められる。……この場合にも、善意者は、手形法一六条二項を準用する商法三六五条により返還請求権を取得し、このことは、同時に物品の所有権が移転するとき、彼にとってさらに威嚇的な所有権に基づく返還請求のために価値がある。……たしかに善意取得者は、この場合には間接占有を取得しないため、民法九三四条の第二の選択肢の要件は満たされない。しかし、占有取得の要件が民法九三四条により定立されているのは、それ以前の処分が権利外観により資格づけられないからにほかならない。これに対し、この場合には、そのような権利外観が資格証券の所持に基づいて存在する。したがって、占有取得の要件が商法四二四条・四五〇条・六五〇条のために不要な場合には、民法九三四条二項の第一の選択肢が類推適用されうる。なぜなら、証券は、民法九三四条が即時の所有権取得に対する十分な根拠とする――不可視の！――間接占有と同程度の権利外観を設定するからである。

間接占有が返還債務者の占有喪失のために消滅する場合には、異なる決定がなされる。この点に関しては、すでに商法四二四条・四五〇条・六五〇条の文言が語っている。というのは、引渡効力は、物品の『受取り』から始まることから、債務者側の占有の何らかの形式――単なる無制限的でない他主占有――を要するからである。さらに返還請求権は、民法二七五条により消滅するか民法二八〇条により損害賠償請求権に変化するから[110]、善意者は、返還請求権を取得しないこととなる。権利外観的考慮も、債務者が有していないために引き渡すことができない物品の返還請求権を創造しえないから、善意取得は問題にならない。現在の占有者に対する返還請求権は、表章されていないから、証券の引渡によって取得されえない。表章された返還請求権を全く取得しない者は、ますます物品の所有権を取得しえない。もっとも、取得者は、少なくとも、占有が復帰する場合には、証券債務者により法律上完全な権利へと強化する物権的な承継権を取得する」、と[111]。

以上のような商法規定における間接占有の意義の理解を基礎として、カナリスは、以下のように結論づける。

返還債務者が自主占有者になった場合にも、引渡証券の引渡は、善意取得を可能にするから、代表説は正当でない。証券が間接占有を代表せず、単純な返還請求権を化体するにすぎないということは、自明である。しかし、絶対説の主張に反し、商法四二四条・四五〇条・六五〇条は、決して一般物権法の占有の前提から独立していないから、絶対説も、支持できない。なぜなら、証券債務者の占有喪失は、引渡効力を無効にするからである。

これに対し、出発点において正当なのは、相対説である。相対説により民法九三一条の規定において主張される取得経過の整理は、原則として物権法の結果へと導く。もちろん、法律をその文言によってのみ適用するのではなく、そのつど立法趣旨に立ち戻り、返還請求権の表章を十分に考慮に入れることが前提である。それゆえ、相対説は、有価証券法的に形成され、修正されなければならない。その本質的内容は、『表章された返還請求権の取得は、物品に関する占有の取得と同一の効力を有する』ということに要約される。このことは、返還請求権と同時に間接占有が取得されるか否かにかかわらない限りにおいて、代表説を超えている。また、このことは、証券の単なる譲渡が引渡効力に対して十分でなく、さらに証券債務者側の占有の何らかの形式を要する（そうでなければ、表章された返還請求権は存続しない。）限りにおいて、絶対説および商法四二四条・四五〇条・六五〇条の文言とも異なる」、と。[112]

3　「有価証券法説」

a　ツェルナーの見解

ツェルナーは、基本的にカナリスの見解による個別的な問題に関する結論を支持しているが、無権利者からの善意取得の理論的な説明については、カナリスとやや異なり、「公信力を与えられた引渡証券の無権利の所持人、たとえば盗取者または拾得者が物品を即時の効力をもって譲渡しうることは疑いないのに対し、民法九三一条に基づく即時の所有権移転については、常に返還請求権の真実の所持人のみが生じさせることができる。なぜなら、請求権の単なる名目的権利者による返還請求権の譲渡の場合、所有権は、民法九三四条の第二の選択肢に基づいて取得者による直接占有の取得とともにに善意取得者に移転するからである」と述べ、このことから「証券の引渡しは、決して物品の引渡しの代用をしない」ということが示されるとし、「商法四二四条・四五〇条・六五〇条が意図する法律効果は、むしろ表章により生ずる、返還請求権の善意取得の拡大された可能性から明らかになる」と解しており、(113) そのようなカナリスとやや異なる理解に基づいて以下のように結論づける。

「処分証券の譲渡については、限定的範囲において純粋な物権的処分形態とともに現れない物権的効力が帰属することは明らかである。倉庫に入れられているか運送されている物品に関する通常の返還請求権譲渡の方法による処分によっては達成されえない法的効果が生ずる限りにおいて、この効果は、引渡効力の尽力がなくても、有価証券法的な基本的思考を使って説明されうる。とくに返還請求権が流通保護を享受する証券に表章されているということが問題である。このことは、返還請求権が一般的規制に反してそれが帰属しない譲渡人からも取得されうるということを生じさせる。このことにより無権利者からの取得の可能性が多少拡大する。しかし、物品の引渡しの擬制は、その結果の達成のために本質的に正しくない方法である。

右で展開した見解をいわゆる相対説に分類すべきではない。論争の区画は、解明よりも過度の誤解を発生させた。これを代表説に落札させることは、ますます誤りである。名称を考案しなければならないのであれば、有価証券法的であるが、物権法と関連する流通保護の学説と述べるであろう」、と。(114)

b　カールステン・シュミットの見解

カールステン・シュミットは、カナリスの見解とツェルナーの見解を比較して「カナリスは、相対説からスタートし、表章された返還請求権の取得それ自体が物品に関する占有の取得と同一の効力を有するということが自己形成を続けている。……ツェルナーは、新たな誤解を避けるため、引渡学説の中でのあらゆる分類をしないよう勧告する。彼は、従来の学説について語らずに『有価証券法的であるが、物権法と関連する流通保護』について語る。

法教義的な立場の緩みなくして言葉を語ることは、尊重されるべきである」と述べる。(115)

そして、「自身の立場は、なぜ従来のすべての統一的解決がこれほど一致しないのかという問題とともに始まる。引渡証券の交付（Begebung）（二〇一三年まで、「引渡し」（Übergabe））は、決して物品の引渡し（Übergabe）ではない。貯蔵され運送される物品の引渡しは、代用されるにすぎない。それは引渡しの代用ではあるが、他方、民法九三一条における返還請求権の債権譲渡とも異なるということが重要である。なぜなら、立法者は、商法四四八条・四七五G条・五二四条について民法の傍らに不要な規定を創造するのではなく、貯蔵され運送中の物品に関する処分を商業実務に応じて容易にする意図を有していたからである。物品引渡しに代る引渡証券の交付については、民法の引渡原則と適切に調和されるべき特殊な引渡し代用であるということが重要である。証券交付は、民法九三〇条・九三一条の引渡し代用により置き換えられず（証券譲渡は重要ではない）、このことは二〇一三年の新形式により明確になった（Übergabe の代わりに Begebung）。本質的に事例は、代表説と同様に解決されうる。……もはや返還請求権を表章しない証券の引渡しは、引渡効力を有しない。……指図式倉庫証券の引渡しが権利取得に対して物品の引渡しと同一の効力を有すると法律が述べる場合、物品が処分の目的物であり続けているということが維持されている。喪失していない引渡証券による喪失した物品の善意取得はありえない。……しかし、貯蔵され運送される物品の間接占有が一般的に存在しなければならないかは、代表説に反して疑わしい。法律は、運送人、倉庫営業者または海上運送人の物品の占有を要求するが、譲渡人の間接占有を要求しない」と述べる。(116)

c　シュナウダーの見解

シュナウダーは、とくにカナリスの見解を理論的に批判して以下のように述べる。

「新しい見解、いわゆる有価証券法的に形成され修正された相対説は、相対説と同様、出発点において、所有権譲渡を、譲渡人が指図証券の譲渡により表章された返還請求権とともに、民法八七〇条に従って間接占有を取得者に移転するということをもって説明する。商法の規定には、それがとくに譲渡人に証券引渡の時点において間接占有も物品の所有権も欠けているという例外的な場合に介入するということにより、ごくわずかな意義が付随することとなる。

しかしながら、この見解の原則的命題は、何により引渡効力の機能が民法九三一条により重ねられ、剥ぎ取られるのか疑わしい。商法の目的は、明白に商法の規定と民法の内容を一致させることにあるが、周知のようにそれは必ずしも達成されない。

あらゆる場合に、目前の問題において民法の優位を出発点にすることはできない、なぜなら、民法と商法は、その限りでは一致する観念を出発点にしていないからである。民法の引渡原則が直接占有または間接占有を受け継ぐのに対し、引渡証券は、債権的有価証券として、物品の間接占有も証券所持人の占有関係も化体せず、占有引渡の法的請求権を化体するにすぎない。有価証券法的表章は、請求権の流通能力を、抗弁が制限される取得と無権利者からの善意取得の可能性により高め、権利と証券の高い可動性だけでなく、商品の高い可動性をも導くべきものである。その結果、表章された債権は、決して証券発行者の（継続する）占有媒介意思に依存しない。返還請求権と所有権の取得は、証券債務者による他主占有の自主占有への変化よっても疑われない。

したがって、引渡効力に関する商法の規定と民法九三一条の結合は、とくに民法の一定の物権規定の分類の試みのように内部的崩壊なくして生じえない。引渡証券の説明モデルとしても、民法九三一条はほとんど役に立たない。民法は、返還請求権の債権譲渡を交付の代用として足りるものとする限りで、取得者が債権譲渡とともに物品の（不可視の場合にも）間接占有を取得するということに基礎を有する（民法八六八条・八七〇条・三九八条）[117]。しかし、物品返還請求権は、証券の呈示なくして主張されえないから、有価証券法的に資格を認められた取得者は、引渡証券の占有とともにとりわけ物品に対する可視的関係を取得する。取得者の法的地位は、証券の中にいわば独占されている。証券占有と物品占有との――資格機能と呈示機能による――特別な結合は、証券の単なる移転を権利譲渡の公示に足りるものとする立法者の決定のための十分な根拠である」、と。[118]

そして、シュナウダーは、結論的に「商人証券の引渡効力を、一種の引渡の代用としてのその有価証券法的機能と基盤により、民法の規定への組入れの放棄と理解すること――それに続く新しい見解（ツェルナー、カールステン・シュミット）――、いわゆる有価証券法説が正当と思われる。それに加えて異なる評価基盤のために修正相対説に反する民法の引渡原則へ立ち戻ることは、可能でもないし、必要でもないように思われる」と述べる。[119]

4　小　括

ドイツの新しい見解は、ニュアンスは微妙に異なるが、いずれも物品証券の物権的効力の本質的根拠を証券の引渡しそのものにではなく、証券に表章された物品返還請求権の取得に求める点において一致している。すなわち、ドイツの新しい見解によると、物品返還請求権は、有価証券に表章されることにより、可視的なものとなり、証券を呈示せずに行使しえないものとなる。このことから、有価証券に表章された物品返還請求権の取得は、必ずしも間接占有の取得という観念をはさまず、直接的に物品の引渡しの効果を生ぜしめる。その結果、結論的には代表説と絶対説を折衷したようなものとなるが、理論的には物品の引渡しを証券という有体物の引渡しに代用させる意味がなくなり、この点で従来の見解と根本的に異なる。カナリスの見解とツェルナーらの見解の相違は、有価証券に表章された物品返還請求権の取得が直接的に物品の引渡の効果を導くものと解するについてドイツ民法の物権規定に依拠するか否かの点に存在するが、本質的に異なるものではないであろう。近年におけるドイツ商法四四八条等の改正も、カールステン・シュミットが「二〇一三年の新形式により明確になった」と述べるように新しい見解に沿ったものとなっている。

(102) 谷川・前掲注（77）八四頁参照。
(103) ドイツ民法三九八条は、債権譲渡の概念および要件について規定する。
(104) Schnauder, a. a. O. (Fn. 71) S. 1646.
(105) Vgl. Hueck/ Canaris, a. a. O. (Fn. 20) § 23 I3.
(106) Vgl. Schnauder, a. a. O. (Fn. 71) S. 1646.
(107) Hueck/ Canaris, a. a. O. (Fn. 20) § 23 II.
(108) Zöllner, a. a. O. (Fn. 13) § 25 IV; Karsten Schmidt , a. a. O. (Fn. 84) § 24 III.
(109) Hueck/ Canaris, a. a. O. (Fn. 20) § 23 II.
(110) ドイツ民法二七五条および同二八〇条は、それぞれ給付が不能になった場合における債務者の免責および責任について規定する。
(111) Hueck/ Canaris, a. a. O. (Fn. 20) § 23 II 3.
(112) Hueck/ Canaris, a. a. O. (Fn. 20) § 23 II 5.
(113) Zöllner, .a. a. O. (Fn. 13) § 25 IV 3c.
(114) Zöllner, .a. a. O. (Fn. 13) § 25 IV 4.
(115) Karsten Schmidt, a.. a. O. (Fn. 84) § 24 III 2dd.
(116) Karsten Schmidt, a.. a. O. (Fn. 84) § 24 III I2c.
(117) ドイツ民法八六八条は、間接占有の概念について規定する。
(118) Schnauder, a. a. O.（Fn. 71）S. 1646.
(119) Schnauder, a. a. O.（Fn. 71）S. 1646.

四　考　察

1　物権的効力の必要性について

ここでは、物権的効力否定説に対する前述の批判を手がかりに物品証券の物権的効力の必要性について考察する。

まず、物権的効力否定説に対しては、「証券取得の時に善意無過失であっても、現品引渡の時に善意無過失でないならば、証券の善意取得者は運送品自体の善意取得をなしえない」という批判があり[120]、これは物権的効力否定説に対する決定的な批判といえよう。すなわち、物品証券は、物品の返還請求権を表章するものにすぎず、決してその所有権を表章するものではないが、シュナウダーも述べているようにその目的が物品の返還請求権とともにその所有権を流通させることに存することは疑いない。そうだとすると、物品証券の善意取得（民五二〇条の五）は、物品の返還請求権のみならず、少なくとも物品が債務者の直接占有下にある場合にはその所有権の即時取得をもたらすものでなければならないであろう。しかしながら、物権的効力否定説は、そのような結論を導きえない。したがって、物権的効力否定説は、妥当でないものといわざるをえない。

次に、物権的効力否定説に対しては、物品の所有権が二重譲渡された場合に証券の引渡しを受けた者が、物品証券が発行されていることを知りつつ物品自体の引渡しを受けた者よりも劣後するという不当な結論をもたらすという批判があるが[121]、この点については、改正商法七六一条等が規定する物品証券の処分証券性との関連において考察する必要がある。すなわち、改正商法七六一条は、「船荷証券が作成されたときは、運送品に関する処分は、船荷証券によってしなければならない」と規定する。このような物品証券の処分証券性の意義については争いがあるが、仮に「証券発行後は、運送品の所有権を移転するための意思表示は、証券の裏書または引渡という形式を通じてしなければ効力を生じない」と解する小島孝教授の見解（効力発生要件説）[122]に従えば、証券の引渡しを受けない限り物品の所有権を承継取得することはありえないから、[123]右のような結論は生じないであろう。また、物権的効力否定説によっては導きえないとされる、甲が乙に物品を売却し、乙が丙に物品を転売したが、丙が物品を受け取らない間に甲が乙の債務不履行を理由に売買契約を解除した場合において「丙が物権的効力のある書類の引渡しをすでに受けておれば、たとい甲が受寄者から物品の引渡しを受けても、丙は、物品に対する占有取得を理由に、直接甲に対して物品の返還を請求できる」という結論[124]も、物品証券の処分証券性の解釈および契約解除の効果の法律構成如何によっては、必ずしも物権的効力がなくとも導くことができるのではなかろうか。[125]

以上のことから、物品証券の物権的効力の必要性は認められるべきであるが、その必要性は、処分証券性の解釈および契約解除の効果の法律構成如何によっては、証券の取得による物品の所有権（または質権）の即時取得をもたらす点に尽きるとも考えられるのである。

2　代表説と絶対説の対立について

ここでは、「甲地にある売主Aが、乙地にある買主Bとの間で物品の売買契約を締結し……Aは、……運送人Cに乙地への物品の運送を依頼し、物品をCに引き渡すとともに、Cから貨物引換証の交付を受けた。ところが、物品の運送中に……AはBとの間の売買契約を解除してしまった。それにもかかわらず、Bは、乙地において、Cに対する保証状の差入れという欺罔的手段を用いて、Cから物品の引渡しを受けてしまった。一方、Aは、乙地における新たな転売先を求め、Dとの間で改めて売買契約を締結するとともに、同人に貨物引換証を交付した。しかし、この交付は、Cが物品の占有を喪失した後に生じたものであった」場合に、「動産の引渡しは、民法上単なる対抗要件にすぎないとはいえ、とりわけ売主が買主に物品を受領させるべく運送人との間で運送契約を締結したような場合は、一般的に、物品の買主への引渡しが完了するまでは、所有権の移転も完成しないものと意識されているると見るのが通常」であることから、代表説によると、「Dは、Aの債権者として、AのBに対する返還請求権を代位行使しうる」にすぎないのに対し、絶対説によると、「Dは貨物引換証の所持人として、自ら直接Bに対して、所有権に基づく物品返還請求訴訟を提起すればよい」と述べる見解[126]を検討したい。この見解の問題点は、動産所有権移転の理解に存する。たしかに「末川説の『わが国の取引慣行では代金支払い・引渡し・登記などの時に所有権が移転する』という指摘は、学界共通の認識となった」ともいわれる。[127]しかし、このことは、あくまで原則にすぎず、右の例のAのように（間接）占有を失った動産所有者が所有権を譲渡しようとする例外的な場合には当てはまらないであろう。物権変動について形式主義をとるドイツにおいてでさえ、「所有者である譲渡人は、間接占有を失った場合には、所有権を単なる合意により移転しうる」と解されており、[128]物権変動について意思主義をとるわが国においては、代表説に従ったとしても、右の例のDは、少なくともAから貨物引換証の交付を受けた時点において物品の所有権を取得するものと解されるのではなかろうか。物権的効力の法律構成は、そもそも物品の所有権の移転時期を左右するようなものではないであろう。右の例のDは、物権的効力の法律構成如何にかかわらず、Bに対し所有権に基づく物品返還請求訴訟を提起しうると解すべきであり、右の見解には賛成しえない。

仮に物品証券の処分証券性について効力発生要件説に従う場合には、代表説と絶対説の相違は、「物品に対する間接占有が失われた場合に無権利者から証券を善意取得した者が物品の所有権（または質権）を即時取得しうるか否か」という点に尽きよう。代表説は、この問題を否定し、絶対説は、これを肯定する。では、いずれの見解が妥当であろうか。以下においては、ドイツの新しい見解を参考にこの問題について若干の試論を述べておきたい。

3　試　論

ドイツの新しい見解によると、「物品に対する間接占有が失われた場合に無権利者から証券を善意取得した者が物品の所有権（または質権）を即時取得しうるか否か」という問題は、①証券債務者が物品に対する直接占有を失ったために物品に対する間接占有が失われた場合には、証券に表章された物品返還請求権も消滅することを理由に否定され、②証券債務者が自主占有者となったために物品に対する間接占有が失われた場合には、証券に表章された物品返還請求権は消滅しないことを理由に肯定されよう。このような結論が導き出されるのは、ドイツ民法が物の返還請求権の譲渡を引渡しの代用としていることとも関係するようにも思われる。しかし、ツェルナーらの見解は、必ずしもドイツ特有の民法の規定に依拠するものではなく、むしろ有価証券法理に依拠するものである。

国際貿易においてとくに重要な役割を果たしている船荷証券の信頼性を可及的に高めようという絶対説の意図は、理解しえないではない。しかし、物品返還請求権が履行不能となって消滅した場合に物品証券が物品返還請求権を表章しえなくなることは、わが国においても否定できないであろう。(129) そして、証券を善意取得しても物品返還請求権を取得しえない者が証券の善意取得により物品の所有権を即時取得しうるものと解することは、あまりに不自然ではなかろうか。したがって、証券債務者が物品に対する直接占有を失ったために物品に対する間接占有が失われた場合に権利者から証券を善意取得した者が物品の所有権（または質権）を即時取得しえないと解することには、十分な理由があると考える。ドイツにおいて近年の改正により絶対説を明文をもって排斥したことは、このような考慮によるものであろう。ただし、この場合に証券債務者が占有回収の訴え（民二〇〇条）を提起しうるときは、物品返還請求権は、直ちに履行不能とはならないであろうから、権利者から証券を善意取得した者は、物品の所有権（または質権）を即時取得しうると解すべきであろう。

他方、わが国においても、「代理人が本人に対して以後自己または第三者のために占有物を所持する意思を表示した」場合には、代理占有権（間接占有）は消滅する（民二〇四条一項二号）。したがって、証券債務者が第三者のために占有物を所持する意思を表示した場合には、間接占有は消滅するが、それにより物品返還請求権が履行不能になるわけではないから、物品証券は、なお物品返還請求権を表章し続けることになろう。このような場合に、無権利者から証券を善意取得した者が物品の所有権（または質権）を即時取得しうるという結論自体については、わが国においても、絶対説の支持者のみならず大方の賛成を得られるのではあるまいか。以上のことから、わが国においても、右の問題については、代表説とも絶対説とも異なり、民法における物権規定の相違を乗り越えてドイツの新しい見解と同様の解釈をとる余地がないではない。その場合には、わが国においても、物品証券の物権的効力の本質的根拠は、証券という有体物の引渡しではなく、有価証券に表章された物品返還請求権の取得に求められることとなり、物品証券の物権的効力を規定する商法六〇四条等は、――文理的には必ずしも明白ではないが――即時取得を規定する民法一九二条の特別法でもあることとなろう。もっとも、このように解することは、実質的には、物品所有権自体が物品返還請求権とともにそれと不可分の関係において証券に表章されていることを認めていることにほかならないようにも思われ、物品証券の債権証券性に反するのではないかという疑問を生ぜしめるところではあるが、このことが将来においてさらに新たな法の発展を促す可能性もあろう。

(120)　小島・前掲注（97）二九三頁。
(121)　平出・前掲注（6）五五五頁以下参照。
(122)　小島孝「処分証券の再検討――上柳教授説の紹介と分析を中心として――」神戸法学年報三号三二頁。同・前掲注（97）二八五頁以下参照。
(123)　ただし、効力発生要件説においても、「右の規定（商法五七三条等――筆者）に違反して証券によらない処分がなされたときでも、善意取得（民一九二条）の成立は妨げられない」と解されている（小島・前掲注（122）三四頁）。
(124)　江頭・前掲注（7）三一三頁以下注（11）。
(125)　後掲注（168）参照。物品証券の処分証券性を規定する商法五七三条等の解釈について効力発生要件説をとる小島孝教授は、物権的効力否定説に対し「多くの共感を覚え」るとも述べている（小島・前掲注（97）二九三頁）。
(126)　浅木・前掲注（80）六頁以下。

(127) 近江幸治『民法講義Ⅱ物権法（第3版）』五九頁（成文堂、二〇〇六）。
(128) Schnauder, a. a. O. (Fn. 71) S. 1647.
(129) 物品証券に表章された権利が原因関係からの独立性を有するという意味で無因的であると解する場合においても、物品が喪失した場合に証券に表章された権利も消滅することは、表章された権利自体の「類型性」から説明できる（本章第一節六3参照）。

五　むすび

物品証券の物権的効力に関するドイツの新しい見解の特徴は、物品返還請求権が有価証券に表章されていることを重視し、物品の引渡しを証券という有体物の引渡しに代用させずに証券の取得による物品の所有権（または質権）の即時取得をもたらす点にある。このような物品の特別な即時取得を認める見解が直ちにわが国に受け入れられるとは思われないが、このように構成される物品証券の物権的効力は、電子化された船荷証券にもなじまないではないであろう。本節のはじめにも触れたように電子化された船荷証券における物権的効力の代替手段としては、指図による占有移転（民一八四条）が考えられているようであるが、新しい見解に沿った近年におけるドイツ商法の改正を想起すれば、そのような純粋な物権法への回帰が唯一の途ではないように思われる。

第三節　処分証券性に関する効力発生要件説と対抗要件制限説

一　はじめに

改正商法六〇五条は、「倉荷証券が作成されたときは、寄託物に関する処分は、倉荷証券によってしなければばならない」と規定し、改正商法七六一条は、「船荷証券が作成されたときは、運送品に関する処分は、船荷証券によってしなければならない」と規定し、同条は、改正商法七六九条二項により複合運送証券に準用され、改正国際海上物品運送法に適用される。これらの条文が規定する効力は、一般に物品証券の処分証券性と呼ばれるが、この効力をどのように解すべきかという点については、物品証券の物権的効力の理解[130]とも絡んで議論がある。

改正商法六〇五条の文理からすると、例えば小島教授が主張するように「物品証券を作成したときは、物品に関する所有権の移転、質権設定等の物権的処分は、物品証券の裏書または引渡をしなければ効力は生じない」と解する（以下「効力発生要件説」という。）[131]ことが自然であろう。また、改正商法六〇五条が由来する明治三二年商法三六三条[132]の趣旨について立法者は、「倉庫営業者ハ寄託者ノ請求ニ因リ受寄物ノ預証券及ヒ質入証券ヲ交付スヘキモノトスル以上ハ其証券ノ効力ヲ確実ナラシメ且証券ノ権利者ト寄託物ノ権利者トヲ異ニスルヨリ生スル困難ヲ排除スルカ為メ寄託者又ハ其承継人ハ其証券ヲ以テスルニ非サレハ寄託物ニ付キ一切ノ処分ヲ為スコトヲ得サルモノト定ムルノ必要アリ是レ本条ノ規定ヲ設ケタル所以ナリ」と述べており、[133]効力発生要件説をとれば、可及的に「証券ノ効力ヲ確実ナラシメ且証券ノ権利者ト寄託物ノ権利者トヲ異ニスルヨリ生スル困難ヲ排除」しうることとなる。

効力発生要件説は、現在における有力説と目されるが、[134]通説的地位にあるものとはいいがたい。規定の文理に忠実であり、証券所持人の物権的保護を図ろうとする立法者の意思に最も合致するこの見解が通説的地位にまで至らないのは、①民法一七六条の意思主義に反する点、②物品証券が所有権を表章する証券になってしまう点および③効力発生要件説によらなくても具体的な結論において不都合はないという点にあると考えられる。①の点は、特に改正商法六〇五条等は物品の譲渡等の物権的処分の対抗要件を制限するにすぎないと解する（以下「対抗要件制限説」という。）上柳克郎教授が指摘するところであるが、[135]上柳教授の見解に対して小島教授は、「教授の対抗要件制限説のほうが、物権変動に関する民法の意思主義・対抗要件主義の一般体系によりよくなじみうるということは、私といえども認めざるをえない。しかしながら、わが私法の体系の下でも、倉荷証券や船荷証券が発行され、それに表彰されている貨物というような特殊な商品についてまで、意思主義・対抗要件主義が、果たして妥当するであろうか。もちろん、上柳教授は、かかる証券発行貨物については、民法の対抗要件主義の法則に一定の制限を加えてはおられる。しかし、運送証券・倉庫証券の物権的な意味における安全機能をよりよく強化するためには、意思主義・対抗要件主義の枠にとらわれることなく、（二〇一八年商法改正前に貨物引換証の処分証券性を規定していた——筆者）商法五七三条は一種の形式主義を採用したのだと解する効力発生要件説のほうが妥当ではなかろうか」と反論を加えている。[136] ②の点については、例えば「引換証が運送品所有権その他の運送品物権を表彰するものであれば、運送品の物権的処分をするについては引換証の裏書または引渡を必要とするであろうが、引換証はそのような運送品物権を表彰する証券ではない」と指摘されるが、[137] 貨物引換証が絶対に物権を表章する証券ではあってはならないことに関する論述はみられない。その意味で、②の点は、結局のところ、①の点に関わる問題ではないかと考える。したがって、①の点に関する小島教授の反論が一応の説得力を有するとすれば、物品証券の処分証券性をどのように解すべきかは、③の点に関わってこよう。

物品証券の処分証券性に関する学説としては、効力発生要件説および対抗要件制限説以外に改正商法七六一条にいう「運送品の処分」とは運送の中止等の運送人に対する債権的処分を意味するにすぎないと解する見解（以下「債権的処分限定説」という。）[138] および「運送品の処分」とはその所有権譲渡のような物権的処分も（を）意味するが、同条は船荷証券が発行された物品の処分権を制限するにすぎないと解する見解（以下「処分権制限説」という。）[139] がある。これらの見解は、いずれも民法の物権変動に関する原則を墨守しようとするものであり、その意図は理解しえないではないが、改正商法七六一条等の存在意義を実質的に否定して[140] 立法者が意図した証券所持人の物権的保護を危うくするものであり、いずれも妥当でない(141)。証券所持人の物権的保護という見地からは、この問題は、さしあたり効力発生要件説と対抗要件制限説の二者択一で考えてよく、効力発生要件説をとらなくても具体的な結論において不都合がないというのであれば、あえて民法一七六条の意思主義の例外を認める必要はなく、対抗要件制限説をとるべきであろう。しかし、効力発生要件説をとらなくても具体的な結論において不都合がないという認識については、疑問がないではない。そこで、本稿においては、小島教授と上柳教授の論争、対抗要件制限説をとる江頭憲治郎教授の見解および若干の判例・裁判例を参考に具体的な結論における効力発生要件説と対抗要件制限説の優劣を検討したい(142)。

(130)　本章第二節参照。
(131)　小島・前掲注(97)二八四頁以下、同・前掲注(122)三一一頁以下参照。小島教授以前に効力発生要件説をとっていた学説として、水口吉蔵『商行為法論』五〇七頁以下（清水書店、訂正第七版、一九二六）、大浜信泉『商法概論』一九九頁以下（有斐閣、一九五四）、西島弥太郎『海商法』一一六頁、一三一頁以下（海文堂、一九五七）参照。
(132)　商法五七三条の沿革については、小島・前掲注(97)二八九頁注⑤参照。
(133)　『商法修正案理由書』三〇六頁（東京博文館蔵版、一八九八）。
(134)　神崎克郎『商行為法Ⅰ』三一九頁（有斐閣、一九七三）、田中誠二ほか『コンメンタール商行為法』四〇九頁〔原茂太一〕（勁草書房、一九七三）、我妻栄・有泉亨補訂『新訂物権法』一八四頁（岩波書店、一九八三）参照。
(135)　上柳克郎『商事法論集』一五一頁（有斐閣、一九九九）参照。他に対抗要件制限説を支持する見解としては、江頭・前掲注（7）三一三頁がある。ただし、上柳教授の見解と江頭教授の見解とは、後述のように必ずしも同一ではない。
(136)　小島・前掲注(122)六二頁以下。
(137)　服部榮三・星川長七編『基本法コンメンタール第三版』一六四頁〔村田治美〕（日本評論社、一九九一）。

(138) 椎津盛一「判批」新報四五巻一〇号一八〇八頁以下（一九三五)、吉川大二郎・大橋光雄「判批」民商二巻一九七頁以下［大橋光雄］(一九三五）参照。

(139) 竹田省『商法総則・商行為法』「商行為法」二〇三頁（新青出版、一九九七)、小町谷・前掲注（78）三五二頁、大隅・前掲注（5）一六二頁、石井照久・鴻常夫『商行為法下巻（商法Ⅴ―2)』一七九頁以下（勁草書房、一九七六)、服部・星川編・前掲注（137）一六四頁［村田]、平出・前掲注（6）五五六頁以下、森本滋『商行為法講義〔第三版〕』一八〇頁［北村雅史］（成文堂、二〇〇九）参照。大判大一三・七・一八民集三巻四〇三頁も、――疑問がないではないが――処分権制限説に立っているようである。

(140) この点は、これらの見解の論者が自ら認めるところである。例えば小町谷・前掲注（78）三五三頁は、「この規定は、既に第五七五条、第五八二条、第五八四条等の規定がある限り、自明の理を規定したもので、多くの存在意義を有せざるものである」と述べ、竹田・前掲注（139）二〇三頁は、「証券の引渡による善意取得と、直接に運送品の引渡による善意取得とが衝突する場合には、直接占有による善意取得が優先するというのが一般の解釈なるがゆえに、右の（かつて貨物引換証の処分証券性を規定していた――筆者）商法第三三四条の二の規定は、譲受人に於て、証券発行の事実を知る限り、其取得は善意の取得とならぬ点に於て存在意義を有するに止まる」と述べる。

(141) 処分権制限説に対しては、「かりにこの説によるとして、証券の裏書、引渡によらないで運送品の所有権を取得した者が、さらにこれを処分しようとすれば、証券の適法な所持人となることを要するから、本条（改正前商法五七三条――筆者）のような規定がある限り、貨物引換証の裏書交付ないしは引渡は、単なる物権変動の対抗要件以上の意味を持っていることを認めなければならないであろう」という批判もある（田中ほか・前掲注（134）四〇九頁［原茂]）。

(142) ここで簡単に本稿の問題と関連するドイツ法の状況について触れておきたい。ドイツ民法九二九条一文は、「動産所有権の譲渡には、所有者が物を取得者に引き渡し、双方が所有権の移転について合意することを要する」と規定して動産物権変動について形式主義をとっているが、ドイツ商法にはわが商法五七三条に相当する規定は存在しない。そのため、ドイツにおいては、わが国の効力発生要件説のように「物品証券を作成したときは、物品に関する所有権の移転、質権設定等の物権的処分は、物品証券の裏書または引渡をしなければ効力は生じない」と解されることはなく、「民法九二九条による合意と直接的な占有取得を要件とする処分が何の問題もなく可能であることについては、一般的な一致がある」(Schnauder, a. a. O. (Fn. 71) S. 1648)。他方、ドイツ民法九三一条は、「第三者が現に物の占有を有する場合においては、引渡は、所有者が取得者に物の返還請求権を譲渡することにより代用されうる」と規定しているが、「引渡証券が発行される物品は、同時に証券も交付される場合に合意と返還請求権の譲渡により譲渡されるにすぎない」という連邦通常裁判所の見解（BGHZ 49, 160=NJW 1968, 591）は、少なくとも指図式の証券については概ね是認されている。

二　小島教授と上柳教授の論争

1　小島教授の見解

小島教授は、物品証券の処分証券性について効力発生要件説をとる理由として、特に「運送品の所有者から証券に依らずしてこれを買受けた者が運送人からその仮渡を受けた場合には、その者が該運送品につき貨物引換証の発行あることを知っている場合にも、譲受人はここに完全な対抗要件を備えた所有権を運送品の上に取得することとなり、その後に証券を取得した者は運送人に対して損害賠償を請求することはできるとしても、運送品の譲受人に対してはその引渡を請求することができない結果となって、それだけ証券の効力を減殺する」という点を強調する。[143] この見解が主張された時点においては、対抗要件制限説はまだ登場していないため、この批判は、特に債権的処分限定説および処分権制限説に向けられたものと考えられる。

2　小島教授の見解に対する上柳教授の批判

小島教授の見解に対し、上柳教授は、「倉荷証券所持人で寄託物の所有権者である者が、倉荷証券を譲渡せず、いわゆる荷渡指図書を発行して寄託物を譲渡する慣行」を指摘し、「運送証券・倉庫証券の裏書・引渡によらないで運送品・寄託物が譲渡されるが、運送証券・倉庫証券は譲渡人が所持しつづけ、運送品・寄託物の全部が荷渡指図書の所持人への引渡などにより証券所持人の望むとおりに引渡されたのち、譲渡人が証券を運送業者・倉庫営業者に返還することも少なくないと思われる。このような場合もありうるのに、証券の裏書・引渡によらない運送品・寄託物の譲渡は無効であり、運送証券・倉庫証券が発行されていたことを知っていた、または過失によって知らなかった譲受人は運送品・寄託物の所有権を取得しないという原則を一般的に設定することが妥当であろうか」と疑問を呈する。(144)

また、上柳教授は、「運送品・寄託物が証券と引換でなしに引渡された後に、このことを知らずに証券を譲受けた者が、運送品・寄託物を引渡す義務の不履行にもとづく損害賠償請求権はもつが、運送品・寄託物の所有権は取得できない、という事態は、（二〇一八年商法改正前に貨物引換証の処分証券性を規定していた――筆者）商法五七三条についてこの説のような解釈をしても完全には排除できない」と述べ、(145)「証券所持人であり運送品・寄託物の所有権者である甲が証券の裏書・引渡によらないでする運送品・寄託物の譲渡は無効であると解しても、甲が乙に運送品・寄託物を譲渡する代りに、乙に運送業者・倉庫営業者から甲のために運送品・寄託物を受取る権限を与え、運送業者・倉庫営業者が乙に運送品・寄託物を引渡した後に、直ちに甲が乙にその物を譲渡する（この譲渡は証券の物権的効力消滅後の譲渡であるから、証券の裏書・引渡によることを必要としないし、また、対抗要件としての引渡は簡易の引渡で行いうる）」という例を挙げる。(146)

そして、上柳教授は、「現行法の解釈論としては、運送証券・倉庫証券が発行された場合のみについて、動産の所有権譲渡に関する意思主義・対抗要件主義を変更すべき実質的理由は……見出し難い」という見地から「（二〇一八年商法改正前に貨物引換証の処分証券性を規定していた――筆者）商法五七三条は、運送証券・倉庫証券が発行された場合に、運送品・寄託物の所有権譲渡については、民法の意思主義・対抗要件主義を前提として、その対抗要件としての動産の引渡は、動産の引渡と同一の効力を有する証券の裏書・引渡か、または、民法の定める占有移転の方法（指図による占有移転）および証券の単なる引渡（指図証券の——最後の裏書が白地式のとき以外の——単なる引渡、指図禁止文句の記載ある記名式証券の単なる引渡）によってなされなければならない、という趣旨である」と解する。(147)

3　上柳教授の批判に対する小島教授の反論

小島教授は、上柳教授が指摘する「倉荷証券所持人で寄託物の所有権者である者が、倉荷証券を譲渡せず、いわゆる荷渡指図書を発行して寄託物を譲渡する慣行」が倉庫取引のみならず運送取引においても実際には行われていないことを詳細な実態調査に基づいて証明した上で、(148)「貨物の所有者であり船荷証券の所持人である甲から、証券の裏書・引渡なくして、単なる意思表示のみによって、Aが当該貨物を買い入れる契約をし、その後、甲がBに証券を裏書譲渡し、さらにその後にAが運送人から仮渡の方法により貨物自体の直接占有を取得した」という事例を設定し、「上柳説によれば、当該貨物につき船荷証券の発行されていることを占有取得の当時Aが知っていた場合でも、Aは対抗要件を備えた所有権を貨物の上に取得することになり、その結果、証券譲受人Bは、……物権的請求権に基づき、貨物自体の引渡は請求できないことになる」と述べ、上柳教授の見解を「証券の物権的な安全機能を確保できない」ものと反論する。(149)

4　小　括

社団法人日本倉庫協会は、「動産・債権譲渡に係る公示制度の整備に関する要綱中間試案について（意見）」において「寄託者が、倉庫業者の倉庫に寄託している動産（寄託物）を出庫し、又は第三者に譲渡し、若しくは担保に供する場合は、通常、①倉荷証券が発行されていないときは、荷渡指図書（荷渡依頼書）又は名義変更指図書（名義変更依頼書）により、②倉荷証券が発行されているときは、倉荷証券の裏書譲渡により、処理されている」と述べており、(150) 今日では倉荷証券が発行されている寄託物について同時に荷渡指図書が発行されることはほとんどないようである。そうだとすると、倉荷証券が発行されている場合には、小島教授のいう「証券の物権的な安全機能」、すなわち証券所持人の物権的保護を可及的に高めることが取引当事者の合理的意思に合致しよう。その意味では、「運送品・寄託物が証券と引換でなしに引渡された後に、このことを知らずに証券を譲受けた者が、運送品・寄託物を引渡す義務の不履行にもとづく損害賠償請求権はもつが、運送品・寄託物の所有権は取得できない、という事態は、（二〇一八年商法改正前に貨物引換証の処分証券性を規定していた――筆者）商法五七三条についてこの説のような解釈をしても完全には排除できない」という上柳教授の批判は、必ずしも妥当でない。

しかし、小島教授が設定する「貨物の所有者であり船荷証券の所持人である甲から、証券の裏書・引渡なくして、単なる意思表示のみによって、Aが当該貨物を買い入れる契約をし、その後、甲がBに証券を裏書譲渡し、さらにその後にAが運送人から仮渡の方法により貨物自体の直接占有を取得した」という事例において「上柳説によれば、当該貨物につき船荷証券の発行されていることを占有取得の当時Aが知っていた場合でも、Aは対抗要件を備えた所有権を貨物の上に取得する」という結論になるかは、疑問がある。なぜなら、上柳教授は、前述のように「運送証券・倉庫証券が発行された場合に、……その対抗要件としての動産の引渡は、動産の引渡と同一の効力を有する証券の裏書・引渡か、または、民法の定める占有移転の方法（指図による占有移転）および証券の単なる引渡（指図証券の――最後の裏書が白地式のとき以外の――単なる引渡、指図禁止文句の記載ある記名式証券の単なる引渡）によってなされなければならない」と解しているため、甲がBに証券を裏書譲渡した時点でBがAに優先することが確定し、その後にAが貨物の直接占有を取得しても、「当該貨物につき船荷証券の発行されていることを占有取得の当時Aが知っていた」以上、即時取得もありえず、この結論は変更されないとも考えられるからである。

(143) 小島・前掲注（97）二八六頁。
(144) 上柳・前掲注（135）一四一頁。
(145) 上柳・前掲注（135）一四二頁。
(146) 上柳・前掲注（135）一四二頁。
(147) 上柳・前掲注（135）一五一頁。
(148) 小島・前掲注（122）四五頁以下。
(149) 小島・前掲注（122）六〇頁以下。
(150) 社団法人日本倉庫業協会「動産・債権譲渡に係る公示制度の整備に関する要綱中間試案について（意見）」(http://www.nissokyo.or.jp/info/pdf/20040428.pdf) 四頁（二〇〇四）。

三　上柳教授の見解の問題点と江頭教授の見解

1　上柳教授の見解の問題点

前述のように「貨物の所有者であり船荷証券の所持人である甲から、証券の裏書・引渡なくして、単なる意思表示のみによって、Aが当該貨物を買い入れる契約をし、その後、甲がBに証券を裏書譲渡し、さらにその後にAが運送人から仮渡の方法により貨物自体の直接占有を取得した」という事例において「当該貨物につき船荷証券の発行されていることを占有取得の当時Aが知っていた」場合には、小島教授の理解とは異なり、上柳教授が主張する対抗要件説は、証券所持人Bの物権的保護を図りうると考えられる。

他方、上柳教授は、運送証券の所持人であり、運送品の所有者である甲から乙が意思表示のみにより運送品を譲り受けた場合について「甲が証券を所持している間に、乙が運送業者から運送品の引渡をうけると証券の物権的効力は消滅し（相対説の立場では、運送業者が運送品の占有者でなくなるのであるから、この結論は当然のことである。しかし、絶対説の立場で、甲から所有権を譲受けたがその所有権に対抗力のない乙への引渡によって証券の物権的効力が消滅すると考えてよいか、あるいは疑問の余地があるかもしれない、今後の研究課題とする）、対抗要件は運送品そのものの引渡のみとなり、乙は対抗力のある所有権者となる（すでに指図による占有移転がなされていたときは、それが対抗要件として充分であったことになり、未だ指図による占有移転がなされていなったときは、甲の占有代理人である運送業者からの現実の引渡を受けたことが対抗要件として充分であることになる）」と述べる。(151) 仮にそのとおりであるとすると、この設例において「甲が証券を所持している間に、乙が運送業者から運送品の引渡をうけ」た後に甲が丙に運送証券を裏書した場合であっても、丙は、運送証券の処分証券性により貨物の所有権を取得しえず、その物権的保護を図りえないこととなる。

効力発生要件説においては、対抗要件制限説におけると異なり、物品証券の処分証券性は、物品の占有と関係なく、物品の処分という法律行為の効力発生要件を規制するものである。それゆえ、右の場合に運送業者が乙に運送品を引き渡した時点で物権的効力が消滅するとしても、効力発生要件説によると、甲乙間の運送品譲渡はその要件を欠く無効なものであるから、乙が「対抗力のある所有権者となる」ことはありえず、運送品が第三者に即時取得されていない以上、甲は運送品の所有者であり、依然としてその処分権を保有し続けている。したがって、効力発生要件説によると、右の場合に第三者が物品を即時取得するまでは、処分証券性が消滅すると解する必要はなく、甲から運送証券の裏書を受けた丙は、貨物の所有権を取得し、無権利者である乙に対し所有権に基づく貨物の引渡しを請求でき、その物権的保護を図りうる。

2　江頭教授の見解

江頭憲治郎教授は、上柳教授と同様、「わが法制の下で、……船荷証券が発行されると物権変動に関する民法の意思主義の原則が修正されると解することには抵抗があろう」という理由から対抗要件制限説をとるが、(152) 上柳教授の見解と異なり、「船荷証券に物権的効力が賦与された結果、運送品の物権変動の対抗要件である①船荷証券の引渡しと②現物の引渡しとが競合して生じる場合がありうることから、その間の優劣（前者の優越）、つまり、船荷証券の引渡しを受け物権変動の対抗要件を備えた者と現物につき民法の定める対抗要件を備えた者とがある場合、前者の権利が優先する旨を定めたもの」と解する。(153)

右の見解によると、物品証券の処分証券性は、その物権的効力を補完するものととらえられることとなろう。なお、上柳教授の見解においては、物品証券が発行された場合には「現物につき民法の定める対抗要件を備えた者」の対抗力が完全に否定されることとなろうが、江頭教授は、これを完全に否定するものではないようである。

3　小　括

江頭教授は、証券の引渡しが物品の引渡しと同一の効力を有するという物品証券の物権的効力（商六〇四条・七六〇条・七六九条・国際海運一五条参照）について絶対説をとっており、(154)上柳教授が述べる「絶対説の立場で、甲から所有権を譲受けたがその所有権に対抗力のない乙への引渡によって証券の物権的効力が消滅すると考えてよいか」という問いを否定するものと推測される。

物品証券の物権的効力に関する絶対説は、証券の引渡しが物品の引渡しと同一の効力を有するとされることについて証券の引渡しが民法上の占有移転方法と無関係に物品の引渡しと同一の効力を有するものと法律構成する見解である。(155)この見解によると、証券債務者が物品の直接占有を失った場合にも物品証券の物権的効力が認められることから、右の問いは、否定されよう。そうだとすると、絶対説を前提とする対抗要件制限説においては、①物品の所有者であり、物品証券の所持人であるAが証券を交付することなくBに物品を譲渡する意思表示をし、その後、Cに証券を裏書譲渡し、その後、Bが証券債務者Dから物品の引渡しを受けたという事例（小島教授が設定する事例）においてはもちろん、②Aが証券を交付することなくBに物品を譲渡する意思表示をし、その後、Bが証券債務者Dから物品の引渡しを受け、その後、AがCに証券を裏書譲渡したという事例（上柳教授の見解によると、Cの物権的保護を図りえないとされる事例）においても、物品証券の裏書を受けたCは、これを受けていないBに優先する。したがって、物品証券の物権的効力に関する絶対説を前提とする場合には、効力発生要件説と対抗要件制限説のいずれによっても、①および②の事例においてCの物権的保護を図りうることとなる。

(151) 上柳・前掲注（135）一五一頁注（2）参照。
(152) 江頭・前掲注（7）三一三頁以下注（12）。
(153) 江頭・前掲注（7）三一三頁。
(154) 江頭・前掲注（7）三一三頁注（11）。
(155) 本章第二節一参照。

四　対抗要件制限説における証券債務者の地位

1　前　説

対抗要件とは、すでに当事者間で成立した法律関係を当事者以外の第三者に対して対抗するための法律要件であるが、「動産に関する物権の譲渡は、その動産の引渡しがなければ、第三者に対抗することができない」と規定する民法一七八条の第三者の範囲については、「譲渡当事者及其一般承継人以外ノ第三者ヲ汎称スルモノニ非スシテ当該譲渡行為ニ関シ異議ヲ主張スヘク正当ナル法律上ノ利害関係ヲ有スル者」というように制限的に解されている。[156] そのため、効力発生要件説と絶対説を前提とする対抗要件制限説との相違は、物品の処分当事者間の関係および民法一七八条の第三者以外の第三者との関係に現れるが、物品の処分当事者間の関係は、いずれの見解に立とうが、さほど変わるものではない[157]。そこで、仮に対抗要件制限説に立つ場合、運送人や倉庫業者のような証券債務者が民法一七八条の第三者に該当するか否かが問題となるが、この問題そのものを扱う判例・裁判例・学説は見当らないため、ここでは以下の二つの判例・裁判例を参考にこの問題を考察する。

2　最判昭二九・八・三一民集八巻八号一五六七頁

【事　実】　昭和二五年二月頃、Yは、AとともにBから魚粉を買い受けた。しかし、Yは、その代金の支払いをすることができなかったので、同年四月一六日、Cに対し本件物件（筆笥等）を売り渡し、その代金をBに対する債務の支払いに充てた。YC間の売買に際し、Yは、Cに対し本件物件を即時引き渡したが、Cが他に持ち運ぶまで保管すること、昭和二五年四月末日までにYがその代金と同額をCに支払ったときは無条件で売り戻すことの約定をした。しかし、Yは、その約定期限までに買戻しをしなかった。Cは、同年五月六日、同年六月四日までにYまたはCがその代金と同額をXに支払ったときには無条件で更に売り戻す約定の下、本件物件をXに売り渡したが、本件物件の引渡しは行われなかった。その後、YもCも、その約定期限までにXに約定の金額を支払わなかった。そこで、Xは、Yに対し本件物件の引渡しを求めた。

第一審は、Xの請求を認容した。Yは、控訴したが、第二審は、「本件物件の所有権に基いてYに対しその引渡を求めるXの請求は正当」と述べて控訴を棄却した。Yは、Xが本件動産の引渡しを受けていないことを理由に上告した。

【判　旨】　上告棄却

「原審は、Yが昭和二五年四月本件動産をCに売り渡し即時その引渡をなすとともに、同人の寄託によりこれを保管しているものであること、Cは同年五月右物件をXに売渡したがその引渡は行われなかつたことをそれぞれ確定し、Xの所有権に基く右動産の引渡請求を認容したものである。右事実によればYはXに本件物件を譲渡したC

に代つて一時右物件を保管するに過ぎないものであつて、かかる者は右譲渡を否認するに付き正当の利害関係を有するものということは出来ない。従つて民法一七八条にいう第三者に該当しないと解すべく原判旨は相当であつて論旨は採用することができない。」

3　東京地判昭五三・一二・二一判時九三四号一〇三頁

【事　実】　Aは、本件各商品（いずれも冷凍タコ）を所有し、いずれも冷蔵倉庫を営む会社であるY_1およびY_2に寄託した。Xは、Aから本件各商品を買受けたが、その引渡しを受けていなかった。Y_1らは、昭和五二年四月六日、Aに対する保管料等の債権に基づく商事留置権の行使として、本件各商品を含む保管中の食品について、有体動産競売申立をなし、その申立に基づく競売の結果、本件動産は同月二七日第三者によって競落された。Xは、Y_1らの申立に基づく競売により、本件各商品の所有権を失い、価額と同額の損害を被ったと主張し、故意による不法行為に基づく損害賠償請求をした。

【判　旨】　請求棄却

「民法一七八条により、動産の所有権の移転については、その引渡がなされなければこれをもつて第三者に対抗することができないものであるところ、本件においては、AからXに対し右各商品の引渡がなされていないことは当事者間に争いがないのであるから、右事実に基づけば、Xは、第三者であるY₁らに対しては、右各商品につきその所有権をもつて対抗することができないものといわなければならない。

もつとも、動産の引渡がなされなかつた場合であつても、引渡の欠缺を主張するにつき正当の利益を有しない第三者に対しては、その所有権をもつて対抗しうるものであることはいうまでもない。

しかしながら、本件においては、Y_1らがいずれも冷蔵倉庫を営む会社であることは当事者間に争いがなく、また、……右競売申立当時、いずれもAに対し、Y_1は水産物倉庫保管料及び同売買代金合計金二八八万八三五〇円、

Y_2は水産物倉庫保管料金八六万七一三一円の各債権を有していたことが認められるから、右事実に基づけば、Y_1らは、右各商品の寄託を受けるのと同時にその保管料債権についてA所有の右各商品の上に商法五二一条に基づく商事留置権を取得したものであり、また、右留置権は右競売申立時まで存続していたものとみるべきこととなる。しかして、一般に、留置権者は、目的物の上に物的支配を取得しようとする者であって、目的物の譲受人と物的支配を相争う関係にある者であるから、民法一七八条の適用にあたっては、引渡の欠缺を主張するにつき正当の利益を有する第三者にあたるものといわなければならない。したがって、Xは、商事留置権者であるY_1らに対しては、その引渡がなされないかぎり、前記各商品につき所有権をもって対抗することができないものというほかはない。」

4　考　察

受寄者が民法一七八条の第三者に該当するか否かという問題について大審院は、民法六六二条一項が「当事者が寄託物の返還の時期を定めたときであっても、寄託者は、いつでもその返還を請求することができる」と規定していることを理由に問題を否定しており、[158] 2で紹介した最判昭二九・八・三一も、動産の寄託を受けて一時的にこれを保管しているにすぎない者は動産の譲渡を否認するについて正当の利害関係を有するものではなく、民法一七八条の第三者に該当しないと解している。ただし、同判決については、「本件の事案は寄託契約の典型例ではないことに注意すると、本件の結論を広く受寄者一般に拡げて考えることは疑問」[159]、「本件判決に事例判決としての性格を帯びている部分が残る」[160]といった評価もある。

右の問題について学説においては、否定説もあるが[161]、肯定説が有力であり[162]、その理由として例えば「判例を支持する学説は、受寄者がだれに返還すべきかを確知する利益の問題は、四七八条の債権の準占有者への弁済（受領権者としての外観を有する者に対する弁済――筆者）により解決できるというが、四七八条の適用をまつのでは、証明責任等の点で受寄者は事実上の不利益を免れない。六六二条（一項――筆者）が特約によって制限される場合もあるので、判例の根拠は当てはまらないといえる。……引渡しの権利保護機能に着目して指図による占有移転を要すると解すべきである」と述べられる。[163]しかし、「証明責任等の事実上の不利益」という理由は、必ずしも決定的ではなかろうし、「有効な取引関係に立つ者をもって第三者とみる考え方においては、受寄者が寄託という取引に基づいて法律関係に登場したことは明らかであるから、この点の説明に腐心する必要がないのに対し、物的支配を争う者でなければ第三者でないと考えるならば、新しい所有者との関係で従来契約関係の保持を主張することができない受寄者を一七八条の第三者とすることには困難がある」[164]ことも確かであろう。

ところで、最判昭二九・八・三一の批評においては、「同じ寄託でも、有償か無償かで（本件はおそらく無償なのであろう）分けて考えるべきである」との指摘がある。[165]倉庫寄託契約は、民法の寄託契約の一種であるが、通常は有償契約であり、また、返還義務については、民法六六二条一項と異なり、「当事者が寄託物の保管期間を定めなかったときは、倉庫営業者は、寄託物の入庫の日から六箇月を経過した後でなければ、その返還をすることができない。ただし、やむを得ない事由があるときは、この限りでない」と規定されている（商六一二条）。したがって、倉庫業者は、最判昭二九・八・三一のいう「一時右物件を保管するに過ぎないもの」ではない。しかし、3で紹介した東京地判昭五三・一二・二一において倉庫業者であるY_1らは、倉庫業者それ自体が民法一七八条の第三者に該当するという主張を行っておらず、裁判所も、「留置権者は、目的物の上に物的支配を取得しようとする者であって、目的物の譲受人と物的支配を相争う関係にある者であるから、民法一七八条の適用にあたつては、引渡の欠缺を主張するにつき正当の利益を有する第三者にあたる」と解し、倉庫業者それ自体が民法一七八条の第三者に該当するか否かという問題と向き合わずに事案を解決している。事案の解決の仕方としては妥当であろうが、このことは、「目的物の上に物的支配を取得しようとする者であつて、目的物の譲受人と物的支配を相争う関係にある者」とはいえない倉庫業者それ自体が民法一七八条の第三者に該当すると判断することについて裁判所に幾許かの抵抗があることを示すものではなかろうか。

倉庫業者が民法一七八条の第三者に該当するか否かという問題に関する議論がそのまま運送人にあてはまるわけではなく、物品証券が発行されている場合は、議論は、さらに複雑なものとなろう。しかし、最判昭二九・八・三一という先例があり、現在でも受寄者が民法一七八条の第三者に該当するか否かという問題を否定する有力な見解がある中で(166)、裁判所により運送人や倉庫業者のような証券債務者それ自体が民法一七八条の第三者に該当すると判断されるとは限らない。

(156)　大判大八・一〇・一五民録二五輯一八二四頁。
(157)　不動産物権の変動についてであるが、川井健『民法概論2（物権）〔第二版〕』二一頁（有斐閣、二〇〇五）は、「当事者間の紛争の解決は、危険負担、果実の帰属にみられるように、民法は、契約上の問題としてこれを処理するものであるから、所有権の帰属が紛争の解決のきめてになる場合は、対外関係のうち登記によらないで所有権の帰属が問題になる場合である」と述べる。
(158)　大判明三六・三・五民録九輯二三四頁、大判昭一三・七・九民集一七巻一四〇九頁等参照。
(159)　吉田邦彦「判批」法協一〇〇巻一〇号一九五〇頁（一九八三）。
(160)　山野目章夫「判批」中田裕康ほか編『民法判例百選Ⅰ総則・物権〔第六版〕』一二五頁（有斐閣、二〇〇九）。
(161)　舟橋諄一『物権法』二二七頁以下（有斐閣、一九六〇）等参照。
(162)　我妻・有泉・前掲注（134）一九六頁以下等参照。
(163)　川井・前掲注（157）八五頁。
(164)　山野目・前掲注（160）一〇〇頁。
(165)　吉田・前掲注（159）一九五七頁。

(166) 近江・前掲注(127)一四七頁以下参照。

五　私見

対抗要件制限説における処分証券性は、主として動産譲渡の対抗要件である引渡し＝占有移転（民一七八条）に関わる物権的効力を補完するものととらえられる。これに対し、効力発生要件説における処分証券性は、そのような物権的効力と関係なく、証券授受当事者間の物品の処分という法律行為の効力発生要件を規制するものととらえられる。そこで、効力発生要件説によると、証券に表章された引渡請求権の客体である物品は、引渡請求権と一体化して「有価証券化」し、二重譲渡の問題を生じさせないものとなり、効力発生要件説をとった場合の物権的効力は、動産譲渡の対抗要件とは関わりをもたず、物品の即時取得における占有取得の意味しか有しえない。その意味で、効力発生要件説は、谷川教授が主張する物権的効力否定説[167]に一歩接近するものともいえよう[168]。

立法者が意図した証券所持人の物権的保護を図るためには、①物品の所有者であり、物品証券の所持人であるAが証券を交付することなくBに物品を譲渡する意思表示をし、その後、Cに証券を裏書譲渡し、その後、Bが証券債務者Dから物品の引渡しを受けたという事例においてはもとより、②Aが証券を交付することなくBに物品を譲渡する意思表示をし、その後、Bが証券債務者Dから物品の引渡しを受け、その後、AがCに証券を裏書譲渡したという事例においても、CのBに対する優先を認める必要がある[169]。①の事例においては、効力発生要件説と対抗要件制限説のいずれによっても、CのBに対する優先を認めうるが、②の事例においては、効力発生要件説によれば、CのBに対する優先を認めうるが、対抗要件制限説によれば、CのBに対する優先を認めうるのは、物品証券の物権的効力に関する絶対説をとった場合に限られる。

右のように物品証券の物権的効力に関する絶対説をとる場合には、効力発生要件説と対抗要件制限説のいずれによっても、①および②の事例において証券所持人の物権的保護を図りうるが、筆者は、絶対説について理論的疑問を禁じえない。物権的効力に関する相対説と絶対説の対立は、「証券債務者が物品に対する直接占有を失ったために物品に対する間接占有が失われた場合物品に対する間接占有が失われた場合に無権利者から証券を善意取得した者が物品の所有権（または質権）を即時取得しうるか否か」という点に現れ、絶対説は、これを肯定する。しかし、証券債務者が物品に対する直接占有を失い、物品返還請求権が履行不能となって消滅した場合に物品証券が物品返還請求権を表章しえなくなることは否定できない。[170]証券を善意取得しても物品返還請求権を取得しえない者が証券の善意取得により物品の所有権を即時取得しうるものと解することは、必ずしも自然ではなかろう。[171]

ところで、物品証券の債務者である運送人等は、留置権を有するが（民二九五条・商五二一条）、留置権は、付従性を有する。対抗要件制限説によると、①および②の事例においてBは、疑いなく物品の所有権者であるから、弁済をするについて正当な利益を有する第三者としてAの債務を弁済し（民四七四条参照）、Dの留置権を消滅させた上で所有権に基づいてDに対し物品の返還を請求することが考えられる。この場合におけるBの請求の可否は、留置権者でないDがAB間の物品譲渡について民法一七八条の第三者に該当するか否かという問題に関わってくるが、この問題が裁判において必ずしも肯定されるとは限らないこと前述のとおりである。仮にこの問題が否定されたならば、Bは、所有権に基づいてDに対し物品の返還を請求でき、Dは、微妙な法律的立場に置かれよう。また、仮にDが民法一七八条の第三者に該当すると解されるとしても、判例通説に従って民法一七八条の第三者の範囲を制限的に解する限り、対抗要件制限説においてBは、少なくとも全くの無権利者に対しては所有権に基づく返還請求権を行使しうる。しかし、そもそも物品証券が発行されているにもかかわらず意思表示のみにより物品を譲り受けたBについて所有権に基づく返還請求権の行使を認めること自体、Cの物権的保護を危うくするものといえるのではなかろうか。

他方、効力発生要件説については、はじめに述べたように民法一七六条の意思主義に反するという問題がある。しかし、社団法人日本倉庫協会の見解は、明らかに効力発生要件説に立っており、[172]民法一七六条の意思主義に反することに関する抵抗は、実務において学者が思うほどには大きくないのではあるまいか。効力発生要件説は、商法五七三条の文理に合致し、きわめて「わかりやすい」ものであり、実務的にはメリットがあろう。

以上の理由から、物品証券の処分証券性については、「物品証券を作成したときは、物品に関する所有権の移転、質権設定等の物権的処分は、物品証券の裏書または引渡をしなければ効力は生じない」と解する効力発生要件説を妥当と考える。[173]

(167)　谷川・前掲注（77）六一頁以下。

(168)　物権的効力否定説に対しては、本文の①および②の事例においてCのBに対する優先を認めえないという批判があるが（平出・前掲注（6）五五五頁以下参照）、効力発生要件に従う場合には、物権的効力を否定してもCのBに対する優先を認めうる。また、対抗要件制限説をとる江頭教授は、物権的効力否定説に対する批判として、甲が乙に物品を売却し、乙が丙に物品を転売したが、丙が物品を受け取らない間に甲が乙の債務不履行を理由に売買契約を解除した場合に「丙が物権的効力のある書類の引渡しをすでに受けておれば、たとい甲が受寄者から物品の引渡しを受けても、丙は、物品に対する占有取得を理由に、直接甲に対して物品の返還を請求できる」と述べる（江頭・前掲注（7）三一三頁注（11）。なお、同書一八頁以下注（3）参照）。対抗要件制限説をとれば、まさにそのとおりであろうが、「契約は遡及的に消滅することはなく、解除によって債権的な原状回復義務が発生する……。その結果、未履行債務については、履行拒絶の抗弁権が発生し、履行済みの給付については、あらたに返還債務が発生する」（加藤雅信『新民法体系Ⅵ契約法』八一頁以下（有斐閣、二〇〇七））という契約解除の効果に関する間接効果説をとりつつ効力発生要件説に従えば、丙は、物権的効力によらずとも甲に優先し、所有権に基づいて甲に対し物品の返還を請求しえよう。

(169) 債権的処分限定説および処分権制限説においては、本文の①および②の事例においてCのBに対する優先を認めえない。
(170) 物品証券に表章された権利が原因関係からの独立性を有するという意味で無因的であると解す喪失した場合に証券に表章された権利も消滅することは、表章された権利自体の「類型性」から説明できる（本章第一節六3参照）。
(171) 以上の点について本章第二節四3参照。
(172) 社団法人日本倉庫業協会・前掲注(150)五頁参照。
(173) ここにいう「引渡」には、現実の引渡し（民一八二条）のほか観念的占有移転（民一八二条二項・一八三条・一八四条）も含まれると解すべきである。

六　むすび

筆者が支持する効力発生要件説は、証券所持人の物権的保護を最大化するものといえるが、裏を返せば、効力発生要件説においては、証券によらずに物品を譲り受けようとする者の物権的保護が最小化されるということである。しかし、その物品は、小島教授の言葉を借りれば「倉荷証券や船荷証券が発行され、それに表彰されている貨物というような特殊な商品」(174)であり、それを証券によらずに譲り受けようとする者の物権的保護が最小化されることは、やむをえないことであろう。そのような特殊な商品を証券によらずに譲り受けようとする者は、そもそもその特殊性を知らないこともあろうが、売買においては、常に証券の有無について注意せよということも、商人に対しては決して無理な注文ではあるまい。

(174) 小島・前掲注(122)六二頁。

第五章　株券と振替株式の法理

一　はじめに

一九五〇年商法改正は、すべての株式会社に株券を発行する義務を課し、一九六六年商法改正は、株券に無記名証券としての実質を付与した[1]。交付により譲渡される無記名証券は、最も権利の流通に適した類型の有価証券であり、その流通は、善意取得により支えられる。

公開会社の株式については、流通性を高めるための株券の無記名証券化は必然であったといえよう。これに対し、わが国の会社の大部分を占める閉鎖会社の株式については、むしろ流通を制限する必要があった。そこで、一九六六年商法改正は、一九五〇年商法改正により禁止されていた株式の譲渡制限を復活させ、これにより閉鎖会社の株式は譲渡制限株式となった。その意味では、一九六六年商法改正が譲渡制限株式のものを含めて株券を無記名証券化する必要はなかったようにも思われるが、制度の複雑化を避けるために一元的な株券の無記名証券化を実現したものであろう。

他方、上場会社の株式については、戦後の経済発展とともに流通株券量の増大に伴う取引所・証券業界における受渡事務の渋滞が生じ、ドイツの制度に倣った株式の振替決済制度が検討されるようになり[2]、一九七一年に東京証券取引所は株券振替決済制度を実施し、一九八四年に「株券等の保管及び振替に関する法律」（以下「株券保管振替法」という。）が成立した[3]。その後、株式のペーパーレス化ないし電子化が本格的に検討され始め、二〇〇四年には商法において会社が定款で株券を発行しない旨を定めることができるものとされ、株券保管振替法の廃止が決定されるとともに、「社債等の保管及び振替に関する法律」が「社債、株式等の振替に関する法律」（以下「社債株式振替法」という。）に改題され、上場会社の株式は五年以内に振替株式としてペーパーレス化されることとなった。そして、二〇〇五年に成立した会社法は、株券の不発行を原則とし、二〇〇九年に上場株式のペーパーレス化が実現した。

従来から、株式については、流通性の向上に格別の配慮が払われてきた。現在でも、振替株式については、流通性の向上に格別の配慮が払われなければならず、それを支える柱は、善意取得であろう。これに対し、株券不発行会社の株式のうち振替株式でないものについては、――投下資本回収の観点から譲渡が保障されなければならないことは当然として――流通性の向上に配慮する必要はない。また、現在の株券発行会社の株式は、上場株式ではありえず、多くは譲渡制限株式であろうから、少なくともそれについて流通性の向上に格別の配慮を払う必要はないはずであり、株券を発行する予定がないにもかかわらず、会社法整備法により株券発行会社とみなされた会社がその後株券発行の廃止手続をとらずに株券発行会社のままでいる場合も少なからずあるようである。本稿においては、まず、このような実態も踏まえて現時点における株式の譲渡方法を考察し、次いで、株式の譲渡の原因とその独自性・無因性の有無を確認した上で株式の流通性を支える善意取得に関する問題点を検討する。

（1） 株券に関する立法の変遷については、山本為三郎「株券法理」倉沢康一郎・奥島孝康編『昭和商法学史』七四三頁以下（日本評論社、一九九六）参照。

（2） 振替決済制度に関する当時の研究として、河本一郎『有価証券振替決済制度の研究』（有斐閣、一九六九）参照。

（3） この間の事情については、上柳克郎ほか編『新版注釈会社法（4）株式（2）』二六七頁以下〔河本一郎〕（有斐閣、一九八六）参照。

二　株式の譲渡方法

1　前　説

株式の譲渡には、物権および債権の譲渡と同様、当事者の意思表示を要するが[4]、その譲渡方法は、株券発行会社の株式と株券不発行会社の株式とで異なり、株券不発行会社の株式においても、振替株式とそれ以外の株式とで異なる。

2　株券発行会社の株式の譲渡方法

a　株券発行後の株式の譲渡方法

現在の株券発行会社の株式は、前述のようにその流通性の向上に格別の配慮を払う必要がないものと考えられるが、現在の株券は、すべて最も権利の流通に適した類型の有価証券である無記名証券となっており（会社二一六条参照）、株券発行後の株式譲渡は、自己株式の処分による場合を除き、株券の交付により譲渡される（会社一二八条一項）。株券が交付されない限り、譲渡は当事者間においても株式移転の効力は生じないと解される[5]。交付には、民法一七八条の引渡しと同様、現実の引渡し（民一八二条一項）のみならず、簡易の引渡し（民一八二条二項）、占有改定（民一八三条）および指図による占有移転（民一八四条）が含まれる。また、ユーロクリアの保管システムにおいて指図による占有移転によりワラントを譲り受けた者が占有改定によりそれを譲り渡すことを認める判例もあり[6]、実際上の必要性から、株券保管振替法の下においては、民法上認められていない間接占有者による占有改定も是認されていた[7]。しかし、上場株式ではありえない現在の株券発行会社の株式についてこのような譲渡方法を是認する実際上の必要性は乏しいであろう。

株券の交付は株式譲渡の対抗要件ではないが、一枚の株券を複数の者に交付することはできないから、二重譲渡はありえない。したがって、譲渡の会社以外の第三者に対する対抗要件は存しない（会社一三〇条二項）。他方、この株式の多くは、譲渡制限株式であろうから、その譲渡については、株主総会または取締役会の承認がなければ、会社との関係で効力を生じない場合が多い（会社一三九条参照）[8]。

株式の譲渡を会社に対抗するためには、株主名簿の名義書換えを要し（会社一三〇条一項）、その請求は、株式取得者から株券を提示して行われる（会社一三三条一項・二項、会社則二二条二項一号）。会社が株主名簿の名義書換未了株主の権利行使を認容してよいかについては争いがあるが、譲渡された株式について譲渡人が実質的に無権利者であることを考慮すると、株主平等原則に違反しない範囲でこれを容認することは差支えないと考える[9]。また、会社が株主名簿の名義書換えを不当に拒絶し、または過失により書換えをしなかった場合には、その書換えのないことを理由としてその譲渡を否認できないと解される[10]。

なお、自己株式の処分による株式譲渡は、新株発行と同様の効果を有することから、当該株式に係る株券を交付しなくても、募集株式と引換えにする金銭の払込み等の期日にその効力を生ずる（会社二〇九条）。会社は、自己株式を処分した日以後遅滞なく当該自己株式を取得した者に対し株券を交付しなければならないが、公開会社でない会社は、自己株式を取得した者から請求がある時までは株券を交付しないことができる（会社一二九条）。

b　株券発行前の株式の譲渡方法

株券発行会社は、株式を発行した日以後遅滞なく株券を発行しなければならないが（会社二一五条一項）、公開会社でない会社は、株主から請求がある時までは株券を発行しないことができ（会社二一五条四項）、株主は、会社に対し株券の所持を希望しない旨を申し出ることができる（会社二一七条一項）。また、株券を発行する予定がないにもかかわらず、株券発行の廃止手続を怠っている「株券発行会社」もあろう。このように株券発行会社においても、株券が発行されていない場合が少なくないが、株券の発行前にした譲渡は、会社に対しその効力を生じない（会社一二八条二項）。

会社法一二八条二項の法意は、「株式会社が株券を遅滞なく発行することを前提とし、その発行が円滑かつ確実に行われるようにするため」のものと解されるが、[11] 株券発行前の株式譲渡の当事者間の効力については、債権的効力があることは当然として、物権的効力に関し無効説と有効説との争いがある。

右の両説における実際上の差異は、会社が譲渡当事者間において株主でない者を株主として扱えることは矛盾するため、[12] 会社から株式譲渡の効力を認める余地があるかという点に現れる。この点については、名義書換未了株主の権利行使の認容の問題と同様、株主平等原則に違反しない範囲でこれを容認することは差支えないと考える。[13] また、最高裁は、「少なくとも、会社が右規定（会社法一二八条二項と同趣旨の二〇〇五年改正前旧商法二〇四条二項——筆者）の趣旨に反して株券の発行を不当に遅滞し、信義則に照らしても株式譲渡の効力を否定するを相当としない状況に立ちいたった場合においては、株主は、意思表示のみによつて有効に株式を譲渡でき、会社は、もはや、株券発行前であることを理由としてその効力を否定することができず、譲受人を株主として遇しなければならない」と判示している。[14] この判決の理解の仕方については、見解が分かれるが、会社の信義則違反を理由に二〇〇五年改正前商法二〇四条二項の形式的な適用を否定したものと解するのが素直であろう（信義則説）。[15] この判決を信義則説から支持するときは、株券発行前の株式譲渡の当事者間における効力を一般的に認めなければ、処分契約の当事者間の効力がその契約の当事者ではない者の信義により決定されるという少々奇妙な結論ともなる。

以上のことから、株券発行前の株式譲渡は当事者間では有効と解するのが妥当であり、譲渡の第三者に対する対抗要件は、現実的には株主名簿の名義書換えと解するほかはないであろう。[16] もっとも、会社は、「信義則に照らしても株式譲渡の効力を否定するを相当としない状況に立ちいたった場合」には譲渡当事者からの株主名簿の名義書換え請求に応ずる義務があるが、そうでない場合にはその請求に応ずる義務はない。少なくとも株券を発行する予定がないにもかかわらず、株券発行の廃止手続を怠っている「株券発行会社」については、このような解釈が妥当であろう。

3　振替株式以外の株券不発行会社の株式の譲渡方法

振替株式以外の株券不発行会社の株式は、当事者の意思表示のみにより譲渡される。もっとも、この株式の多くは、譲渡制限株式であろうから、株主総会または取締役会の承認（会社一三九条一項参照）がなければ会社との関係で譲渡の効力を生じない場合が多い。株式の譲渡を会社に対抗するためには、株主名簿の名義書換えを要するが、この株式は、二重譲渡されうるから、その譲渡を会社以外の他の第三者に対抗するためにも、株主名簿の名義書換えを要し（会社一三〇条）、その請求は、原則として株式取得者と株主名簿上の株主が共同して行われる（会社一三三条一項・二項）。この株式の譲渡方法は、旧有限会社の持分譲渡方法と同様である。

この株式についても、会社が株主平等原則に違反しない範囲で名義書換未了株主の権利行使を認容してよいこと、および会社が株主名簿の名義書換えを不当に拒絶した場合等にその書換えのないことを理由としてその譲渡を否認できないことは、株券発行会社の株式と同様であるが、会社が株主名簿の名義書換えを不当に拒絶した場合等に株主名簿の名義書換えなくして譲渡を会社以外の第三者に対抗しうるか否かは問題である。中小企業の株主名簿の記載が信頼に値しないことを理由にこれを肯定する見解も有力である[17]。しかし、例外的な措置ではあるにせよ、全く公示性のない第三者に対する対抗要件の存在を認めることには疑問があり、第三者が会社の不当な名義書換えの拒絶を知って株式を株式を譲り受けたような背信的悪意者である除き、問題を否定せざるをえないと考える[18]。

なお、株券発行会社が株券を廃止する定款変更（会社二一八条参照）を行って株券不発行会社となった場合に定款変更の効力発生前に株式を承継取得または善意取得した者は、株主名簿の名義書換えを怠っていたために定款変更の効力発生後に名義人から意思表示により株式を譲り受けて名義書換えをした者が生じたとしても、株式を失うことはないと解すべきである[19]。

4　振替株式の譲渡方法

振替株式は、振替口座に株式数の減少の記載または記録がされる加入者（社債株式振替二条三項参照）である譲渡人の振替の申請（社債株式振替一三二条）により、譲受人が振替口座に株式数の増加の記載または記録を受けることにより譲渡される（社債株式振替一四〇条）。振替口座は、多層構造になっており、振替機関である証券保管振替機構に口座を開設できる加入者は、原則として他の者のために株式の振替口座を開設することができる口座管理機関（社債株式振替二条四項参照）である証券会社、銀行等の金融機関（社債株式振替四四条一項）に限定され（証券保管振替機構・株式等の振替えに関する業務規程一八条三項）、一般株主は、口座管理機関である金融機関に振替口座を開設して加入者となる。

株式の口座振替は株式譲渡の対抗要件ではないが、制度の仕組み上、二重譲渡はありえない。したがって、株券発行会社の株式と同様、譲渡の会社以外の第三者に対する対抗要件は存在しない（社債株式振替一六一条三項）。なお、振替株式については、譲渡制限を付しえない（社債株式振替一二八条一項）。

振替株式についても、譲渡を会社に対抗するためには、株主名簿への記載または記録を要する（会社一三〇条一項）。もっとも、振替機関は、発行会社が基準日等を定めたときは、発行会社に対し総株主通知をしなければならず（社債株式振替一五一条一項）、各口座管理機関は、その直近上位機関に対し当該口座管理機関またはその下位機関の加入者の口座に記載または記録がされた振替株式に関する事項を報告しなければならない（社債株式振替一五一条六項）。発行会社は、総株主通知を受けた場合には、株主名簿に通知事項等を記載しまたは記録しなければならず、基準日等に株式譲渡の対抗要件である株主名簿への記載または記録がされたものとみなされる（社債株式振替一五二条一項）。また、株主が少数株主権を行使するためには、会社法一三〇条一項は適用されず、直近上位機関を経由して振替機関に対し発行会社へ個別株主通知をするよう申し出ることとなっている（社債株式振替一五四条)。

振替株式の取引は、金融市場において証券会社等による媒介、取次ぎまたは代理により行われる場合が多いが、市場外で行われる場合もある。

(4) 振替株式の譲渡にも当事者の意思表示を要することについては、森田宏樹「有価証券のペーパーレス化の基礎理論」金融研究二五巻法律特集号(日本銀行金融研究所、二〇〇六)四一頁以下参照。
(5) 東京地判昭六三・一一・二四判タ七〇一号二五一頁。
(6) 山形地酒田支判平一一・一一・一一金判一〇九八号四五頁。
(7) 河本・前掲注(2)二七〇頁、拙著『有価証券と権利の結合法理』一五八頁以下(成文堂、二〇〇二)参照。
(8) 譲渡制限株式も、当事者間においては、会社の承認がなくとも有効に譲渡されうると解される(最判昭四八・六・一五民集二七巻六号七〇〇頁)。
(9) 最判昭三〇・一〇・二〇民集九巻一一号一六五七頁。この問題の詳細については、山下友信編『会社法コンメンタール3──株式(1)』三三一頁以下〔伊藤泰史〕(商事法務、二〇一三)参照。
(10) 最判昭四一・七・二八民集二〇巻六号一二五一頁参照。
(11) 最判昭四七・一一・八民集二六巻九号一四八九頁。かつて最高裁は、二〇〇五年改正前商法二〇四条二項の法意について「株券発行前の譲渡方式に一定されたものがないことによる法律関係の不安定を除去しようとする考慮によるものであつて、すなわち、会社株主間の権利関係の明確かつ画一的処理による法的安定性を一層重視したるによるもの」と解していた(最判昭三三・一〇・二四民集一二巻一四号三一九四頁)。最判昭四七・一一・八は、最判昭三三・一〇・二四を変更したものである。
(12) 江頭憲治郎『株式会社法第七版』二三二頁注(1)(有斐閣、二〇一七)参照。
(13) この点の詳細については、山下編・前掲注(9)三一六頁以下〔前田雅弘〕参照。

(14) 前掲注(11)最判昭四七・一一・八。
(15) この点の詳細については、山下編・前掲注(9)三一三頁以下〔前田雅〕参照。
(16) 弥永真生『リーガルマインド会社法〔第一四版〕』四五頁(有斐閣、二〇一五)参照。
(17) 江頭・前掲注(12)二〇九頁、二一〇頁注(10)。
(18) 上柳克郎ほか編『新版注釈会社法(14)』一六八頁〔神崎克郎〕(有斐閣、一九八六)参照。この問題の詳細については、山下編・前掲注(9)三三八頁〔伊藤〕参照。
(19) この点の詳細については、神田秀樹編『会社法コンメンタール5――株式(3)』二二五頁以下〔大塚龍児〕(商事法務、二〇一三)参照。

三　株式譲渡行為の原因行為とその独自性・無因性

1　株式譲渡行為の原因行為

手形が売買代金の支払に関連して裏書された場合、その原因行為を売買契約ととらえるか、交付合意、すなわち「売買契約とその代金債務の支払の方法としての手形の授受(手形行為)との中間に、両者を結びつけるものとして、売買契約に関連して手形を授受する旨、およびその手形の内容に関する合意」[20]ととらえるかについては、争いがある。この争いは、売買契約が「当事者の一方がある財産権を相手方に移転することを約し、相手方がこれに対してその代金を支払うことを約することによって、その効力を生ずる」ものであり(民五五五条)、手形の移転を義務づけるものでないことに起因している。[21]これに対し、株式が売買された場合には、株式は、売買契約の目的物であり、民法五五五条の「ある財産権」に該当し、売買契約は株式の移転を義務づけるため、株式譲渡行為の原因行為が売買契約であることは疑いない。この点は、株券発行会社の株式の譲渡行為であろうが、振替株式の譲渡行為であろうが、振替株式以外の株券不発行会社の株式の譲渡行為であろうが、変わりはない。

2　株式譲渡行為の独自性・無因性

手形については、その原因行為を売買契約等ととらえようと交付の合意ととらえようと、原因行為と峻別される法律行為を観念してその独自性・無因性を肯定するのが通説である。では、株式についても、例えば株式売買契約である原因行為と峻別される法律行為を観念してその独自性・無因性を肯定することは妥当であろうか。

民法学においても、物権行為の独自性・無因性について議論があり、かつては行為の形式性を重視する見解が有力であった。[22]しかし、その後、そのような考え方は克服され、現在では、売買当事者の通常の意思ないし意識を重視して物権行為の独自性・無因性を否定する見解が民法学上の通説といえる。[23]株式譲渡行為が物権行為と異なる形式行為であるとしても（株券発行会社の株式および振替株式の場合）、同じく売買の対象である不動産や動産の譲渡と株式の譲渡において、当事者の意思が異なるものとは考えにくい。

わが国においては、手形譲渡行為を有因行為と解する見解も有力であるが、[24]この見解に対しては、「ＢＣ間の原因債権額が手形金額の一部である場合、ＢＣ間の原因関係が一部消滅した場合にＢ、Ｃに権利の分属を認めるのか、そうであるならば一部裏書の禁止（手形法一二条二項）により手形関係の簡明を期している手形法の趣旨に反しないか、またＢＣ間の原因関係が一部消滅した場合右の事実は手形上表示されない（手形法三九条三項）がそれでよいのかとの疑問、また実質的に見た場合、ＢＣ間の原因関係は種々であり、その消滅の事由も弁済、代物弁済、相殺、更改、免除、時効、解除等種々であるが、それらの場合を一律に弁済等Ｂの出捐による原因関係の消滅と同様にＣを無権利者と扱うことが妥当かどうか」といった問題が指摘される。[25]しかし、株式については、それを譲渡する原因関係の大部分は売買であり、原因債権額が券面額の一部であるとか、原因関係が一部消滅するとか、原因関係が弁済等により消滅するというようなことは、あまり考えられないことであろう。

以上のことから、株式譲渡行為については、その独自性・無因性を肯定することは妥当でない。[26]この点も、株券発行会社の株式の譲渡行為、振替株式の譲渡行為および振替株式以外の株券不発行会社の株式の譲渡行為に共通であると考える。

なお、振替決済制度には、直接保有方式と間接保有方式がある。前者は、株式等の権利が加入者に直接帰属するという方式であり（例として、フランス法）、後者は、株式等の権利が直接的には口座管理機関に帰属し、加入者は口座管理機関を通じて間接的に株式等の権利を保有するにすぎないという方式である（例として、アメリカ法）。間接保有方式においては、加入者は株式等の権利とは別個の口座管理機関に対する権利を有するにすぎないから、権利移転の独自性・無因性を肯定せざるをえない。しかし、わが国の社債株式振替法は、直接保有方式をとっているから、振替株式についても、その譲渡行為の独自性・無因性を否定することに妨げはないであろう。(27)

(20)　福瀧博之『手形法概要（第二版）』七九頁（法律文化社、二〇〇七）。
(21)　この点の詳細については、本書第二章第一節三参照。
(22)　我妻榮・有泉亨補訂『新訂物権法（民法講義Ⅱ）』五六頁以下（岩波書店、一九八三）参照。
(23)　原島重義「債権契約と物権契約」契約法体系刊行委員会編『契約法体系Ⅱ（売買・贈与）』一〇六頁、一一一頁（有斐閣、一九六二）、星野英一『民法概論Ⅱ（物権・担保物権）』三一頁以下（良書普及会、一九七六）、広中俊雄『物権法（第二版増補）』四九頁以下、五一頁注（1）（青林書院新社、一九八七）参照。
(24)　前田庸『手形法・小切手法』四一三頁（有斐閣、一九九九）参照。
(25)　大塚龍児「裏書の原因関係が無効・消滅の場合の被裏書人の地位」石井照久先生追悼論文集『商事法の諸問題』五六頁（有斐閣、一九七四）。
(26)　この問題の詳細については、本書第二章第二節三参照。
(27)　森田・前掲注（4）四一頁、四八頁以下参照。

四　株式の善意取得に関する問題点

1　前　説

善意取得は、権利の推定（形式的資格）を基礎とする。「権利の推定効から実定法上の権利の取得をもたらす善意取得が当然に導かれるとはいえない」ことは確かであるが[28]、権利の推定が働かない場合に善意取得を認めることは是認されえないであろう。

会社法一三一条は、一項において「株券の占有者は、当該株券に係る株式についての権利を適法に有するものと推定する」と規定して株券の占有者に権利の推定を認め、二項において「株券の交付を受けた者は、当該株券に係る株式についての権利を取得する。ただし、その者に悪意又は重大な過失があるときは、この限りでない」と規定して株券発行会社の株式の善意取得を認める。

権利移転の独自性・無因性が肯定される間接保有方式の振替決済制度においては、権利移転が原因行為の存否、無効等の影響を受けないことから、善意取得は必要がないといえる。これに対し、権利移転の独自性・無因性が否定される直接保有方式の振替決済制度においては、権利移転が原因行為の存否、無効等の影響を受けることから、善意取得は不可欠である[29]。そこで、社債株式振替法は、一四三条において「加入者は、その口座（第百五十五条第一項に規定する買取口座[30]を除き、口座管理機関の口座にあっては自己口座[31]に限る。）における記載又は記録がされた振替株式についての権利を適法に有するものと推定する」と規定して振替口座の記録等に権利の推定を認め、一四四条において「振替の申請によりその口座（口座管理機関の口座にあっては、自己口座に限る。）において特定の銘柄の振替株式についての増加の記載又は記録を受けた加入者（機関口座を有する振替機関を含む。）は、当該銘柄の振替株式についての当該増加の記載又は記録に係る権利を取得する。ただし、当該加入者に悪意又は重大な過失があるときは、この限りでない」と規定して振替株式の善意取得を認める。

振替株式以外の株券不発行会社の株式については、善意取得は認められていない。そこで、ここでは、株券発行会社の株式と振替株式に分けてそれぞれの善意取得に関する問題点を検討し、最後に善意取得の適用範囲を検討する。

2　株券発行会社の株式の善意取得に関する問題点

a　株券の観念的占有移転による善意取得

動産について簡易の引渡し（民一八二条二項）および指図による占有移転（民一八四条）による即時取得（民一九二条）の可能性は、一般に承認されており[32]、株式について株券の簡易の引渡しおよび指図による占有移転による即時取得の可能性を否定する理由はないであろう。これに対し、動産について占有改定による即時取得（民一八三条）の可否は争いがあり、判例は、「無権利者から動産の譲渡を受けた場合において、譲受人が民法一九二条によりその所有権を取得しうるためには、一般外観上従来の占有状態に変更を生ずるがごとき占有を取得することを要し、かかる状態に一般外観上変更を来たさないいわゆる占有改定の方法による取得をもつては足らないものといわなければならない」と述べており[33]、学説上も、否定説が有力といえる[34]。上場会社の株式が株券に表章されていた時代には、株式について株券の占有改定による善意取得の可能性を肯定する必要があったとも考えられるが[35]、上場会社の株式が振替株式となった現在では、あえてこれを肯定する必要はなく、否定するのが妥当であろう[36]。

b　未交付株券に関する株式の善意取得

株主に対する交付前に流通に置かれた未交付株券に関する株式の善意取得の可否は、株券の効力発生時期の問題として争われており、この点については、大別すると、手形理論と同様に、株主に交付されたときに株券の効力が発生すると解する交付時説、会社の意思により何人かに交付されたときに株券の効力が発生すると解する発行時説、および株主名が記入されて株券として完成したときに株券の効力が発生すると解する作成時説の三説がある[37]。

判例は、大審院時代以来、交付時説に立つ。[38] 非設権証券である株券には権利外観理論は適用されないから、交付時説によると、未交付株券は無効な株券のままであり、株式を善意取得しうる余地はない。交付説に立つ多数説も、例えば「株券が、株主に交付される前に株券が喪失したような場合において、そのような株券につき善意取得者を生じ、そのことによって、株主が、当該株式についての権利を失うことを認めることは、とくに妥当でない」と述べる。[39] これに対し、作成時説は、「自らの株式引受行為によって株式が成立し、それについて株券が作成されるその株主と、善意取得者との間の利益衡量をすれば、株券作成後の喪失の危険も、株主をして負担せしめることの方が、わずかながらも理由があるように思われる」と主張する。[40] しかし、その「わずかな理由」とは、主として上場株式を念頭に置いたものであろう。現在の株券発行会社の株式は、上場株式ではありえず、多くは譲渡制限株式であると考えられる。会社法下においては、「閉鎖型タイプの会社の盗取・紛失株券を善意で取得した（と称する）者は、果たしてどの程度保護に値するのであろうか」という疑問も呈されている。[41]

筆者は、かつて作成時説に好意的な口吻も漏らしたが、[42] その後、作成時説が前提としてきた法状況は変化しており、現在では、判例に従って交付時説をとることに問題はないと考える。したがって、未交付株券に関する株式の善意取得も認められないと解する。

なお、株券発行前の株式の譲渡についても善意取得を認めるべきであるという見解も見られるが、[43] 現在では、あえてそのような解釈をとる必要はないであろう。

3　振替株式の善意取得に関する問題点

a　譲渡行為の存在

振替株式の善意取得について第一に問題となるのは、そもそも譲渡行為の存在を前提としているのか否かという点である。

振替株式の振替を行うのは振替機関または口座管理機関であるが（社債株式振替一三二条一項）、振替機関等が誤って振替口座に過大な株式の記載または記録をしてしまう場合もありうる。その場合に社債株式振替法は、振替株式の善意取得が生ずることを前提とし、振替機関等が超過分の株式を取得して権利を放棄する等の義務を定めるとともに、振替機関等がその義務を履行するまでの間、全部または一部の株式の会社に対する割合が縮減することを認める（社債株式振替一四五条〜一四八条）。例えば口座管理機関が一〇〇株の株式を譲り受けたAの口座に誤って三〇〇株の株式を記載し、AがBに三〇〇株の株式を譲渡した場合、Aについて譲り受けていない二〇〇株の株式の善意取得が生じうるのか、Aについては善意取得が生ぜず、Bについて二〇〇株の善意取得が生じうるのかは必ずしも明確でないが、立案担当者の説明によると、Aについて善意取得を認めるものではないようであり[44]、振替株式の善意取得も、当然に譲渡行為の存在を前提としていると考えられる。

b　善意取得が認められる二つの場合について

振替株式の善意取得が認められる場合には、二つのものがあるという見解があり、例えば「第一は、不適法な振替の記載に基づいて口座振替がなされたために、口座の増額記録がなされた場合である。……第二は、振替機関の過誤により、実際よりも多額の過大記録がなされた場合である」といわれる[45]。この第二の場合には、社債株式振替法一四五条以下が適用され、第一の場合にはそれが適用されないのであるから、この二つの場合が違うということは確かであろう。しかし、この二つの場合は、本質的に異なるものであろうか。

右記第二の場合に振替株式が「創造」された[46]、または「無から有」が生じたと述べる見解がある[47]。この場合には、振替機関等が超過分の株式を取得して権利を放棄する等の義務を履行するまでの間、振替証券の発行総数は増加する。もっとも、この場合にも、その間は全部または一部の振替株式の会社に対する割合が縮減するのであるから、会社に対する関係では、株式は「創造」されてはいないし、「無から有」が生じたともいえず、上記第一の場合と同様、株式の帰属が変化しているにすぎない。その意味では、二つの場合の善意取得は、いずれも権利の帰属面で取得者を保護するものであり、本質的に異なるものではないともいえよう。

c　善意取得の適用の基礎

従来から善意取得が認められてきたものは、動産（民一九二条参照）と有価証券（手一六条二項等参照）である。それらについて善意取得が適用されるためには、有体物の占有取得を要する。そこで、有体物の占有取得を要件としない振替株式について善意取得を適用する基礎があるのかが問題となる。

右の問題については、「振替の申請をなしうるのは、制度上、振替口座簿の記録を有する者のみであるから、口座振替が、①譲渡人の振替口座簿の減額記録という前主の『占有』と、②譲受人の振替口座簿の増額記録という・取引相手方の善意無過失による『占有』取得を不可欠の要素とする点において、善意取得の一般原則が適用される基礎を十分に見出すことができよう」という説明がなされているが[48]、ここで重要な点は、制度の仕組みにおいて権利者以外の者が権利を利用することが排除されているということであろう[49]。

d　譲受人の信頼の対象

善意取得に関する伝統的見解は、譲受人の信頼の対象を譲渡人の権利に求めてきた。しかし、振替株式の譲受人は、原則として口座管理機関から直接に譲渡人の記録事項の開示を受けることができない（社債株式振替二七七条、社債株式振替法律施行令八四条、社債株式振替命令六一条参照）。譲受人が譲渡人からその証明書の交付を受けて譲渡人の権利を確認することは可能であろうが、法はその交付を義務づけていないから、振替株式の善意取得の信頼の対象を譲渡人の権利に求めることはできない[50]。そこで、振替株式の善意取得における譲受人の信頼の対象が問題となる。

右の問題については、「譲受人の信頼は、自己の口座に増額の記録が行われたことによって、（譲受人から）権利を有効に取得したことにある。……口座の増額記録により有効に権利を取得したとの信頼が直接に保護されている」と解される。[51] これをより噛み砕いていえば、「何を信頼したかといえば、結局自分の口座にきっちりと株式が入っている、自分が意思表示して、自分の口座にそれだけのものが入ったことを信頼した」ということである。[52]

手形の善意取得に関する有力説によると、「善意取得は、自己が権利者であることを信じて――善意で――、裏書が連続する手形を所持する――形式的資格を有する――者を保護する制度」ととらえられ、「善意取得における『善意』とは、取得者が『譲渡人の権利』を信ずること――すなわち、譲渡人の無権利を知らないこと――ではなく、『自己の権利』を信ずること――すなわち、不正をおかしていないことを確信すること――を意味する」と解されている。[53] 振替株式の善意取得に関する理解は、このような考え方に近いともいえる。

4　善意取得の適用範囲

株式の善意取得が譲渡人が無権利者である場合に認められることは疑いないが、その適用がこの場合に限定されるか否かについては、手形と同様の争いがある。具体的には、譲渡人が制限行為能力者（未成年者（民五条）、成年被後見人（民八条）、被保佐人（民一二条）、被補助人（民一六条））の場合、譲渡の意思表示に瑕疵がある場合、譲渡が無権代理の場合、譲渡人に処分権限がない場合（破産者が破産財団に属する株式を譲渡した場合、相続人が遺言執行者がある相続財産に属する株式を譲渡した場合、問屋、質権者、執行吏等が無権限で他人の権利を譲渡した場合等）にも、善意取得が認められるか否かが争われている。伝統的見解は限定説に立つが、近時は非限定説が有力であり、基本的に限定説に立ちつつ「取引所で株式の売買がなされた場合には善意取得を認める範囲を拡大する考え方が妥当性を有する」と解する見解[54]もある。[55]

手形の善意取得の適用範囲については、非限定説をとったとしても、裏書人が原因関係上の不当利得（民七〇三条）に基づいて善意取得者に対し手形の返還を請求しうる可能性があることが重視されている。[56] この視点を株式に応用すると、例えばAの代理人ではないBがAの代理人と偽ってCにAの株式を売却した場合、Cの善意取得を認めたとしても、AからCへの株式の移転は、法律上の原因（民七〇三条）を欠くものとなり、Aは、不当利得を理由にCに対し株式の返還を請求でき、Cのために善意取得を認める実益はない。また、この場合にAが無権利者であるときには、Aからの株式返還請求は認められないが、Cの善意取得により権利を失って損失を受ける者が存在するはずであり、その者からのCに対する不当利得を理由とする手形返還請求が認められるから、やはりCのために善意取得を認める実益はない。株式の善意取得自体がこの移転に法律上の原因を付与し、不当利得に基づく株式返還請求は生じないとも考えられなくもないが、そのような考え方によると、CのAに対する代金支払義務が未履行のときは、Aは、Cに対し代金の支払を請求しえず、著しい不利益を受ける。このような状況を法が容認しているとは考えにくい。他方、このときにも、AはCに対し代金の支払を請求しうると解することは、実質的に善意取得の規定により無権代理の主張自体が排除されることを認めることになり、妥当でない。

手形の裏書が無権代理の場合には、売買契約等に瑕疵がないこともありうることから、手形行為の原因行為を売買契約等に求める以上、取得者のために善意取得を認める実益が全くないとはいい切れず、そのことが、非限定説が有力説であり続けているひとつの大きな理由となっていると思われる。[57]これに対し、株式の譲渡においては、株式の売買契約等と別個独立の株式移転行為という法律行為を観念しえないから、株式売買契約に瑕疵がないことを考慮する必要はない。

非限定説からは、「判例は、手形につき無権代理人と取引した者の善意取得を認めており（最判昭三五・一・一二民集一四巻一号一頁、最判昭四一・六・二一民集二〇巻五号一〇八四頁）、株券の場合をそれと区別すべき理由はない」とも主張される。[58]しかし、これらの判決は、いずれも無権代理の裏書譲渡をされた本人が無権利者であり、かつ、被裏書人の権利取得により権利を失って損失を受けた者が明らかでない事案に関するものである。手形の善意取得が生ずれば、その反射的効果として手形上の権利を失って損失を受ける者が存在するはずであるが、右記二判決においてその存在は明らかでない。その意味で、これらの判決が善意取得を認めたものと解することには疑問が残る。少なくとも、これらの判決の射程を裏書譲渡が無権代理の場合一般に及ぼすことは妥当でない[59]。

他方、Aの代理人ではないBがAの代理人と偽ってCにAの株式を売却した場合にも、CがDに株式を譲渡するときには、Cの善意取得を認めると否とで法的状況は異なってくる。すなわち、この場合にCの善意取得を認めなければ、Cから株式を譲り受けたDが権利を取得するためには、Dは、株式を善意取得する必要があり、その要件は、善意かつ無重過失である。Dが善意取得しないとき、Aは、Dに対し株式の返還を請求しうる。これに対し、この場合にCの善意取得を認めれば、Cから株式を譲り受けたDは、常に株式を承継取得し、Aからの株式の返還請求を免れる。このように上の場合でも、CがDに株式を譲渡するときには、善意取得を認めるほうがDの地位は有利になり、Aの地位は不利になる[60]。株式の流通性を高めるという見地からすれば、Cの善意取得を認めるほうが妥当であろうが、本人であるAの保護よりも株式の流通の保護を優先すべきであるとは一概にいえない。

以上のことは、譲渡人が制限行為能力者の場合、譲渡の意思表示に瑕疵がある場合および譲渡人に処分権限がない場合にも妥当する。上場株式である振替株式については、その流通に格別の配慮を払うべきであるのに対し、上場株式ではありえず、多くは譲渡制限株式でもあろう現在の株券発行会社の株式については、その流通に格別の配慮を払う必要はない。また、譲受人が原則として口座管理機関から直接に譲渡人の記録事項の開示を受けることができない振替株式の善意取得は、譲受人の信頼の対象を自己の権利に求める非限定説に馴染みやすいともいえる[61]。そうだとすると、——ドグマにこだわらず——振替株式の善意取得の適用範囲については非限定説をとり、株券発行会社の株式の善意取得の適用範囲については原則として限定説をとるという柔軟な解釈をとることも一考に値するのではなかろうか。前述の「取引所で株式の売買がなされた場合には善意取得を認める範囲を拡大する考え方[62]」

も、同様の見地に立つものであろう。

他方、限定説も、譲渡人に処分権限がない場合の中で問屋、質権者、執行吏等が無権限で他人の権利を譲渡した場合には、一般に善意取得を認めてきた。(63) しかし、「代理人だと自称する者から、その代理権の存在を信じて取得する者は、保護されない、との多数説の立場からは、……処分権の存在を信じた場合には保護されるというのは、いささか論理が一貫しないきらいがある」と指摘される。(64) 振替株式については、問屋である証券会社等の取次ぎにより転々流通するものであるから、この場合に善意取得を認めるのは妥当であろうが、そのような形での流通が考えられない株券発行会社の株式については、この場合に善意取得を認める必要はないのではあるまいか。

なお、手形については、それが指図証券である関係で譲渡人が他人になりすました場合に例えば裏書人と最後の被裏書人との同一性という問題が生じ、善意取得が問題とされる。しかし、無記名証券である株券発行会社の株式については、その場合、取引相手の名称の錯誤は「法律行為の目的及び取引上の社会通念に照らして重要な」錯誤(民九五条一項)とはならないであろうから、他人になりすましたこと自体は問題とならず、譲受人は単に無権利者から譲渡を受けたものとして株式を善意取得しうると解される。振替株式についても、譲渡人が他人になりすました場合には、当然に善意取得を認めるべきである。

(28) 森田・前掲注(4)四五頁。
(29) 森田・前掲注(4)五〇頁以下参照。
(30) 買取口座とは、振替株式の発行会社が株式買取請求に係る振替株式の振替を行うために振替機関等に開設する口座である(社債株式振替一五五条一項)。株式買取請求をしようとする振替株式の株主は、買取口座を振替先口座とする振替の申請をしなければならない(社債株式振替一五五条三項)。

(31) 自己口座とは、口座管理機関が振替株式についての権利を有するものを記載しまたは記録する口座であり、口座管理機関またはその下位機関の加入者が振替株式についての権利を有するものを記載しまたは記録する顧客口座と区別される（社債株式振替一二九条二項）。
(32) 最判昭五七・九・七民集三六巻八号一五二七頁、川島武宜・川井健編『新版注釈民法（7）物権（2）』一六二頁以下、一七六頁以下〔好美清光〕（有斐閣、二〇〇七）参照。
(33) 最判昭三五・二・一一民集一四巻二号一六八頁。同旨、大判大五・五・一六民録二二輯九六一頁、最判昭三二・一二・二七民集一一巻一四号二四八五頁。
(34) 川島・川井編・前掲注（32）一六三頁以下〔好美〕参照。
(35) 上柳ほか編・前掲注（3）一三七頁〔河本〕参照。
(36) 同旨、山下編・前掲注（9）三四四頁〔伊藤〕。
(37) この問題の詳細については、神田編・前掲注（19）一八八頁以下〔白井正和〕参照。
(38) 大判大一四・一二・二八新聞二六二六号九頁、最判昭四〇・一一・一六民集一九巻八号一九七〇頁。
(39) 石井照久・鴻常夫『会社法第一巻（商法Ⅱ／1）』二〇〇頁（勁草書房、一九七八）。
(40) 河本一郎『株券の法理』九六頁以下（成文堂、二〇一三）。
(41) 江頭・前掲注（12）一七九頁注（2）。
(42) 拙著・前掲注（7）一〇九頁以下参照。
(43) 弥永真生「株券発行前の株式譲渡」倉沢康一郎教授還暦記念論文集『商法の判例と論理――昭和四〇年代の最高裁判例をめぐって――』一一三頁以下（日本評論社、一九九四）。
(44) 高橋康文編著・尾崎輝弘著『逐条解説新社債、株式振替法』一七九頁以下（金融財政事情研究会、二〇〇六）参照。
(45) 森田・前掲注（4）四四頁参照。
(46) 橡川泰史「有価証券の無券化について」神奈三五巻三号二一〇頁（二〇〇二）参照。

(47) 証券取引法研究会編『証券のペーパーレス化の理論と実務（商法・証券取引法の諸問題シリーズ）』八頁〔黒沼悦郎〕、八七頁〔黒沼〕、一〇九頁〔北村雅史〕（商事法務、二〇〇四）参照。
(48) 森田・前掲注（4）四七頁。
(49) Vgl. Zöllner, Die Zurückdrängung des Verkörperungselements bei den Wertpapieren, in FS Raiser, 1974, S. 271. 同論文を紹介するものとして、木内宜彦「L・ライザー七〇歳誕生日祝賀論文集『私法制度の機能の変遷』より（下）」新報八三巻一・二・三号一五七頁以下（一九九七）がある。
(50) 早川徹「『短期社債等の振替に関する法律』と証券決済システム」ジュリ一二一七号二七頁（二〇〇二）、椽川・前掲注（46）二〇八頁以下、電子的記録に基づく権利を巡る法律問題研究会「振替証券・電子記録債権の導入を踏まえた法解釈論の再検討」金融研究三四巻三号八頁以下（日本銀行金融研究所、二〇一五）参照。
(51) 早川・前掲注（50）二七頁以下。
(52) 証券取引法研究会編・前掲注（47）一一六頁〔北村発言〕。
(53) 竹内昭夫・龍田節編『現代企業法講座5有価証券』一三八頁、一四三頁注（115）〔林竧〕（東京大学出版会、一九八五）。
(54) 弥永・前掲注（16）四三頁注（20）参照。
(55) 山下編・前掲注（9）三四四頁以下〔伊藤〕参照。
(56) 多くの見解がこの視点に多少なりとも注目しているが、その嚆矢となったのは、上柳克郎「手形の善意取得によって治癒される瑕疵の範囲（一）」論叢八〇巻二号一頁以下（一九六六）〔同『会社法・手形法論集』四七九頁以下（有斐閣、一九八〇）〕である。
(57) 永井和之『基本論点商法（改訂第三版）』三一三頁以下（法学書院、一九九四）、前田庸・前掲注（24）四三五頁以下参照。
(58) 江頭・前掲注（12）二三一頁以下注（8）。
(59) これらの判決の詳細については、本書第三章第一節二参照。
(60) 竹内・龍田編・前掲注（53）一三二頁〔林〕参照。

（61）このことは、振替株式の善意取得の適用範囲について論理必然的に非限定説をとらなければならないということまで意味するものではないであろう。

（62）弥永・前掲注（16）四三頁注（20）参照。

（63）豊崎光衛「善意取得」鈴木竹雄・大隅健一郎編『手形法・小切手講座第3巻』一四七頁（有斐閣、一九六五）参照。

（64）上柳ほか編・前掲注（3）一三八頁〔河本〕。

五　むすび

かつて株式と一体不離の関係にあった株券の将来は、不透明である。株券発行会社は、過渡的な制度であり、株券不発行会社に移行すべきものだとすれば、株券は、歴史的役割の終焉に近づきつつあるといえる。しかし、中小企業の中には、株主名簿の管理がずさんなためにその記載が信頼に値しないところも多いようである。そのような会社が株券不発行会社に移行した場合、誰が株主であるかわからなくなり、株式の譲渡をめぐる法律関係は不安定なものとなろう。[65] 有価証券にはその所持人だけが権利者と認められるという消極的作用があることから、実際に株券を発行している株券発行会社にはメリットがないではなく、株券についても、もうしばらくは存在を認めておいたほうがよいようにも思われる。

株式の善意取得の適用範囲の問題は難問であるが、本稿においては、この問題に関し、株券発行会社の株式については限定説をとり、振替株式については非限定説をとるという解釈を提示した。例えば無権代理により株式の譲渡が行われた場合、善意取得を認めたとしても、その譲渡が原因関係に対して無因性を有する手形の場合と異なり、譲受人は、常に不当利得として株式を返還しなければならない。その意味で、譲受人にとっては、この場合に善意取得が認められようが認められまいが、実益はない。それゆえ、譲受人の保護という点だけを考えれば、株券発行会社の株式についても振替株式についても、原則として限定説をとれば足りるといえる。それにもかかわらず、振替株式について非限定説をとるのは、譲受人からさらに株式を譲り受けた者の保護を厚くし、振替株式の流通性を高めるためである。振替株式については、株券発行会社の株式以上に流通性の向上に配慮が払われなければならず、動的安全の確保が要請される。右の解釈は、その要請に応えようとするものにほかならない。

(65) 証券取引法研究会編・前掲注(47)一一九頁以下参照。

事 項 索 引

あ行

か行

さ行

た行

な行

は行

ま行

や行

ら行

判例索引

大判明36・3・5民録9輯224頁……241
大判明39・5・15民録12輯750頁……121
大判明41・6・4民録14輯658頁……202
大判大4・5・14民録21輯764頁……202
大判大5・5・16民録22輯961頁……267
大判大5・12・19民録22輯2450頁……22
大判大7・10・2民録24輯1947頁……127, 129, 132
大判大8・10・15民録25輯1824頁……241
大判大9・3・10民録26輯301頁……35
大判大11・11・25民集1巻674頁……121
大判大14・12・28新聞2626号9頁……267
大判昭4・2・16裁判例（三）民54頁……135
大判昭5・6・16民集9巻550頁……106
大判昭5・10・24民集9巻1049頁……136
大判昭6・6・26新聞3302号14頁……200
大判昭6・10・10新聞3326号9頁……136
大判昭7・2・5民集11巻70頁……135, 137
大判昭7・2・23民集11巻148頁……209
大判昭8・1・28民集12巻10頁……105
大判昭8・4・25民集12巻941頁……153
大判昭8・5・30民集12巻1381頁……144
大判昭13・7・9民集17巻1409頁……241
大判昭14・7・7民集18巻748頁……73
大判昭15・11・26民集19巻2088頁……136
最判昭25・2・10民集4巻21号23頁……113
東京高判昭26・7・9民集8巻11号2069頁……160
最判昭26・10・19民集5巻11号612頁……113
最判昭29・3・9裁集民13号23頁……113
東京高判昭29・6・14下民5巻6号872頁……137
最判昭29・8・31民集8巻8号1567頁……237, 240
最判昭29・11・18民集8巻11号2052頁……157, 159
最判昭30・5・31民集9巻6号811頁……150
最判昭30・10・20民集9巻11号165頁……254
名古屋高判昭30・12・19民集14巻1号2535頁……90

名古屋高判昭30・12・27民集14巻1号20頁……89
津地四日市支判昭31・9・27民集14巻1号2531頁……90
最判昭32・2・22民集11巻2号350頁……136
東京地判昭32・11・30下民8巻2266頁……158
京都地判昭32・12・11下民8巻12号2302頁……137
最判昭32・12・27民集11巻14号2485頁……267
大阪地判昭33・4・11高民11巻9号572頁……129, 132
東京高判昭33・4・30下民9巻4号757頁……137
最判昭33・10・24民集12巻14号3194頁……254
大阪地判昭33・11・4下民9巻4号634頁……137
大阪高判昭33・11・10高民11巻9号565頁……137
最判昭34・7・14民集13巻7号978頁……170
最判昭35・1・12民集14巻1号1頁……88, 92, 264
最判昭35・2・11民集14巻2号168頁……267
大阪地判昭35・3・9下民11巻3号513頁……135
最判昭35・10・25民集14巻12号2720頁……124, 161
最判昭35・11・29民集14巻13号2869頁……73
東京地判昭35・12・16民集20巻5号1091頁……91
最判昭36・11・24民集15巻10号2519頁……89, 92
大阪高判昭37・2・28高民15巻5号309頁……137
東京地判昭37・5・22金法310号5頁……73
最判昭38・1・29手形研究7巻4号18頁……135, 137
東京地判昭38・2・26下民14巻2号280頁……137
東京高判昭38・5・30東高時報（民事）14巻5号151頁……164
東京高判昭39・11・26民集20巻5号1096頁……91
最判昭39・12・4判時391号7頁……23
最判昭40・11・16民集19巻8号1970頁……267
大阪高判昭41・4・18判時463号54頁……137
最判昭41・6・21民集20巻5号1084頁……91, 93, 264
最判昭41・7・28民集20巻6号1251頁……254
東京地判昭42・4・25下民18巻3・4号428頁……134, 137
最判昭42・4・27民集21巻3号728頁……171
最判昭42・11・8民集21巻9号2300頁……3
最判昭43・4・23金判111号5頁……136
東京高判昭43・5・29金判115号15頁……137
東京地判昭43・9・6金法525号24頁……137
最判昭43・12・6判時545号79頁……121
最判昭43・12・25民集22巻13号3548頁……81, 105
東京高判昭44・3・13金法545号26頁……164

最判昭44・9・12判時572号69頁……*126*
岡山地判昭44・10・17判時593号91頁……*120*
京都地判昭45・5・1判時607号84頁……*120, 121, 124*
最判昭46・10・13民集25巻7号900頁……*44, 97*
最判昭46・11・16民集25巻号1173頁……*180*
最判昭47・11・8民集26巻9号1489頁……*254*
最判昭48・4・12金判373号6頁……*81*
最判昭48・6・15民集27巻6号700頁……*254*
最判昭48・7・19民集27巻7号822頁……*163*
最判昭49・9・26民集28巻6号1243頁……*80*
東京地判昭51・3・29金法802号35頁……*137*
最判昭51・6・17民集30巻6号592頁……*135*
名古屋高判昭51・11・30判タ347号203頁……*164*
大阪高判昭52・8・9判時876号118頁……*164*
最判昭53・1・23民集32巻1号1頁……*58*
東京地判昭53・12・21判時934号103頁……*238, 240*
最判昭54・9・6民集33巻5号630頁……*105, 113*
最判昭57・9・7民集36巻8号1527頁……*267*
東京高判昭58・1・18金判681号11頁……*164*
福岡高判昭61・12・25金判760号8頁……*121*
最判昭62・4・23民集41巻3号474頁……*106*
最判昭62・10・16民集41巻7号1479頁……*58*
東京地判昭63・11・24判タ701号251頁……*254*
東京地判平10・7・13判時1665号89頁……*201*
山形地酒田支判平11・11・11金判1098号45頁……*254*
浦和地判平12・1・28金判1093号35頁……*199*
東京高判平12・8・17金判1109号51頁……*110*

著者紹介
田邊宏康（たなべ　ひろやす）
1960年　福岡市に生まれる。
1984年　東北大学法学部法学科卒業
1992年　西南学院大学大学院法学研究科博士後期課程中退
小樽商科大学講師，同助教授，専修大学法学部助教授を経て
現　在　専修大学法学部教授，同大学院法学研究科教授
2003年　西南学院大学博士（法学）
主　著
『有価証券と権利の結合法理』（成文堂，2002）
『手形小切手法講義［第2版］』（成文堂，2008）

有価証券法理の深化と進化

2019年3月1日　初版第1刷発行

著　者　田　邊　宏　康
発行者　阿　部　成　一

〒162-0041　東京都新宿区早稲田鶴巻町514番地
発行所　株式会社　成　文　堂
電話03(3203)9201(代)　FAX03(3203)9206
http://www.seibundoh.co.jp

製版・印刷　藤原印刷　　製本　弘伸製本

ISBN978-4-7923-2723-1 C3032

定価（本体5,500円＋税）